雑文の巨人《マエストロ》 草森紳一

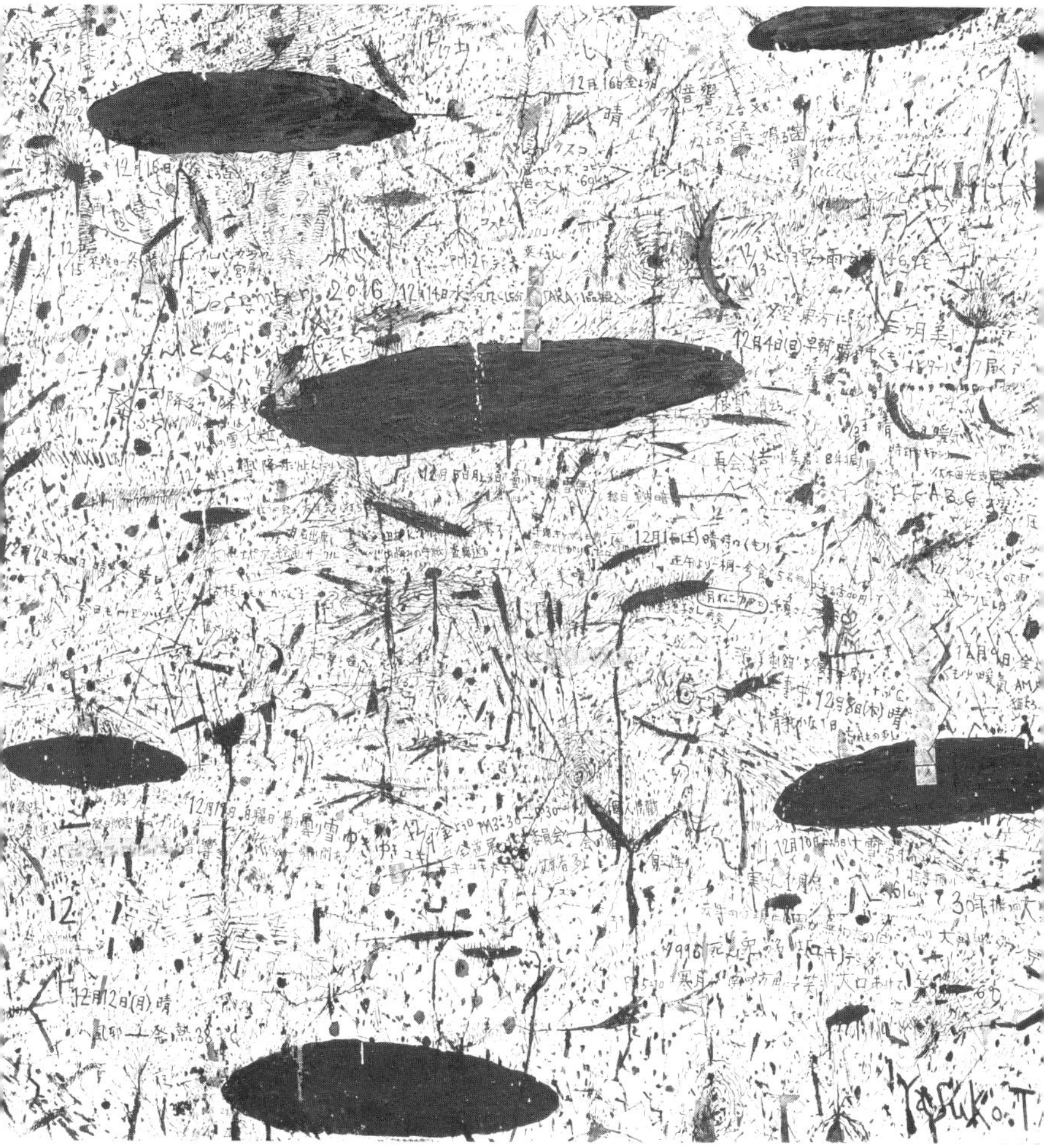

柴橋伴夫

未知谷
Publisher Michitani

まえがき　時は灰となり

時は灰となり、人も灰となる。生きてきたこと全ても灰となり、砂の粒のように風に吹かれていく。そんなことは無情の極みにみえるかもしれない。でも決して無情に泣くこともない。灰の中に生の匂いや記憶を探すこともできるのだ。灰の中に隠された事実が潜んでいることがあるからだ。

草森紳一は、書物の中に自分を探し続けた。よくいわれる自分を映す鏡としたのとはちがう。その姿を私はこう評したい。書物の中に、〈自分が知らない自分〉を探していたのだと。〈自分が知らない自分〉とは、単なる分身ではない。むしろ自分がまだ出会ったこともない、そんな未知の彼方にいる自分のことだ。

書物が、口を開き幽かな声でこう囁く。〈貴方さえ、知らない自分がここに有りますよ〉と。その囁きが身体に響きわたると、萎えていた精神が直立してくるようだ。

この世には、様々な〈空無〉が存在し包囲している。はたしてこの〈空無感〉を埋めてくれるものがあるのか。感覚の器としての肉体の確かさか。その極みとしての〈胃袋の快楽〉か。はたまた〈夢のゾーンという苑〉か。肉体的感覚は、確実に滅んでいくものの標本みたいなもの。だから相手にならない。〈胃袋の快楽〉もまた、朝みる夢と同じく儚いもの。とすればどうしたらいいのか。どうすればいいのかわからない愚者は、肉体的快楽や〈胃袋の快楽〉などに戻っていかざるをえなくなる。

草森は、〈時の灰〉をこえるものを探した。それはみるからに、いちばん儚いものだった。中国文学科の扉を叩き、出会ったこともないややメジャーではない、いわば淵（辺地）に属する李賀などの虜《とりこ》になった。だからそれは、一面では〈夢のゾーンという苑〉に近いものだった。

〈時の灰〉をこえるものを探したと断言したが、それを少し修正しておきたい。いつでもどこでも通じる普遍的な視点も必要であるが、草森にとり、探すことと書くことが不離な関係にあった。いうなれば、書くために〈時の灰〉をこえるものを探すのである。こういう類の評論家は、他にもいるではないかといわれるかもしれない。たしかにそうだ。司馬遼太郎しかり、梅原猛しかりだ。

ではどこがちがうのか。いくつかある。まず草森の書物あさりは並ではない。私財を全て投入した。次に物の見方が独創的だ。異端的な方法をとった。恣意性、佯狂《ようきょう》性、暴逆性を楯にしてさまざまな事象に切り込んだ。

書き方も尋常ではない。他の批評家の二番煎じを排した。単相的な見方を嫌い、気になったことがあったらその解明に猛進した。資料の中でも作家の日記などを第一級資料とした。それを徹底して読んだ。まだある。ジャンルの多様さ。これまでの批評家や評論家とは、全く違う。それで世人は〈雑文家〉という肩書をつけた。が、とうてい〈雑文家〉の概念ではおさまらない。知のフィールドは無限だった。

さらにいえば未完のままで終わった作品が多い。野球でいえば、延長戦のまま日没となり再試合。それでも決着がつかない。どうもそれを天に持ち込み、書き続けるつもりだったようだ。

なぜこんなことができたか。一言でいえば、草森自身が恣意性、佯狂性、暴逆性の人だからだ。他の人なら人物の肖像画を描く時、写実を重んじ、まず似ることを大事にする。草森はちがう。防備していない素《す》の相貌や、その人のいちばん醜悪な部分を見つけ出し魂魄《こんぱく》を掴もうとする。

写真家土門拳はどんなに著名な人であっても、カメラの前でその人の素《す》が晒されるまでシャッターを切らなかったという。じらされ、怒りの表情をみせた時シャッターが下りたという。草森といえば、書く対象が決まると徹底的に資料を集め、それらを丹念に読み続け、裏も表も調べあげようとした。だからシャッターが下りないまま終わることもあった。

最後は、草森は書物の中で死んだ。書物達が静かにその死をみとった。そして聲をあげて嘆いた。それは草森の本望だったかもしれない。ジメジメさはない。実にあっけらかんとしている。こんな死に方をした文学者は、草森ただ一人だ。

この『雑文の巨人《マエストロ》 草森紳一』は、私の眼から覗いた、ひたすら書物を偏愛した文学者草森についての、ささやかな目撃の一端にすぎない。全ての書物の風景を語ることはできていない。機会があれば、それをこれからの仕事にしたい。

浅学の故、かなりの不足点と歪みがある。そのことを寛恕の心で受け止めてほしい。

雑文の巨人　草森紳一

目次

まえがき　時は灰となり　1
第1章　十勝の草森紳一ーーーーーーーーーーー11
コラム1　鳩を喰う白い少女　23
第2章　若き日の草森紳一ーーーーーーーーーー28
コラム2　草森的マンガ入門書　52
第3章　緻密な診断書　『素朴の大砲』ーーーー58
第4章　「円」の幻惑性ーーーーーーーーーーー78
第5章　〈江戸のデザイン〉その〈解体新書〉　95
コラム3　ビートルズと草森紳一　111
コラム4　画志井上洋介　116
第6章　ナチスのプロパガンダーーーーーーー122

コラム5　『中国文化大革命の大宣伝』――紅衛兵を巡って　142
第7章　ナンセンスの冒険――148
コラム6　素顔の地肌あり――トルコ紀行文　162
第8章　ライト建築を老子で読む――168
コラム7　草森紳一と土方歳三　190
第9章　李賀の方へ――194
コラム8　〈寅さん〉と草森紳一　209
第10章　荷風の永代橋――214
コラム9　『北狐の足跡』の世界　231
第11章　永代橋幻想――238
あとがき　内心を鍛えろとの聲あり　255
草森紳一　略年譜　259

雑文の巨人《マエストロ》　草森紳一

第1章　十勝の草森紳一

1　短歌誌『辛夷《こぶし》』

草森紳一は、一九三八年二月二十三日に帯広の隣にある河東郡音更村《おとふけ》で生をうけた。音更の地名は、アイヌ語に由来する。『音更町史』に依れば、「先住民族の言葉で〝髪の毛〟と名づけられ／風に吹きなびく黒髪のように川筋の乱れた／この平原第一の耕作面積をもつ村」とある。「髪の毛」の他に、「髪の毛が生える」の意味もあるという。

この音更は、父・利三が村長を務めていたこともある作曲家伊福部昭が年少期に過ごした地でもある。それが縁となり、「伊福部昭音楽資料室」が音更町図書館に開設されている。また「音和の森」に「伊福部昭記念碑」が建立されている。

草森の父は義経、母はマスエという。四男二女の長男だった。数歳下に弟英二がいる。先祖は、富山県砺波市から北海道に入植した。父は、小学校訓導や北日本食料加工有限会社や北海道東部農産物移輸出協同組合創立に参画し幾多の役員を務めた。地元の産業や教育界で活躍した名士だった。こうした長年の功績により道知事から産業貢献賞をいただいている。

草森は、中学生の頃から文学の魂を研磨していた。十勝の地に短歌誌『辛夷』がある。主宰したのが歌人野原水嶺だ。野原に二つの綽名がある。「爺つこ」「消防自動車」という。〈爺つこ〉とは〈老猾さ〉を、〈消防自動車〉には、〈貴重《マ》面《マ》さ、潔癖さ、突進性、青春味〉などの意を込めた。

ではどんな文学の師であったのか。草森の野原水嶺評を聞いてみたい。〈主情の鬼〉の相貌があり、独自なダイナミズムを孕んだ美意識の体現者であるという。野原の一首を紹介してみる。「けふのわが廃墟の荒れに葉を落す一樹ありゆきて倚りてあびをり」。

さて草森は、『辛夷』に短歌と評論を載せた。初めは同人として、のちに野原の依頼で東京から送った。ここで草森の短歌作品や評論の一端を、昭和三〇年から昭和三五年に発行された『辛夷』数号から、アトランダムに選んでみる。

まず昭和三〇年から数篇をあげる。「人生は無情なりと手を組んで老婆の心は神になりたり」「母上のいびきを聞けばありがたき我を育てし高き音かな」。

後者は、母を詠った歌だ。身内を見詰めつつ心情を素直に絡ませている。ロシアの文豪レフ・トルストイの長篇『アンナ・カレーニナ』を題にしたものが四首ある。

二首を記す。「ひととせの精読のいたみとり去りてよくぞよめりと大冊も微笑む」「何処の人も変はらざらしは虚飾の見栄異国のアンナ・カレニーナまた」。やや残念なのは、草森は作者たるトルストイに

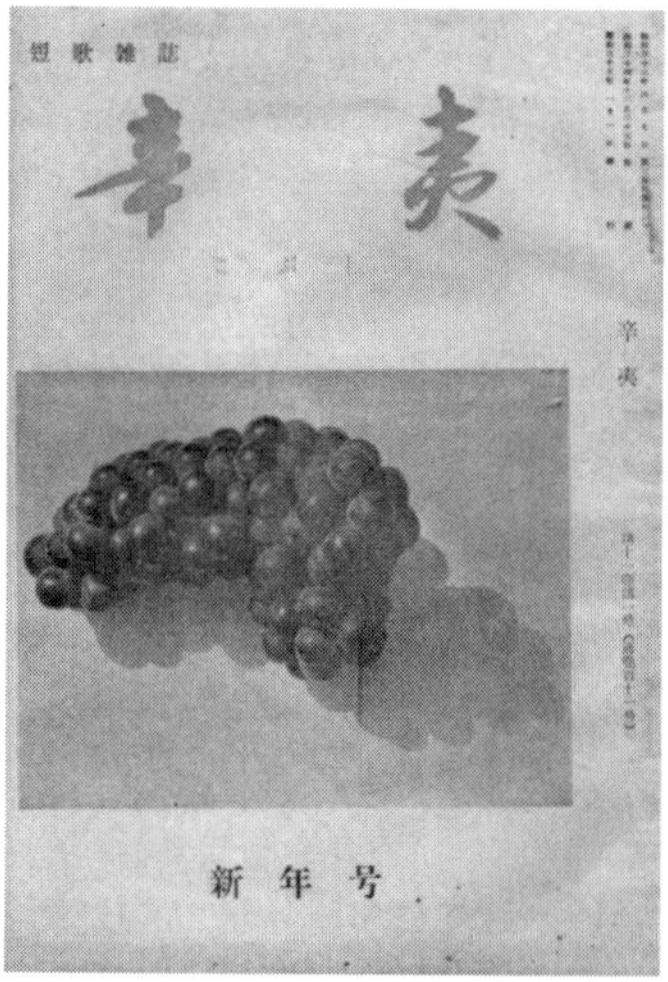

短歌雑誌『辛夷（こぶし）』（昭和35年正月号、通巻111号）
草森紳一の『断層——僕の文学ノートとして——』が載った

ついては心が動くことはなかったようだ。もっぱら大冊の読後感と主人公アンナの生き方に〈虚飾性〉を感得したようだ。

昭和三五年頃になると詠唱は深まりをみせ、さらに言い知れぬ鬱情を孕みはじめる。〈花焼ける廃址〉と題した数首からまず二首をあげてみる。「花焼ける廃址に臥して眠りおれば一匹のやせ驢馬同じくきて臥す」「愁海の白き虹背に病める亀吐血すれば忽然赤い波たつ」。

この一首だけは抜かすことはできないと感じた作品がある。〈九月抄〉と題して数人が詠んだ中の一首だ。「月のない夜雪原に輪をなす孤群哄笑の儀式して酒豪を競えり」。

月光がささない北の雪原。孤群哄笑の群れ。輪をなすのは人であろうか。狼や狐にもみえるが。やや幻想的ななかに孤絶感も潜んでいる。どこかこの時代を斜めに洞察する草森の視座が脈動している。ある種の青春譜の一首であろうか。

草森は、数篇の論考を寄稿した。目を止めたのが昭和三五年一月号に記載された「断層——僕の文学ノートとして」だ。

断層に、思考の断章（断片）の意を込めた。いかにも草森的表現だ。短いが哲理が籠った言葉が躍動している。幾つか採ってみる。

〈人間の歴史は錯覚の光栄を強奪することであった〉。

〈批評　断じて正鵠を射ることではないのだ〉と吐く。

巷間で云々いわれる歴史の見方や批評の定義をひっくり返した。人間の歴史を捉えるためには、〈錯覚の光栄〉という視座が要となる、また批評というものは、正鵠を射ることには存しない、むしろ逆の視座から照射することで作品の本質がみえてくるというわけだ。と同時に、こんなことをしゃべりだす。

〈俺は自分を愛するがあまり他の奴等共に癪にさわってしょうがないのだ〉。このストレートな心情の吐き出し。見ようによってはかなり傲慢にも映るが、これが草森の立位置であった。

「作品、そして人間（一）――幻惑的人々の群――」には、ジャズピアノのセロニアス・モンク（表記は、シロニアス・モンクになっている）小論もある。モンクの音には鬼気が棲んでいるという。その強音は、白痴美と獣性があり、「僕の曖昧な客観性を無造作にほうりなげ、己をこめてモンクと闇夜の対話を行うのだ」という。

また興味ふかいことに、「翅折れる雁《かりがね》の歌」を連載している。副題を「李賀における青春のフォーム」とした。

タイトルは、李賀の詩「経沙苑」にある「塞嬰折翅雁」（塞に嬰《な》く翅折れる雁）から採った。この論では、李賀の詩を自分に引き寄せながら、一つ一つ丁寧に読みとろうとしている。大著『李賀』のエスキース的位置を占めてもいる。その点でもとても印象ふかいものがある。

2　草森の脳内装置

私に〈東洋の隠者たる〉草森紳一を急接近させた詩人・現代俳句作家嵩文彦がいる。草森とは、帯広柏葉高校という学舎でいっしょだった。この学校の前身は、一九二三年に創立した北海道庁立帯広中学校。校訓の中に、「遠大の希望にむかって猛進せよ」とある。果敢な挑む精神を持てという。

草森と嵩は、一年と三年は同級生だった。ただ嵩にその当時のことを聞くと、二人の関心は別な所に

上：喫茶店「川」で中央に草森紳一（写真提供：米山将治）
下：草森紳一（左）と嵩文彦（右）／嵩文彦と米山将治との合同出版記念会、1976年）

あり、また共に文芸部には入部しなかったこともあり、親しい交友にはならなかったという。

ちなみにこの柏葉高校の卒業生には、歌手の中島みゆき、吉田美和、アナウンサーの安住紳一郎、映画監督の熊切和嘉らがいる。また短期間だが一九四六年に小説家福永武彦が帯広中学校で英語教師として教えたことがある。

卒業後も二人は、別々の道を歩んだ。嵩は北大医学部を卒業後、帯広に帰り医者の道を歩みながら、詩誌『あすとら』を主宰し、前衛的な詩作に熱をあげた。草森は、慶應義塾大学（以下、慶応と記す）を卒業した後は、東京で編集や文筆を生業とし、異色な存在として名を成していた。

互いの存在を知ったのは、草森が故郷に帰り、共通の友人たる及川裕が経営する喫茶店「川」を介してのことという。互いに文学の神の虜《とりこ》となっていることを確認した。いらい生活する場は違っても、互いの仕事を意識するようになり、帯広で草森は、嵩と詩人米山将治の合同出版記念会の受付を、珍しく背広とネクタイの正装でやってくれた。それは一九七六年のこと。また嵩とは一緒にトルコ旅行にもいった。

嵩は、最近『「明日の王」詩と評論』（未

知谷）を出版したが、この本は、故人となった草森と共著のカタチになっている。草森の死後、遺稿を整理する中で、嵩の詩集についての未発表評論約一三〇枚が発見された。「羽根の折れた水鳥・嵩文彦の詩に氾濫する「父」なるものを頭に（心ではなく）念じおきつつ、詩画集『明日の王』の評釈を試みる」というもの。それを収録し、嵩が新しく「平癒せし折翅の雁にささふ風」の論をおこした。

私がこの『雑文の巨人《マエストロ》』を編むことになった直接的なきっかけは、私が二〇一九年に砂澤ビッキ没後三〇年を記念して『迷宮の人 砂澤ビッキ』を書いたことにある。なんと草森の生地音更町に「任梟盧《にんきょうろ》」なる書庫があり、そこにビッキの作品が収めてあるというのだ。草森はこの言葉を、鬼才の詩人李賀の「示弟」（弟に示すの意）にある「放擲任梟盧」から採った。この書庫のデザインをしたのは、建築家山下和正だった。

草森と砂澤ビッキ、どうみても結びつくことはない。どうしてそこにビッキの作品があるのか気になった。どうしても「任梟盧」を見学し、ビッキの作品を確認したくなった。二〇一八年八月十九日に可能となった。米山将治と高山雅信（草森紳一蔵書プロジェクト副代表）の世話で「任梟盧」に身をいれることができた。隣に草森紳一の弟英二宅があった。

「任梟盧」は、サイロに似た白い小塔のようにみえた。中は螺旋形になり、途中に四ヶ所の踊場があ

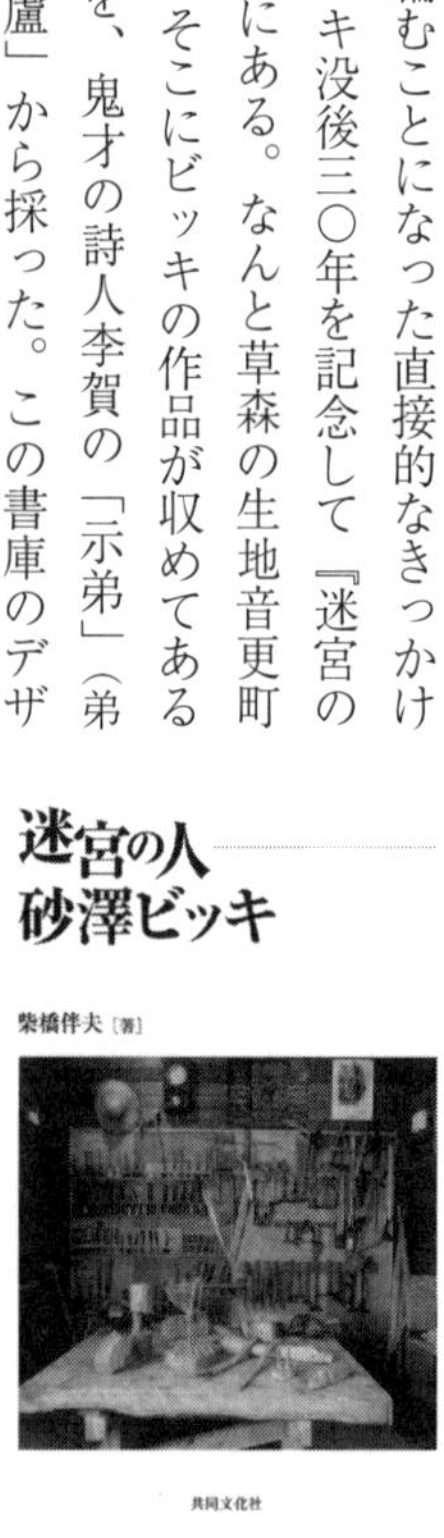

左：柴橋伴夫『迷宮の人　砂澤ビッキ』（共同文化社）
右：草森紳一／嵩文彦共著『「明日の王」詩と評論』（未知谷）

る。〈書の蔵〉となっていた。ここに約三万冊があるという。ただこれが全てではない。「雑文の巨人《マエストロ》」らしく、さまざまなジャンルの書籍が溢れていた。書群に囲まれていると、眩暈に襲われ足元がゆれた。

一つの部屋のドア上部に目がいった。それは和田誠が「草」と「森」を線で構成したものだった。とてもオモシロイそしてユニークなデザインだった。草森は、みずからの蔵書印やエンブレムに使っていたという。

上：「任梟盧」（音更）外観（写真・筆者）
下：和田誠デザインによる「草」と「森」（写真・筆者）

さてビッキの作品は部位が可動する「悸面《きめん》」と大きな「蛾」の二点が飾られていた。いずれもビッキの彫刻として代表的なものだ。

別な見方をすれば、この書庫は、草森の脳内装置そのものでもある。今、その脳内を覗きこんだと思ったら、書籍一つ一つが神経繊維に思えてきて、不思議な感覚をあじわった。それにしてもなんと恐ろしいまでに凄い脳であることか。

これは世にいういわゆる蔵書愛とはちがう。なぜなら、基本は草森自身が何を書くか、どんなテーマで書くのか、そのためにあつめた書籍が並んでいるからだ。だからある種のアーカイブの性格もある。

書庫全体を見渡していると、次第に心が重くなってきた。窓部分が破損し、蔵書にかなりのダメージを与えていたからだ。一室に井上洋介の墨絵「李賀」像も飾られていたが状態が悪化していた。最上部の壁には、横尾忠則がデザインした草森の著書『江戸のデザイン』(駸々堂、一九七二年)のポスターと、井上の菊や虎が描かれた花札型の絵が三点飾られていたが、これもかなり破損していた。昭和三八年一月八日に名瀬で、島尾敏雄に書いてもらった文も額に入れてあった。

この草森の脳内装置そのもの。それが破損し、壊れる寸前だ。その神経繊維たる本たちや大切な美術品などを、すぐにでもここから救出してあげねばならないと感じた。

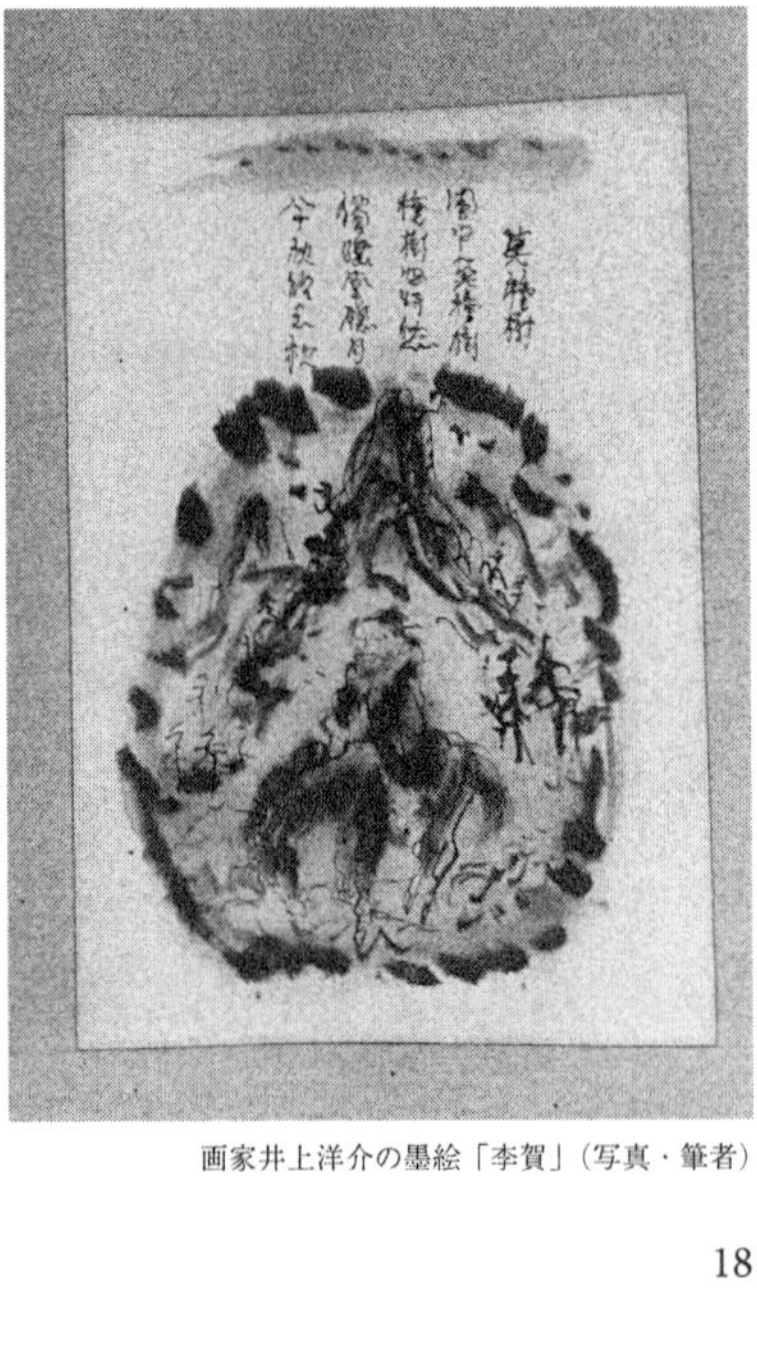

画家井上洋介の墨絵「李賀」(写真・筆者)

上：島尾敏雄の文（昭和38年名瀬にて）（写真・筆者）
下：砂澤ビッキの「悸面」（左）と「蛾」（右）（写真・筆者）

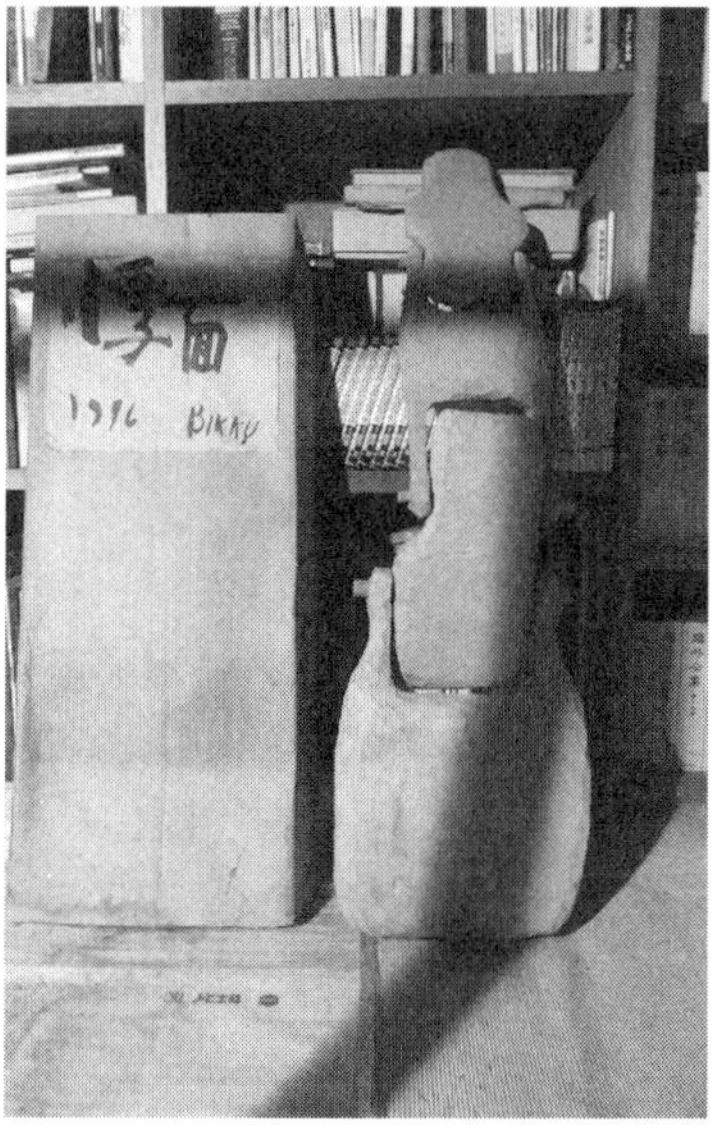

3　草森紳一蔵書プロジェクト

二〇〇八年に草森は江東区門前仲町にあるマンションで、心不全により本に囲まれて亡くなった。死を看取った蔵書が主を失った。遺児のような蔵書三万二千冊が残されていた。その〈遺児〉の処遇をどうするか、残された者の大きな課題となった。すぐに有志により、マンションにあった〈遺児〉たちの整理と目録づくりを行う「草森紳一蔵書整理プロジェクト」がスタートした。

様々な方々の協力を得て、約三万数千冊が故郷へ帰還することになった。一方、副島種臣関連の資料は、佐賀県立博物館・美術館に寄贈された。

故郷では、帯広大谷短期大学が〈遺児〉の引き受けをしてくれた。その多くは廃校になった旧東中音更小学校に運ばれた。とはいえ地元では、長く東京などで生活していたので、さらにいえば郷土への貢献は少なかったので、草森紳一の知名度は高くなかった。

現在、十勝の地で「草森紳一蔵書プロジェクト」が立ち上がり、地元の方々の手でその整理が進んでいる。今年で九年目を迎えた。平行して「草森紳一蔵書プロジェクト通信」が発行されている。そこには、草森の書籍の紹介などやプロジェクトに参加した方々のコメントも載せられている。

そこに草森英二が「兄紳一のこと」を連載している。英二の文は、弟からみた兄の素顔や隠れた一面を紹介してくれる。

第一回では、兄が上京するときのある宣言に言及した。「俺はエゴイストだ。親の面倒はみない。一生独身で結婚しない」と。やや自己勝手な宣言だ。生涯独身の誓いはそうはならなかったようだ。英二はこういう。「それらしき女《ひと》はいたし、異母兄妹だが子供が二人いた」という。また書庫を建ててから、寝たきりの生活となった母の見舞に、時々帰郷するようになったという。

こんなこともあったという。本を大事にしていた兄の厳命を破り、本棚から本を抜いたことがある。すると顔面に鉄拳の制裁をうけたという。その本はエドゥアルト・フックスの『風俗の歴史』だった。

他にもいろいろなエピソードを紹介している。興味や関心のフィールドは広かった。読書、映画、漫画、野球、相撲、卓球など多岐に渡った。単なる子供の趣味を超えていた。読書をするうえでも、独自な整理法をとった。性を主題にした小説や書物は一ヶ所に集めた。そういえば、分類魔の草森には『女のセリフ「捕物帖」』（主婦と生活社）がある。女性の吐いた一二のセリフを解説した。女性という未知なる存在はいつも検証対象だった。

映画は〈狂〉がつくほどに熱をあげた。日本映画だけでなく洋画まで、多くの作品をみた。まだある。収集癖は半端でなかった。新聞の題字、マッチ箱、煙草の空き箱、切手、虎の子などを集めた。単なる収集癖ではない。集合させ、分類し、考察した。

「任梟盧」の内部空間（写真・筆者）

つまりグラフィックなものやキッチュなものまで、本や映画とはちがうものを見出していた。

　察するに、読書も映画などもある種の学校であった。知と冒険の宝の山であったにちがいない。こうして草森という人間は、多感な年少期において、私のいうところの〈ジャンルの混合体の面白さ〉を、そしてなによりも〈知のごった煮〉の醍醐味を味わっていたようだ。まさに「雑文の巨人《マエストロ》」の原点は、この〈知のごった煮〉にあったのだ。

　二〇一九年には、「草森紳一　一／二三〇蔵書展〜目は愉しむ〜」が音更町図書館と帯広市図書館で開催された。

　これから故郷の地において、草森の仕事が掘り下げられることで、鬼才人への関心がより深まることを願うばかりだ。特に「任梟盧」の改修・保存が望まれる。そして地元で草森紳一の業績を偲ぶ文学忌が開催されることを切望したい。

「任梟盧」の内部空間（写真・筆者）

コラム1　鳩を喰う白い少女

草森紳一にはめずらしい童話本がある。タイトルを『鳩を喰う少女』という。とても不気味なタイトルだ。私はマンションに移るため、数回目の引っ越しをした。この時かなりの量の本を整理してしまった。その中に〈夢の王国〉シリーズの本があった。

それが澁澤龍彦訳の『長靴をはいた猫』なのか、それともこの『鳩を喰う少女』だったのか、いまとなっては定かではない。

それで札幌市内の、とある古本屋でこの本を見つけ入手した。この〈夢の王国〉シリーズは、大和書房が全七巻として発行した。最後の一冊が草森のこれだった。

この〈夢の王国〉は、新たな文学畑を開拓した。〈夢の王国〉らしく、巻ごとに挿画をいれている。草森のこの本では、女性イラストレーターの大橋歩が担当した。発行は、一九七四年三月三〇日とある。

この本、かなり不思議な本である。本の名となっている「鳩を…」は、草森の記憶の淵に溜っていたことがベースになっているが、他の六篇は女性との雑談の中から〈ひょいとかっさらったもの〉という。雑談相手の女性がどんな人か、とても気になるところではあるが、草森はその実体を明らかにしていない。話者の女性に内在した記憶の断片の、その泡のようにすぐにかき消えてしまうものを掬いあげ〈素材〉とした。だからかなり〈変形〉し、〈虚構〉化されている。

つまり女性の記憶断片と草森の想念がブレンドされ、まったく違うものとして練り上げられた。草森はこれを〈虚構のからくり〉という。

私はかなり〈虚構のからくり〉を偏愛する種族である。その最高位にいるのが、アンドレ・ブルトンの『ナジャ』であろうか。そこにはシュルレアリスム的錯乱がちりばめられている。また様々な〈虚構のからくり〉が重層的に織り込まれている童話『注文の多い料理店』には、宮澤賢治の人間への鋭い洞察がひそんでいてとても独創的だ。

〈虚構のからくり〉には、その作者に内在するもの、表面にはみえない隠れたものが、立ち現れることがある。ときとして、〈虚構のからくり〉は、作者の内面世界を映す鏡ともなる。その鏡に映されたもの、それが童話という衣装を着ることで、よりはっきりと可視化されることがあるのだ。

ではこの『鳩を喰う少女』に埋め込まれている〈虚構のからくり〉とはいかなるものであろうか。

草森は、この本の「あとがき」でこう告白する。私の〈依怙地な少女観〉が文に滲んでいると。そもそもどうして〈女性〉ではなく、性が未分化のままの〈少女〉なのか。ロリータ趣味が露出しているのか。それとも、永遠なる少女像を構築したかったのか、いろいろなことが考えられるが、ひとまず草森の少女観が見え隠れしているとみてまちがいないだろう。

まず表題の「鳩を喰う少女」を読んでみたい。草森が、まだ七つか八つの頃の話。太平洋戦争末期の故郷たる十勝の地。「お月さん」と呼ばれていた四つか五つの弟と、四つか五つの三輪という少女が登場する。三輪の父は、熊部隊と呼ばれていた軍の将校。その少女は白のイメージで描かれている。白い顔、白い手編みのセーター。首に白い包帯を巻いている。この美少女が弟と五衛門風呂に入り、無邪気に裸のままの姿で出てきた。その肌も光る白だった。また三輪の家で、短いスカートから白いパンツの尻がみえた。

そんな白のイメージに染まった無垢な少女。草森にとっての「聖少女」が、鳩を喰ったという。草森の中で、一気に〈血まなぐさい〉イメージが沸き立った。どうして鳩をたべたのか、どんな風に殺してたべたのか、そんなことばかり気になった。

子供の草森は、鳩を食べた痕跡を発見し驚愕する。皿には血の塊。ゴミ箱には羽毛、細い脚が放り込まれていた。

この残酷で衝撃的出来事。白い美少女が鳩をたべるシーンをイメージして、頭の中がクラクラした。それがいつしかトラウマになった。

三十五歳になった草森は、ようやくこの文を書くことで、少年期の頃から大きな塊となり、固着していたものを軽くしようとした。とすれば他の六篇は、〈おまけ〉のようなものか。だからこそ「鳩を喰う少女」だけで充分だったはずだ。

それが主目的であったことを示すのが、「鳩を喰う少女」に織り込まれた注釈の群れだ。八つもある。つまり文と注釈、その双方で〈少年期の記憶〉を〈吐き出そう〉とした。とすれば、こうもいいかえることができる。この作品は、実は〈虚構のからくり〉ではなく、十勝の地で生育した、自らの時空を記録するためであったと……。

考えてみたい。霧に包まれた少年期の漠とした記憶や状景を映像化しながら言葉に置き換えることは、不可能にちかいということを。自分に当てはめてみるとよくわかる。断片の断片ばかりで、途方に暮れてしまうのだから。

〈記憶の淵に留まっていた〉という言い方をしたが、それを拾いあげながら、童話にまで引き上げること、これはかなり難しいことではないか。

粒子のようなきれぎれの記憶の欠片。心の深層部に潜む不分明なもの。それに実体を、つまり肉体をもたせようとしたこの試み。あまり他者がしないこと。それをあえて試みた。それはいかにも草森らしい。

童話といっているが、実際は虚構と現実のハザマに漂う、まさに架空の〈夢の王国〉を描くことだったにちがいない。とすればこれは実験的な文学的方法の一端をしめしているのかもしれない。

私は、ふと〈シュルレアリスムの法王〉といわれたアンドレ・ブルトンの作品『ナジャ』の一節を思い出していた。「美は痙攣的なもの。それ以外にないものだろう」。〈ナジャ〉は、放埓な生活をする謎の女性。ブルトンは詩的錯乱と幻想性をおりまぜながら特異な文学空間を創生した。

タイプは真逆であるが、まちがいなく草森は〈痙攣する〉ものを〈白い少女〉にみたのであろう。やや甘酸っぱく、不滅のものが脈動する空間を場とし、白い光を発する〈痙攣する〉少女を夢の刺繍として織り込んだにちがいない。

十勝の原野、その記憶の外灯の下で幽かに白い光を発するもの。微かでありつつ、草森にとってとても懐かしいものだった。幻視すれば、蜿蜒と流れていく時間があった。大橋歩の絵は、それを邪魔することなくより添っている。

草森のもう一つの相貌《かお》、それも素顔をみせる作品といえる。

その意味でも、草森という文学鉱脈の一角を占めていることはまちがいないだろう。

鳩を喰う少女○草森紳一
夢の王国⑦
記憶の闇の彼方から歩み寄る少女の像――跳梁する少女
の群を独自な〈性〉の姿を通して描く七つの少女物語。
挿画・大橋 歩
大和書房・1200円

『鳩を喰う少女』（大和書房）

第2章　若き日の草森紳一

1　中国文学の学徒

草森紳一の一九六〇年代とは、どんな刻《とき》であったか。世には安保の嵐が吹き荒れていた。そんな政治の季節のまっただ中にいた。

その前に、少し草森の一九五〇年代について寸描する。帯広柏葉高校を卒業後、早稲田大学の露文科を受験したが失敗し、一年間の浪人生活を終えて、慶応の門を叩いた。二年になって中国文学科と決めた。

私からみて中国文学といえば、古くは『論語』や『老子』『荘子』、歴史物では『三国志』や司馬遷の『史記』、近代では『西遊記』や『紅楼夢』、現代では魯迅の『阿Q正伝』などが想い浮かぶ。いざそれらを読解し、さらに古典文献の精読をするためには歴史を踏まえた夥しい「知の力」と読解力・語学力が必要となるのはいうまでもない。

学びも師から弟子へと教授する訓詁学のスタイルが一般的だ。草森は、そんな〈万里の長城〉のような壁をこえていかねばならなかった。その高い壁を低くしてくれたのが、中国文学者奥野信太郎や村松暎らの存在だった。

この大学には、草創期から〈半学半教《はんがくはんきょう》〉という教えがある。それは教える者と学ぶ者が、壁を設けず、先に学んだ者が後で学ぼうとする者を教えるというもの。

二人の師が〈半学半教〉に導いた。先に村松暎について触れておく。作家の村松梢風の血が流れている。梢風の四男であり、長兄友吾の子供が作家の村松友視だった。村松は、奥野に師事し、そのまま慶応の教授となった。村松は、父・村松梢風の評伝『色機嫌　女・おんな、また女――村松梢風の生涯』のほか、中国物では『毛沢東の焦慮と孤独』、『瞽説史記』、『中国列女伝　三千年の歴史のなかで』、『五代群雄伝』、『現代人のための中国思想叢書　理想の敗北――孟子』、『中国の英傑　二　項羽　四面みな楚歌す』などの著作がある。翻訳では『西遊記』（呉承恩著）が有名だ。

奥野には、母方の大伯父にあたる幕末の雄たる橋本左内の血が流れている。

奥野にとり、慶応のイメージと永井荷風とが重なっていた。かつて永井が教鞭をとっていたからだ。奥野は若い頃、芝居や浅草オペラに熱中し、永井荷風に心酔した。だが折悪く、奥野が慶応の門をくぐった頃には、教壇を去っていた。

奥野は、卒業後北京に留学し、帰国後は母校で中国文学研究を教えた。数多くの中国文学作品の翻訳を手掛けた。その中には、『紅楼夢』や『蒙求校本　李瀚』、『水滸伝』、『新・十八史略物語』全一三巻（佐藤春夫・増田渉共編）など多数ある。一方で、著書にはこんな本もある。『女妖啼笑――はるかな女たち』。一方で奥野は、軽妙なエッセイも得意とした。

奥野の荷風熱は、草森にも伝染した。荷風は関東大震災と遭遇し、その後に、懐かしい風景が失われていくのを嘆き『濹東奇譚』を書いた。〈濹東〉、つまり隅田川の東のゾーンは、あのマルセル・プルーストが大河小説『失われた時をもとめて』で象徴的に描いた、菩提樹の葉を煎じたお茶に浸したマドレーヌ菓子に等しかった。

草森は、荷風が生活した風景に耽溺した。いわば、荷風の〈失なわれた時〉をさがしたのだった。荷風の心に沈潜した情や匂いを身に沁み込ませようとした。最後に門前仲町に住むことになるが、そこには荷風の影を身に染めようとする姿がみえる。そして『荷風の永代橋』（青土社、二〇〇四年）を書くことになる。

終戦直後の廃墟した都市風景。大きなビルの乱立（都市化の大波）により、懐かしい状景と心が失われていった。そんなとき、荷風の文学空間が、多くの人達の心情を捉えた。その一人が草森だった。

さてこの中国文学科での学びの実風景はどうだったか。『草森紳一が、いた。――友人と仕事仲間たちによる回想集』（二〇一〇年）をのぞいてみる。吉澤真智子の「不思議な先輩　草森さんを偲ぶ」がのっている。そこに、こんな証言がある。一年後輩の吉澤は、草森はあまり講義には出席せず、様々な新入生歓迎や忘年会などの行事や慶弔事においても不在を貫きながら〈不在の力〉を発揮したという。〈不在の人〉でありながら、隠然と〈不在の力〉をみせたようだ。

また彼女には、その姿は『紅楼夢』の主人公賈宝玉《かほうぎょく》を彷彿とさせたともいう。宝玉、その名の通り、誕生時に口に白玉を含んでうまれた。人柄はやんちゃでありつつ、〈繊細な白皙の少年〉。もう草森は〈少年〉ではないが、やや俗を離れた振る舞いをみせる気品とやんちゃなところが、どこか宝玉に近か

草森紳一が、いた。
友人と仕事仲間たちによる回想集
『草森紳一が、いた。　友人と仕事仲間たちによる回想集』（2010年）

った。宝玉は、詩才に富みながら、立身出世の道を嫌い〈女の子は水で出来た体、男は泥で出来た体〉といい、一族の美女との交際を愛したという。

それに模していえば、現代の〈宝玉〉たる草森は、〈女の子〉とは〈未知な知〉であり、〈水〉とはもっぱら本であろうか。

同じ学び舎で過ごした者が、一九九九年に有楽町の「爐端」に集まった。すでに四〇年が過ぎ皆還暦に近かった。時は無情だ。そこに老いを迎えた相貌があった。〈繊細な白皙の少年〉が、〈白髪白髭〉の〈福禄寿〉似の〈仙人〉に変貌していた。

＊

草森は、のちに詳しく紹介する編集者の仕事を辞めた後、一時ではあるが恩師奥野の世話でこの大学に開設されていた「斯道《しどう》文庫」に席を置いた。「斯道文庫」は、学内に置かれた研究所。名は『孟子』に由来し、人徳を説く仁義の道を指している。

「斯道文庫」は、麻生商店（現・麻生グループ）が、福岡に設立した財団法人「斯道文庫」を前身とする。戦争後、一時九州大学に図書文庫を寄託していたが、一九五八年に創立百周年を迎えた慶応にそれを寄贈した。正式な開設は一九六〇年。寄贈された「斯道文庫」の整理・研究の業を草森も行った。その作業を行いつつ、非常勤講師として教壇にもたった。その姿をみてみたかったが……。籍をこの会においつつ、「垂翅の客―李長吉伝―」などの執筆を開始した。

2　二人の恩師

中国文学科の同期は、一〇人程度いた。卒業生の名簿には四人とあるから、ドロップアウトした者もいたようだ。常時講義に顔をみせたのは五、六人という。必然的にゼミナール形式となった。教室を離れ、研究室や近くの喫茶店でもなされた。奥野の講義は、軽妙な話術と含蓄ある雑談で人気を集めた。

草森は、奥野に対して〈好奇の鬼〉とか〈魔的〉という飾りをつけて回想する。〈好奇の鬼〉なら少しわかる。奥野の読書量は凄く、フィールドの幅は広汎で、好奇心は止むことはなかったからだ。ではなぜ〈魔的〉か。それは〈人の運命をかえるような〉力を帯びているからだという。

草森は、まさに〈好奇の鬼〉の家来として読書量を増やし、雑多なジャンルを横断した。

一枚の写真がある。前列に奥野・村松両先生。後ろに背広姿の草森と岡晴夫。場は、岡山大学。日本中国学会に参加した時のもの。草森は、この学会で、〈魔的〉な師の指示で、李賀について研究発表した。写真は、一九六五年とあるから、「斯道文庫」に勤務していた時のものか。

村松は、小柄で飄々とした風貌から、学生から〈村松仙人〉と綽名された。〈村松仙人〉は鋭い批評の牙をもった。中国で勃発した文化大革命を巡って、日本のジャーナルがもっぱら「肯定」の論調に流れるなか、その危険性を予知し、鋭い批判の矢を放った。冷厳な眼で歴史の激動の行先を見つめながら、孤立しても論を突き出す姿勢に、草森は〈壮絶無比〉を感じた。

村松には、単位を〈救済〉してもらったことがある。草森は、試験日を忘れ、特別配慮で村松の自宅で再受験をさせてもらった。草森は、これを〈超《ウルトラ》Cの恩〉といい、深く感謝した。

村松は慶応を去るにあたって、〈多数の中にあって孤独す〉と記した。この短いアフォリズムのような言葉。それは村松自身が、まさにこれまで歩んできた道を照らした標《しるべ》でもあった。文化大革命を巡っての批判の矢は、〈多数の中にあって孤独す〉という姿勢から発せられたものだった。さらにこうみたい。〈多数の中にあって孤独す〉は、草森の心の在り方、いや生き方の流儀そのものにもみえるのだ。

慶応での学生生活。それは一面で、モダンジャズ、麻雀、映画など遊興三昧の日々だった。新宿のジャズ喫茶「汀」などに入りびたり、紫煙の匂いとジャズのリズムと即興性《アドリブ》に痺れた。音の中に埋没し、ある種の没我体験をした。

麻雀熱は、人一倍強かった。面子《メンツ》が揃わない時は、下宿で一人麻雀に興じることもあった。座を移動しながら牌を置いた。他人になり、また自分に戻る。その繰り返し。その姿はやや異様である。

当時の下宿は、中央線の中野駅の近くにある蕎麦屋の二階だった。万年床が、物を書き資料を調べる時の〈図書室〉となり、翼を休める〈巣〉となった。このスタイルは、その後も続いた。草森の「定番」となった。

草森の映画好きは、音更《おとふけ》や帯広から続くもの。東京では日活からフランス映画まで広汎に渡った。当時、フランスのヌーヴェル・ヴァーグが席巻した。ルイ・マル監督の『死刑台のエレベーター』は、マイルス・デービスの音楽で話題になった。

大学ではいくつかのクラブに名を連ねたが、主として「推理小説同好会」に席を置いた。この会の創立は一九五四年、医学部教授の木々高太郎が顧問だった。この同好会はトップランナーとなり、それに早稲田大学が続いた。会は学内の学生文化連盟に加盟した。先輩に紀田順一郎や田波靖男がいた。紀田の本名は、佐藤俊（さとう たかし）。ペンネームは文学の先駆者から借りた。〈紀田〉はきだみのる、〈順一郎〉は谷崎潤一郎から。紀田は、学内の映画研究会にも属し、草森とも交友した。

当時、純文学に抗して推理小説が大きなブームになった。出版社もこぞって翻訳を競った。翻訳者の一群には、のちにも紹介する田中小実昌がいる。早川書房は、一九五四年から「ポケット・ミステリー」を続々出版した。ブームは漫画世界にも波及した。一九五七年に、手塚治虫がミステリー漫画『双生児殺人事件』を書いているほどだ。

「ポケット・ミステリー」では、抽象画の表紙が目を引いた。その絵を描いたのが、画家勝呂忠だった。勝呂は、一時モダンアート協会に属し、鎌倉に住んでいた。一度自宅に伺い話をしたことがある。その時、抽象画が評判となり、「ポケット・ミステリー」の顔となったことが嬉しかったと語っていた。ただ毎回、原画を描くのが大変だったようだ。

この時、線を活かした瀟洒な小版画集を頂戴した。勝呂は、その後も『三田文学』の表紙や『エラリ・クイーンズ・ミステリ・マガジン』などの表紙を手がけた。そんな先駆的仕事が評価され、一九五八年に「エラリ・クイーンズ・ミステリ・マガジン」の表紙絵によりアメリカ探偵作家クラブ美術賞を受賞した。だから草森もその表紙絵をみていたにちがいない。

在学中、二年時に慶応が創立百周年をむかえた。それに合わせて、この会は、『推理小説論叢』第拾三輯（一九五八年）を発行した。〈論叢〉とあるが、「機関誌」の名称だ。

草森は、この号に「まいまい蛾の斷脳——心理派という幻影」を載せた。なんともエクセントリックな、高踏風な、そして修辞的なタイトルではないか。やっかいな森林害虫のまいまい蛾、その斷脳。なんのことか。文中にその説明はない。

どうも〈まいまい蛾〉とは、草森自身の戯画かもしれない。その斷脳を開示するということか。この論の立て方は興味深い。論ではヴァレリーやボードレールの『悪の華』、小林秀雄らの言を引きながら筆を走らせた。

この「まいまい蛾の斷脳」では、終始推理小説といわず「探偵小説」と規定し、純文学にはない魔力があるという。そして探偵小説の最終目的は、〈感動を与えることではなく堪能を与えること〉と持論をのべる。

では〈堪能〉とは何か。それは〈人間の心における指向性をいうものではなく時間の満腹性ということ〉という。最後にこう締める。〈感動の沈黙はいらず、安堵の沈黙が肝腎〉だという。ここで〈感動〉ではなく、〈堪能〉という言辞を使うところ、いかにも草森らしい。純文学には、〈感動〉が付随するが、探偵小説にはそれは不用であり、〈堪能〉つまり〈時間の満腹性〉〈安堵の沈黙〉があればいいというのだ。

副題に〈心理派〉としたのは、当時推理小説界のある動向が反映した。チャンドラーらのハードボイルドタッチのサスペンスだけでなく、心理（社会心理を含む）を盛り込んだフランスのボアロー・ナルスジャック（ピエール・ボアローとトマ・ナルスジャックの二人の筆名）や英国の女性作家アイルズらが登場し、かなりの人気を集めていたからだ。

草森の卒論は何か。中国の詩人李賀であった。この李賀研究は草森のライフワークとなり、のちに大部の一冊『李賀　垂翅の客』に纏められた。この李賀を書くことで、いうなれば草森は〈宝玉〉となったのだ。

卒業後、映画監督を志望した。一九六〇年に東映の入社試験を受ける。二次面接までいった。当時の大川博社長から直接面接を受けたが採用通知が届くことはなかった。

3　編集者の時代

一九六〇年代は、編集者の時代となった。ビルが乱立するように、多種多様な雑誌（小雑誌もふくめて）や週刊誌が産声をあげた。まさに百花繚乱状態となった。雑誌では『暮らしの手帖』の花森安治、『文藝春秋』の池島信平、週刊誌では『週刊朝日』の扇谷正造などが辣腕を奮った。

いうまでもなく雑誌が生まれるには、出版社（資金）、編集者（ディレクトリ）、書き手（ライター）などが必要となる。生活が豊かになり、雑誌界にも大きな変化が生まれた。特に婦人雑誌界が活況を呈した。振り返ってみると、廃墟のなか戦後まもなく発刊したのが『主婦之友』『婦人倶楽部』『婦人生活』『主婦と生活』などの四大婦人雑誌。これらの諸誌は、家事における実用的な情報を伝えた。

食が足りてきて、女性は文化やファッションに眼を向けるようになる。一九六〇年には、モード系といわれた『ハイファッション』（文化出版局）。翌年には同じく文化出版局から『ミセス』が発刊。のちに『ミセス』の書体はグラフィックデザイナー河野鷹思が手掛けた。さらに奥様向けの傾向から脱して、心の豊かさやライフスタイルを意識する雑誌が産声をあげた。

ちょうどそんな頃に草森は、雑誌の世界に飛び込んだ。ただ本命ではなかった。先に触れたように映画の世界の扉を叩いたが、開けてくれなかった。踏む道をかえた。一九六一年から六四年の三年間、主として『婦人画報』の編集を行い、他方では『美術手帖』で文を書いた。

二つの性格の異なる雑誌に関わり、〈大衆〉という下位に貶《おとし》められているマンガ、映画、写真、イラストレーション、広告、モダンジャズ、ファッションの側に立った。いまではこれらは脇役から主役の座についているが、当時は低次と足蹴にされた。いうまでもなくマンガ、広告、イラストレーションの対極に君臨していたのが、〈高尚〉な絵画だった。それでも草森は、小説の時代は終焉した、〈これからはマンガが表現媒体となる〉と真剣に考えた。

＊

先に『美術手帖』との関わりを寸描する。こっちはバイトの付き合い。声をかけてくれたのが『美術手帖』編集者の愛甲健児だった。愛甲が、当時は美術評論を書く者が針生一郎、中原佑介、東野芳明など少ないので〈どうだ、美術評論をやらないか〉と声をかけてくれた。この『美術手帖』に最初に書いたのが、「子供の怪奇」という素朴派アンリ・ルソー論。ちなみに草森にとり、署名入りの初原稿となった。のちに大部のアンリ・ルソー論『素朴の大砲』を書く嚆矢《こうし》となった。

その後も愛甲は、なにかと面倒をみてくれた。連載二本を書いた。「漫画エロチシズム考」（一九六五年）と「マンガ家の美術批評」（未完、一九六七年）。前者では、「レイモン・ペイネの〝愛〟」という論がある。純愛風の極みの「ペイネの恋人たち・シリーズ」で人気を集めたレイモン・ペイネの絵と〈エロチシズム〉。どうみても結びつかない。が、草森は、絵の中に隠された危険なエロチシズムを感知した。愛甲との最後の仕事は、『ポール・デービス』（パルコ出版）となった。

さて草森は、一九六一年に婦人画報社に勤めた。現在、「ハースト婦人画報社」となり、米国のメディア・コングロマリットである「ハースト・コーポレーション」が経営する。

先の「四大婦人雑誌」より古い。明治まで遡る。一九〇五年に「近事画報社」が創業し、同社最初の刊行物が『婦人画報』。つまり日本最古の婦人雑誌だ。国木田独歩が編集長を務めたことがある。この頃は「画報《グラビア》」と「読物」の二部構成だ。

国木田は、『武蔵野』の作者としてのイメージが強いが、一九〇六年初頭には、雑誌と本の編集者として名を残した。『少年知識画報』『少女知識画報』『美観画報』『実業画報』『西洋近世名画集』『遊楽画報』など、その数一二にのぼる。

のちに自ら「独歩社」を創立した。小杉未醒、窪田空穂、武林無想庵ら画家や文学者が協力した。また日本で初めて女性報道カメラマンを使い、さらに漫画雑誌にも参入し『上等ポンチ』などを刊行した。ここでの〈ポンチ〉は、〈漫画〉の意のようだ。名は、横浜で発刊された日本最初の漫画雑誌『The Japan Punch』を意識したものか。

こうしてみると、国木田の時代を先読みした斬新な編集スタイルなどは、まさに草森の手本となるものだった。この雑誌は明治の世に新風を送ったが、昭和の世になり、看板雑誌『婦人画報』に、様ざまなアイデアを注入した一人が草森だった。当時の編集長は谷口純だった。

さっそく草森は、斬新なページ構成を持ち込んだ。編集室にあった海外の『Elle』『Mademoiselle』『PLAYBOY』『COSMOPOLITAN』『GQ』などを徹底的に漁った。そこから視覚的なグラビア・紙面づくり、遊びにみえるがなかなかの味をみせるコラムの力などを得た。

さらにアイデアを練った。まず〈婦人物〉というワンパターンから脱し、広汎な視野から物をみる、そんな工夫を織り込んだ。写真の力の活用。エッセイなどの知的なものを織り込んだ。いくらアイデアが良くても、部数が伸びなければダメ。それに苦労した。

途中から、〈紳士物〉雑誌『男の服飾』にも関わった。『婦人画報増刊　男の服飾』を、一九六三年に『MEN'S CLUB』に改名させた。ただ英語を使ったのではない。男を磨くための文化度の高い雑誌を志向した。この辺の先見的アイデア。記者よりも、編集者やコピーライターの方が向いていたことを示している。

若い時から蓄積された雑多な知、奥野・村松両先生から受け継いだ時代を俯瞰する自由な視座が生きた。ジャズ、映画、推理小説などの雑多な知識やそこで出会った人脈が混ざりあい、それらが大きなパワーを発揮した。

草森は、犬のように嗅覚が優れていた。特異な才能者や時代を改新させる魔力をもつアーティストを紙面に登場させた。その一人が伊丹十三（離婚後の名前。当時は一三だった）。それが連載の「ヨーロッパ退屈日記」となった。名監督伊丹万作の息子たる伊丹十三。俳優、監督、エッセイストなどの多様性をみせた。

『記憶のちぎれ雲――我が半自伝』カバー絵・和田誠

この辺の経緯は、『記憶のちぎれ雲』（本の雑誌社、二〇一一年）に詳しい。〈我が半自伝〉と副題がつけられている。『記憶のちぎれ雲』の装幀と各章扉のタイトル（名前の書字）は和田誠。ふんわりした雰囲気を醸成。表紙は仙人ぽい草森、裏表紙はまだ黒い髪の青年のような姿だった。

ここで『記憶のちぎれ雲』について語っておきたい。

とはいえ、何とも形容の難しい一冊だ。表題のように一九六〇年代の〈記憶〉、その断片をパズルのように貼り合わせた。そのため記憶の曖昧さを〈まあ、よいのではないか〉〈出逢ったような氣がする〉〈推定はしている〉〈想い出されてきた〉という言い回しで解消し、相手の記憶ちがいは〈しかたがない〉と放置した。

こうした言い回しと記憶の切れ端の重層化。それが〈記憶のごった煮〉状態で続くからやっかいだ。〈ごった煮〉という名辞。そもそも草森が志向した雑文とは、知の〈ごった煮〉のことではないか。私はこうみた。草森にとり、〈ごった煮〉は老子のいう〈混沌〉と同義ではないか、つまりあらゆるものが満ち溢れた始源の空間のことにちがいない。

私は〈ごった煮〉という名辞を当てはめてみて、やや得意だった。ただこの本の中の一か所で、草森自身がよくこの言葉を口にしていたと書いてあった。私の分析眼もまんざらではないと少し自惚れた。

草森は、体系というシステムを極度に嫌悪した。どうしてか。何にせよ体系化してしまえば、素材が本来もっていた味が薄れ、その個性や癖が平均化、相対化してしまうからだ。上からの権威化を伴う体系化や百科全書という〈美しい柵〉から逃れ、いつも〈ごった煮〉に立ち戻ろうした。

ただこの〈ごった煮〉を貫くこと。それは世を斜めから眺める〈奇型児（異端児）〉になることだ。この〈奇型児（異端児）〉という言葉。当時、詩人関根弘が真鍋博との対談で使っている。真鍋はこんな文脈で使った。〈現代の空間〉に向かってものをいうには、〈既成の絵画〉とか〈詩〉では限界があり、表現の方法も〈多様化〉しなければならないし、そこは〈境界新地帯〉となると。そこでは〈奇型児〉になって出てこなければならないともいう。

真鍋が、あえて〈奇型児〉という言い方をしたのは、〈現代の空間〉というのは、それだけ〈奇型〉化しており、だからこそ〈表現〉〈方法〉も〈奇型〉化してくる、そんなことを踏まえているに違いない。〈奇型児〉たる草森は、漢字に特別な感慨を抱いた。たとえば〈氣〉への偏愛も凄い。この本では全て〈気〉を〈氣〉にした。〈気〉では、気が乗らず、文に言霊《ことだま》が降りないからであろうか。〈ごった煮〉再考を続ける。日本人は、母の味として煮しめやおでんなどが大好きだ。大根や芋などの素材にどんな味が滲みこんでいるか、楽しむわけだ。

〈記憶というごった煮〉の主素材は、草森が編集時代に出会ったアーティスト達である。味付けは、草森の特有の言い回しと文体である。その主素材をあげてみる。真鍋博、古山高麗雄、田中小実昌、中原淳一・葦原邦子夫妻、伊丹十三（一三）たち。分量はマチマチ。その中で伊丹論は、ほぼ三分の一を占める。実は、素材はこれだけではなかった。生前のメモ（人物リスト）によれば、約三〇人にのぼるという。

メモ案には、それぞれの枚数が記してある。だから構想は、未完のまま終わったわけだ。この枚数が曲者《くせもの》だ。草森は決めた（あるいは決められた）枚数をほとんど厳守しない。フル・マラソンの距離を走りながら、平気でその数倍を走るランナーだ。ゴールのテープを切らないこの書き方。ゴールを切らないわけは別にある。話題は無方向に展開するから、収拾不可となるからだ。

ただ展開という言葉もやや不適当かもしれない。別な言葉〈展性〉を合わせてみる。〈展性〉とは、金属が外からの力（打撃や圧延）により、それが壊れることなく、薄板や箔になる性質のこと。そこから造語すれば〈展伸〉が最適か。無限に文や構成そのものが自在に〈展性〉を帯びて〈展伸〉するのだ。〈展性〉を支えるのが、無限に引き延ばされた〈奇形児のようなエクリチュール〉、つまり〈書かれた言語〉（書き方でもある）だ。あてのない彷徨と、小さなことや差異に拘りながらその人物の裏面に迫った。これは、終生にわたる流儀だった。それを〈性《さが》の卵〉とし、胎内に抱え込んだ。ただ原稿を依頼した記者や編集者には最悪となる。それに〈遅筆の魔〉が憑依《ひょうい》するので、まさに地獄だった。

つまり予定調和的発想はなく、無限に向かってエンドレスに意志を持続する草森ランナー。とすれば、このまま全員を書き続けたなら、一人一冊位の分量になり、壮大な〈記憶というゴッタ煮〉の交遊録ができたことなる。

それは間違いなく、六〇年という時代を疾走した者達の記録となったはずだ。残されたメモが充分には読めないが、最大枚数は島尾敏雄の二〇〇枚か。渥美清の一五〇枚は確認できる。

この部厚い本の約半分を占めるのが伊丹だった。どうしてこんなに伊丹に拘るのかやや「謎」ではあるが……。

4　『話の特集』

今でいう先駆的な広告媒体における革新者の一人に注目する。『話の特集』の編集者矢崎泰久だ。矢崎は、雑多な文化に知の肥しをもたらす文章家を〈文革者〉と命名している。とすれば草森は、文づくりにおいて、まさに〈文革者〉でもあった。

先にも触れたが、数多い雑誌が産声をあげた。ここで注目したいのが矢崎泰久の『話の特集』だ。その時代の文化度を計測するには、江戸の「瓦版」が庶民の意を体現しているように、カウンターカルチャーがどんなものであったかをみればいいからだ。

カウンターカルチャーの典型が、小雑誌だ。なぜいいか。編集者の戦略や文化意識（時代をどうみるか

左：『話の特集 2005　話の特集　創刊 40 周年記念』（WAVE 出版）
右：矢崎泰久『「話の特集」と仲間たち』（新潮社）カバー絵は横尾忠則

を軸とした〉がそのまま反映するからだ。深くみれば、反権力に根を張る姿勢もみえ隠れする。

そんな小雑誌の代表格が一九六五年に創刊した『話の特集』だ。大手の雑誌にはない、軽味だが味わうと舌がピリリとする毒素を含んだ。そして〈迫力ある魅力〉あるコンテンツを盛り込んだ。

そういえば、この『話の特集』もまた〈ごった煮〉状態だ。あらゆる文化事象に目配りし、各ジャンルの〈変り物・者〉やほとんど無名だが〈異彩人〉になる芽をもつ者を〈ごった煮〉にしてまぜた。〈異彩人〉で大ジャンプした者もいた。その代表格が横尾忠則だろう。横尾は、一九五八年に、第八回日本宣伝美術会（通称：日宣美）展で奨励賞を受賞しているが、デザイン界に登場した気鋭の〈異彩人〉だった。

横尾は、『話の特集』のカバー絵（人物肖像）をかなり描いた。はじめその人物肖像が誰かわからなかったのもあった。あとで調べたら、前衛音楽の旗手ジョン・ケージだった。結果的に一年間表紙絵を担当した。別に詳しくのべるが、草森と横尾とは深い繋がりがある。草森の中での、ひときわ評価の高い『江戸のデザイン』の装幀は、横尾が担当した。

矢崎は、赤字続きの中であっても、〈ごった煮〉の味を固持した。矢崎は、はじめ新聞記者だったが、体内には「編集者」の血が流れていた。父は、出版業の日本出版社の社主だった。この会社の名付け親は、『文藝春秋』を創刊した菊池寛だった。だから編集者になるのは、運命でもあったともいえる。いやそれだけではない。時代が矢崎を必要としたのだ。きっと〈ごった煮〉の神様が彼に啓示を与えたにちがいない。

私は『「話の特集」と仲間たち』（新潮社、二〇〇五年）、『話の特集　二〇〇五　話の特集　創刊四〇周年記念』（WAVE出版）などの回顧録や記事を読んでみた。そこには、三〇年間にわたり、廃刊を乗りこえながら、汗と泥まみれ、赤字まみれでクタクタになりながら、〈ごった煮〉の燈火を守り続けたことが書かれていた。

矢崎は体を張った。原稿を貰うため、三島由紀夫とは、腕立伏せを競い合い、また剣道の相手をさせられ脳震とうで倒れた。こんな危険なこともあった。映画監督篠田正浩の記事「紀元節を撲滅しよう」が、「不敬」「皇室冒涜」にあたると行動右翼者の襲来をうけた。刀で脅かされる危険な事態となった。しかしとっさに神武天皇から続く系譜をすらすらと暗唱し相手を唸らせた。赤字解消のため、竹中労も関わり、ビートルズ来日特集の『話の特集・臨時増刊号「ビートルズ・レポート」』を出したこともある。三島は、この「ビートルズ・レポート」を〈家宝にする〉とまで称讃したが、発売が遅くなり赤字解消とはならなかった。

＊

こんな独自な企画もやった。それは「寄席温習会」。末広亭で行い、立川談志や三遊亭円生にも一席を話してもらった。

気鋭のぴちぴち跳ねるアーティストを傘下においた。その中でもイラストレーターの和田誠の存在が大きい。イラストレーターという肩書にはおさまらない人だ。矢崎は〈天才的アートディレクター〉とまでいう。幅広い人脈をもち『話の特集』の影の編集者的存在となった。

そもそも矢崎は、『内外タイムス』の元・新聞記者だが、雑誌を作るだけの文化人脈を持っていない。発行元となった日本出版社、それは編集者・新聞記者だった父の会社だった。

和田誠が、篠山紀信（写真家）、谷川俊太郎（詩人）、栗田勇（美術評論家）、寺山修司（詩人・歌人）、横尾忠則（画家）などを編集会議に連れてきた。矢崎が最初に横尾と会った時、横尾は、汚れたレインコートを着た、いかにも貧しそうなやせた青年だった。みんなまだ名もない、眼だけがギラギラした、飢えた蒼い狼に過ぎなかった。

産声は、一九六五年十二月二十日にあがった。この年は、戦後日本のメルクマークとなることがおこった。政治的・社会的な大きなうねりをつくりだした市民運動の「べ平連」が発足した。またテレビ界では、「11PM」が開始した。この「べ平連」の仕掛け人の一人が、小中陽太郎だ。この時小中陽太郎は、自らの恋愛騒動でNHKを退社し、浪人状態。ルポルタージュやコラムを書き始めたことから、小中は「べ平連」の関係者である久野収、小田実、吉川勇一、開高健を、矢崎に紹介した。

私ごとになるが、かなり前に、小中に北海道江別市まで来てもらい、戦後の市民運動の原点でもあるこの「べ平連」のことなどを語ってもらった。講演後、ホテルまで送りながら、バーで酒を交わした。この時は、たしか中部大学で教えていた。すっかり髪も白くなっていたが、批判的な精神はまだ衰えていなかった。

『話の特集』創刊号には、栗田勇、小松左京、小中陽太郎、寺山修司らが筆を握った。この創刊号に載らなかった原稿がある。わが草森の漫画論だった。〈載せたらまちがいなく、手塚治虫が抗議しにくる〉と鼻息が荒かった。〈ぜひ書かせてほしい〉とねがったのは草森の方だったが、原稿は大遅延し第五号に載った。

掲載までが大変だった。原稿がこない。仕方がないので、編集室にカンヅメにした。これも効果なし。最後の手段として、東映のヤクザ映画三本立てを上映している映画館のロビーで書かせた。矢崎と和田が、映画を見ながら草森を「監視」した。大迷惑な末に完成したのが「マンガひねくれ入門」。マンガを生き物のように擬人化し、マンガを〈国民もジャーナリズムもバカにしている〉と怒った。世の中には〈マンガを卒業する〉という間違った風潮があり、それを批判したが、まだ全体としては穏健だった。

第二回で「手塚マンガの功罪」と吼《ほ》えた。手塚のマンガを、功罪の視点で論じた。当時としては異例の論となった。なぜ罪としたか。草森は、手塚の初期作品「サボテン君」を評価していた。だが「サボテン君」に息づいていたものが喪失していると声を荒げた。その基因を探った。基因として、マンガ映画をつくるという夢が実現したことをあげた。罪性をいうために、かなりきつい〈敗壊〉という言葉まで使った。

手塚は、それに対して「手塚治虫への弔辞――マンガひねくれ入門に答える」をもって矢崎に会いにきた。当時はマンガ界の巨匠といわれていた手塚が、それも朝八時半にみずから持参した。どうも夜が明けるのが待ち切れずに行動したらしい。

草森は、どんな巨匠や名声を誇る人物であっても自分の批評軸を曲げることがなかった。〈ひねくれ者の空事ではない。あくまでマンガを愛するがゆえに手塚の罪を晒したのだ。草森は、漫画家・創作人よりもマンガそのものを愛しているから、こんな言動に出たわけだ。

矢崎は、『話の特集　二〇〇五　話の特集　創刊四〇周年記念』の〈編集後記〉で、今日の雑誌界に腹の底から吼えた。気が付いて見渡せばどこも執筆者が同じ、まともな原稿は皆無、改悪を当然と扱い、これまで築いてきた民主的機構を奪い、コマーシャルに取り込まれ御用商人に堕したライターがあふれ、叙勲をうけ体制化した作家や肩書だけを振りかざす大学教授など……。言論界は、右も左も〈腐臭が漂う〉と嘆き、怒った。

そしてこういう。〈最も大切な自由は完全に失われています〉。この言葉から、一つ大事なことをいい忘れていたことに気づいた。そうだ、『話の特集』は、何ものにもかえられない〈自由〉を大切にしながら、〈鍋〉つまり〈紙の器〉の中で、〈ごった煮〉をつくったのだ。

5　田中小実昌

この時期に出会った人に、田中小実昌がいた。通称「コミサン」だ。一九二五年に東京で生まれ、二〇〇〇年にアメリカで客死した。世人は、どちらが実像か虚像なのか戸惑うかもしれない。私の中でも小実昌像は相反する。深夜番組「11PM」などに登場したエッチっぽく〈変なオジサン〉のイメージが強い。

一方で、小説家の「顔」もある。『ミミのこと』『浪曲師朝日丸の話』で第八一回直木賞を受賞し、『ポロポロ』で第一五回谷崎潤一郎賞を受賞した。さらにR・チャンドラーやC・ブラウンのミステリ物の翻訳者として名訳の誉れたかい仕事をした。

またこんな一面もあった。小さい時（小学校六年頃ともいう）から哲学の心を抱いた。フランスの哲学者ベルグソンの『笑い』や『創造的進化』を愛読し、その後もそれをショルダー・バックに入れて持ち運んだ。特に後者は真方敬道訳を好んだ。

こんなことをいう。「哲学はある問題を解決するのではない。もろもろのことがおこっている本源、根拠のミステリのせまりに身をさらす」（「哲学ミステリ病」『田中小実昌ベストエッセイ』ちくま文庫、二〇一七年）。それもそのはず、田中は、東京大学文学部哲学科を中退（正しくは除籍か）している。

名前のフォルムを考察してみる。田中小実昌、五文字それぞれが厳格に左右対称《シンメトリー》。この安定したフォルムの呪縛から逃れるかのようにして、俗なる世界に身を置いた。太平洋戦争時、大陸に引きずりだされ、終戦後東大に復学するが、講義には足を運ぶことなく、東京渋谷の東横デパート四階にあった軽演劇場「東京フォリーズ」の文芸部員（実際は舞台雑用係）となった。その後も香具師《やし》として路上に立ち、また米軍基地にも入り込みながら英語力を養いつつ、「貧」を耐えながら翻訳にも手を染めた。

さて草森と小実昌との関わりは如何なるものか。当然、草森のミステリ熱からみて、翻訳者として知っていたようだ。

名を知ったのは都筑道夫編集『ＥＱＭＭ』（エラリ・クイーンズ・ミステリー・マガジン）に掲載された、Ｊ・Ｍ・ケインの「冷蔵庫の中の赤ん坊」だった。これは小実昌の処女作。さらに小実昌訳でＲ・マティスンの『吸血鬼』、Ｊ・ソウルの『時間溶解機』、カーター・ブラウンの『死体置場は花ざかり』などを読んだ。草森は、すぐに〈田中小実昌＝カーター・ブラウン〉のファンとなった。

また草森は小実昌が、ミステリの御三家たるハメットの『血の収穫』やロス・マクドナルドの『青い

田中小実昌『香具師の旅』（泰流社）

ジャングル』を訳したのを知った。ただその多くのハード・ボイルド物の中で、チャンドラーを訳したことを重くみた。「ハード・ボイルドと感傷の関係を、ずっと『哲学的』に考え続けていたのではないか」という。

草森は、もともと小実昌は感傷が嫌いで、それが彼の生き方でもあるとみた。世評の、チャンドラーは感傷のハード・ボイルドと言われることにある種の「こだわり」をもち、他の訳に対抗して、『高い窓』『湖中の女』ではマーロウに「おれ」と言わせたとみた。

つまり、小実昌の原点は反感傷主義にあり、ハード・ボイルドに生きたいと思っていたと。だから晩年になり小実昌が、日本的な漂泊意識を抱き始めると、その危なさを突いた。こう言う。「客死に至る海外へ出かけようとも、漂泊イコール感傷なのだ」と。どうも反感傷主義を根にする草森にすれば、漂泊に流れる小実昌は、許容することはできなかったにちがいない。

そんなことで雑誌『MEN'S CLUB』に新しい血を注ぐため、コミさんにカーター・ブラウンについての原稿を依頼した。実際に会ったのは、数少なく一、二回らしい。東京・虎の門にあるジャーマン・ベーカリーの喫茶部であった。電話が苦手の新米編集者の草森は、よく喫茶店で会い原稿もいただいた。ある時小実昌は、昼から「酒でもいいですか」といい、ウイスキーを注文した。草森が原稿を確認した。どうも小実昌は、出来が心配だったらしい。草森は、〈いい原稿ですね〉〈少し直してほしい〉ともいわなかった。この後草森は、小実昌の眼と合ったが、草森は無言のまま少し眼を伏せた。その瞬間に小実昌は「やり直します」と声を出し、原稿の小さな束を奪った。

この原稿を書いた一九六二年、小実昌は、立て続けにカーター・ブラウンの作品九作を翻訳し、翌年には、同じくカーター・ブラウンの八作を翻訳した。乗りに乗った仕事をしていた、その狭間で草森の依頼に応じてくれた。草森は、「年長の氏は、すばやく私の中に不器用のにおいを嗅ぎとり、それが仇になって、私のもたもたしたしぐさを考えすぎて、妙なやさしさを発揮してしまったのではないか。まあ、わからない」と述懐する。

さて草森が、小実昌を評価するのは、その軽妙な文体である。草森は、小実昌の文体とミステリ翻訳のスタイルの相関に着目する。この『記憶のちぎれ雲』に載せた田中小実昌論は、この文体の考察を軸にしているといって過言ではない。たしかに、草森が指摘するように、小実昌は小説やエッセイだけなく、翻訳でも漢字を使わない。そして句読点「、」を多用し、特異なリズムを造りだした。

ただ漢字不使用には、裏の訳があった。漢字が得意ではなかった。草森は『死体置場は花ざかり』での、アル・ウィーラー警部と容疑者たる女富豪とのジョークは言葉の絶妙なラリーという。「みじかいって、なにが?」という女富豪の猥褻な質問に、「それはぼくと、ぼくをうんでくれたおふくろとのあいだのヒミツでね」と応じる。ここには、漢字はゼロ。ここから〈快調なハイテンポ〉が生まれるとみた。

小実昌の文体論を続ける。草森がさらに注目するのがストリップ劇場で働いた体験をベースにした「G線上のアリァ」という作品。これはハードボイルド系の雑誌『マンハント』（久保書店）に連載した

右：『田中小実昌ベスト・エッセイ』（ちくま文庫、2017年）「G線上のアリァ（抄）」などをおさめる
左：『記憶のちぎれ雲――我が半自伝』裏カバー絵・和田誠

小実昌のエッセイ。この雑誌に「しゃり・まん・ちゅう」（中国語に思えるがちがう。米、女、酒のこと）を書いた。性的な隠喩を含んでいる。隠語を使いうまく味つけする。小実昌の大得意技だった。

このように『記憶のちぎれ雲』は、軽妙な人物博物誌でもある。それが完成しなかったことがなんとも惜しまれる。

コラム2

草森的マンガ入門書

『マンガ考』（コダマプレス、一九六七年）を繙きたい。一九六七年五月の発行だ。新書版サイズではあるが、草森にとって初の著書であるから、記念的作品といえる。カバー・本文イラストは真鍋博だ。この本をどう名付けたらいいか考えてみた。草森紳一的マンガ入門書ではどうか。

定価は三〇〇円とある。みずから「あとがき」において、「マンガで育った世代」という。かなり重いマンガ熱中症に罹っていた。これまで蓄積したマンガに関する知識を生かしている。日本だけでなく、欧米マンガにも紙面を割きながら、縦横に論を展開している。

当時、第一線で活躍していたマンガ家やイラストレーターなどへのインタビューもあり、とても読みやすい。気づいたことがある。当時は、マンガ家、イラストレーター、画家、グラフィックデザイナーの区別はなかった。これは現在ではなかなか考えられないことだ。当時の方が、自由にジャンルを往還していたようだ。

戦後の混乱が収まり、経済が安定してくると、文化の庶民化が進んだ。その象徴的な出来事がマンガ文化の発芽であった。当時は子供にとってエンターテインメントとなるものは少なかった。子供の心をウキウキさせたのが、ストーリー・マンガだった。子供達は、マンガ雑誌の次号を、首を長くして待った。どう物語が展開するか、ワクワクしながら待ったものだ。

むろんエンターテインメントだけではなかった。紙面に登場するヒーローは、決して架空の存在ではなかった。憧れの存在となった。つまり生活の貧や苦を、一時的にも忘れさせてくれた。それは私自身の体験からもわかる。夢を与え、また好きなキャラクターはもう一人の友となった。愛読したのは、武内つなよしの「赤胴鈴之助」や、ロボット物のはしりでもある横山光輝の「鉄人28号」であった。

草森は、蘊蓄を駆使して外国マンガの見方を指南しながら、日本のマンガと外国マンガを比較している。だからここでは草森は先生の風格がある。草森は、もともと分類魔だから、外国マンガを〈孤島もの〉〈サンタクロースもの〉〈秘書もの〉〈病院もの〉など九つに分類し、それをより実証的に考察した。

どうしてこんな風にさまざまな分類ができるのか。その訳をこういう。人間の肉体と心理とは社会という状況に包囲されているが、そこでのマンガ家の役割をこう解説した。そんな包囲された状況に生きる人間の混乱や失敗に目をむけているのがマンガ家だという。

それを踏まえて、さらにマンガと現実はどんな関係にあるのか、こんな言い方をする。いかにも草森らしい言い方だ。よく人は、〈こりゃまるでマンガだね〉というが、マンガ的空想という状況がまずあったのではなく、現実にまずおこり、その目撃がマンガになったのだ。だから人はそれで笑うという。つまり笑いには、みずからの現実生活における混乱や失敗への自己省察を含んでいるというのだ。

草森の筆がいちばん生き生きしているのは、〈海辺の野郎たち〉や〈好色な医者〉であろうか。〈海辺の野郎たち〉では一コママンガを一つ一つ取り上げ、海辺での男と女の間に交わされるエロチックな視線を分析してみせる。

また野球大好き人間らしく、〈狂った野球〉では、マンガでは〈どんな魔球でも編みだすことができる〉それは〈マンガの誇るべき機能の一つ〉という。

最後に「外国マンガの見方」では、草森先生は、マンガは「僕たちの鏡であり、社会の鏡」であると講義を締めている。ちなみにこの「外国マンガの見方」は、一九六六年に『MEN'S CLUB』に発表したものだ。日本中の紳士諸君にわかりやすく紙面講義したわけだ。

さて先にのべたことに戻る。日本と外国マンガの違いは何か。ひとことでいえば日本のは、〈思考を麻痺〉させ〈頭の中を白色状態〉にさせるが、一方で外国マンガは、伝統的に一コママンガが主流であるが、その一葉の絵には〈思考〉に作用する力があるという。

さて本書は、日本の中では先端的なマンガ論となったが、どうもはじめはマンガ論を書くつもりはなかったようだ。たまたまイラストレーターの真鍋博に出会った時、マンガ論をぶってしまった。その翌日になり、雑誌『美術手帖』から電話があり、「マンガのコラム」(はじめ匿名で、のちに記名)の依頼があった。さらに『MEN'S CLUB』や『芸術生活』などにも書いた。それが六、七〇〇枚に膨れ上がった。それらを整理して、一冊にした。

まずタイトルがオモシロイ。〈マンガ考〉と大上段に構えつつ、サブタイトルに〈僕たち自身の中の間抜けの探究〉とある。マンガと〈間抜け〉を絡めるとはなかなかユニークな視

上：『マンガ考』（コダマプレス、1967年）
下：同、中トビラのデザイン

点だ。そもそも〈間抜け〉とはどんなことを指しているのか。どうも〈間抜け〉という言葉には、〈白痴〉や〈ナンセンス〉のニュアンスを介在させているようだ。

では〈間抜け〉を典型的に示す作品とは何か。はっきりとした定義や説明を加えていないが、察するにギャグマンガや〈ゆかいマンガ〉のことを頭においてのことだろう。

当時、マンガ世界に英雄的ヒーローたる「鉄腕アトム」や「鉄人28号」に代表するストーリー・マンガとはちがうものが生まれてきた。赤塚不二夫の「おそ松」や森田拳次の「丸出だめ夫」などの〈ゆかいマンガ〉である。

どうも草森は、後者の〈ゆかいマンガ〉を意識して、こんな題名を付けたようだ。私も少し、この時代のことを思い出してみた。たしかに相反する二つの流れがマンガ世界にはあった。かっこいい「鉄腕アトム」や「鉄人28号」のキャラを、漫画風にノートに書いていたことがある。無限のパワーを発揮するある種のヒーローだった。のちにホームドラマ風の「サザエさん」が流行するが、それよりも無限のパワーの「アトム」や「鉄人28号」のほうが私の夢をふくらませてくれた。

戦後の混乱が少しずつおさまってくると、不思議なことに、社会の規範や秩序とは正反対のキャラが造られていった。それが「おそ松」や「だめ夫」だった。ドジな彼らは、社会からは笑いの対象となったが、ドロップアウトした者にとっては愛すべき対象だった。別な意味でいえば、社会の仕組み、権威や大人社会の価値観を崩してくれる「破壊者」であり、自分の分身でもあった。

*

この本には、沢山のマンガ作家を紹介しているので、当時の人物図鑑の面もある。私の独断的見方によれば、草森は井上洋介や長新太に共感を寄せていることが読みとれる。

また外国マンガを日本のマンガと比較しながら、より具体的に考察しており、この点でも先駆的である。先にも触れたが、そこには、日本で大流行したペイネのマンガ絵についてこれぞ草森という批評を披露していてとても興味ぶかい。一言でいえば、愛の抒情性の権化のような彼の絵には、かなり高密度なエロスが隠されているというのだ。紳士風の男と小さな女性。その愛らしさを讃美する者たちに冷水をあびせた。

私が一番、関心を抱いたのが、白土三平のところだ。白土の代表作「忍者武芸帖」「サスケ」を解析している。当時、安保世代にとってある種のバイブル的存在であった。

白土のマンガを連載した『ガロ』は他のマンガ雑誌とは異なる特別な位置を占めた。白土のマンガには、これまでとはちがう階級的視座が織りこまれていた。こんなこともあった。草森の分析眼は、なかなか鋭く、ストーリー・マンガの中に当時としては画期的なキスシーンを描いたことを重くみた。

忍者世界を題材にしながら、これまでの歴史物とはちがうもの、階級的視点（つまり民衆史的な視座）をベースにしながら、母と子、男と女の関係を問い直したと考えた。忍者はみずからの身体を、非情なマシン（機械）として相手を倒すのが仕事であった。その情を捨てる忍者ではあるが、〈唯一の情念〉があるという。それは男が母を想う心であるとみた。そこに優しさの渇きがあるともいう。

このように『マンガ考』には、草森の初々しい若き聲が響きわたっているのだ。

第3章　緻密な診断書『素朴の大砲』

1　画家アンリ・ルソーとの出会い

人生とは、わからないもの。何かの機縁で、全く別な道を歩むことがある。草森は、何を書くかについても、たわいのない機縁を大切にした。草森は、そのことを二つの言葉で言いあらわした。〈予期せぬ待ち伏せ〉と〈偶然の衝突〉。この二つに導かれると、いつのまにかその〈囚われ人〉となった。

〈囚われ人〉には、自由はない。だからその束縛された空間に身を置き、自らを追い詰めた。草森の天性の気質、マニアックな性癖がそれを増長させた。

〈囚われ人〉は、閉鎖した扉の中で、その不自由な状況に愉悦さえ覚えながら、だれもが書かなかったものを書いた。その一つが、一九世紀の画家アンリ・ルソー（一八四四～一九一〇）を論じた『素朴の大砲』（大和書房、一九七九年）だ。草森は、この本では、アンリ・ルッソーと記しているが、ここではアンリ・ルソーで統一する。

さてこのルソーという人物は、どんな素顔だったのか。いかにも変な人だ。パリ市の入市税関に二二

『素朴の大砲　画志アンリ・ルッソー』（大和書房、1979 年）

年間務めたが、けっして優秀な人ではなかった。むしろ周りからは嫌われた。ある時は心霊現象に入れ込み、また詐欺事件を幇助して逮捕されている。虚言を弄し、大言壮語する癖もあった。

それでも人生を楽しむことを忘れることはなかった。絵を描くことは、その中でも最大の喜びだった。ルソーは、いつも〈我道を行く〉を貫き、早めに公の仕事を辞め、自分の人生をエンジョイした。詩人アポリネールの言葉を借りるならば、まさに〈聖なる余暇〉を愉しんだ。

この画家、美術史の上では、素朴派《ナィーフ》の祖的存在だ。この素朴という言葉、人生上で使うと〈善い〉ことになる。いかにも人柄がいいというニュアンスが立ち込める。中米のコスタリカでは、「プラビーダ」〈素朴な人生を〉と挨拶する。金（富）や力よりも、質素であっても幸福な日々の生活を大切にする。それが滲みでている。

ただこの素朴を、アート世界に使うと、〈ヘタ〉〈ヘボ〉に転じることがある。

もう一つ指摘しておきたい。美術史における「素朴派」の定義だ。『オックスフォード西洋美術辞典』では、〈彼らの主題は高度に個人的であり、自分がなじんでいる日常周辺の場面や出来事を克明に叙述しようとする〉とある。さらに個々の事物の描き方では、〈その視覚的・概念的特徴を微にいり細にわたって描き出そう〉とするとある。

つまり〈自分がなじんでいる日常周辺の場面や出来事〉を〈微にいり細にわたって描き出そう〉とする個人的な絵というわけだ。

とすれば「素朴派」とは、なかなか新しい描法を導きだしたことになる。このことを、まず踏まえておきたい。と同時に、この素朴派は、新規な革新的アートとなるキュビスムと同時期に誕生したという事実を忘れてはいけない。つまり、この二つは古い表現形式を壊す原動力となっていった。

アンリ・ルソーは、フランス西部ラヴァルに生まれた。その後ルソーはアンジェに移る。一時、軍隊に入り、その後パリ市入市税関に勤めながら絵筆を握った。

まさに日曜画家の代名詞みたいな人。たしかにベタ塗りの、ヘタウマな絵ではあるが、アカデミックの絵にはないものがあった。同時代人のピカソ達は、そのルソーの新奇さを高く評価した。特別に友人達と「アンリ・ルソーの夕べ」を企画して、彼を讃えたほどだ。

まさにアカデミズムとは無縁の、正真正銘の素人の絵。しかしそのヘタウマな絵が、のちの美術に大きな影響を与えた。草森は、画家井上洋介との対談で「アンリ・ルソーは、だけどうまいと思うなあ。うますぎるよ。ピカソよりうまいじゃない?」(『イラストレーション・ナウ　井上洋介の世界』立風書房、一九七四年)と褒めちぎっている。

では草森と、この画家との出会いはいつのことであろうか。草森の記憶では、〈予期せぬ待ち伏せ〉は、中学生の頃に見た画集から起こった。特にブリューゲルとルソーの絵に〈昏い衝動〉と〈異常感〉をうけた。

ルソーの絵には、巨人のような子供が描かれていた。その子供達が、自分を怖がらせた腕白小僧にも思えたし、その憎たらしさを切り取っているとも感じた。さらに他の画家にはないもの、どこか言い知れぬ〈人間くささ〉も嗅《か》いだ。

このように、ルソーとの最初の遭遇は、まだ感覚的かつやや幼稚である。それから時間はかなり過ぎた。東京で浪人生活をしていた時、ルソーが再び〈予期せぬ待ち伏せ〉をした。神田の古書店、その奥の方、暗い棚の片隅で、ヴィルヘルム・ウーデ著『アンリ・ルッソー』と目が合った。

ウーデは、美術批評家で画商、コレクターであり、アンリ・ルソーなどの素朴派を見出した人といわれる。ルソー、アンドレ・ボーシャン、カミーユ・ボンボワ、セラフィーヌ・ルイ、ルイ・ヴィヴァンなどを世に紹介する展覧会「聖なる心の画家たち」を企画した。

それは世界初のルソー論で、ドイツ語で書かれ、背表紙はかなり傷んでいたが、本をめくっていると無性に欲しくなった。草森は、本から〈買え〉という声が聞こえたという。

どうも草森は、横尾忠則と同じく、霊的なもの、不可視なものからメッセージをうける特異な能力があるようだ。横尾は、UFOと交信することができるという。そういえば、大部の『素朴の大砲』の斬新な装幀・構成は、横尾忠則が担当した。この時、横尾は、ルソーの絵を白黒コピーにして、〈変質〉させて使った。そうしたのは、ルソーの絵を使うと生じる著作権使用料のことがあったようだ。

草森は、慶応の二年生になった頃、ルソーの追跡を開始した。手当たり次第、雑誌などから資料をかき集めた。ある資料で、聖心女子大生正田美智子（元・皇后陛下）のルソーの絵に関する文を見つけた。その末尾に〈ルソーなしには、私は生きていけない〉という一文が添えてあった。それほどまでに、日本でもルソー絵画は人気を集めていた。

2　『素朴の大砲』

この『素朴の大砲』という表題のつけ方、やや草森らしくない。諧謔性や秩序の破壊が乏しいと感じられるかもしれない。だがそうともいえないところがある。というのもここで草森は読者に罠《トラップ》をかけているのだ。その罠とは何か。

『素朴の大砲』は、二四のテーマで構成されている。「釣り人」から「サイン」まで。それぞれに副題を付けた。副題に文学的香りをかぶせながら、読者をその副題から予測するのとは違う方向へとドンドン連れ去った。読んでいくと、次第にその罠にはまり身動きできなくなる。さらに論の立て方においても、雑文スタイルを貫きながら、なによりこれまでの定番となっていた美術論のスタイルをガンガンと壊した。

草森は、ルソーにぞっこん惚れていた。その惚れ方は、〈あばたもえくぼ〉状態だった。〈全面降伏した〉ともいう。ただ猿などがいる風景などは好みではなかったようだ。

さて〈どんな本か〉と問われれば、当然にも「評伝」ではない。あえて言葉にすれば、雑文家草森による〈ルソー漫歩〉とでもいうべきか。中国の詩人や思想を引っ張りだしたり、北斎などの浮世絵や写真論に話が飛んだり、まさに話が流動し周縁に拡散しつづけた。

また草森らしく、より小さなものにも最大の関心を払った。たとえば描かれた「目」に着眼するあたりは、その典型である。たとえば二四のテーマの一つである「目」では、代表作「田舎の結婚式」を素材にして、絵中人物の「目」を観相学的に腑分けし、善と悪に区分けした。「眠れるジプシー」にも、不気味が潜む稀有な「目」があるという。

このように二四の全てにおいて、他の研究者や批評家が関心を抱かなかった事象に、これでもかこれでもかと拘《こだわ》った。だから誰でもない、まさに草森が気ままに漫歩した本としかいいようがない。

具体的にみてみたい。「釣り人」には〈よそよそしい距離〉、「サイン」には〈尾をひく気分〉と副題をつけた。「万国旗」には〈裏表のない祝福〉とある。いま副題といったがそれは相応しくない。文を読んでいくとすぐに、副題の方がタイトルであることがわかるはずだ。

たとえば「釣り人」という主題をネタ（素材）にして、「人と人の間の距離とは何か」という、やや形而上学的なことを探った。まさにそれぞれの本題は隠され、読み手はその隠されたものを探らねばならないわけだ。そんな入り組んだ罠が仕組まれている。

もう一つある。〈いかにも〉という、含蓄を披歴する図像解釈を嫌った。そのかわり絵から受けたものに素直に従った。やや低次にみえる〈これは、何か変だ〉〈どこか気になる〉という違和感覚を大切にした。つまりアカデミックに図像をアート・リーディングするのではなく、ひたすら自分の偏愛、嗜好に忠実に従った。

草森は、ここでルソーを画家とせず、あえて「画志」とした。あの『三国志』を想起させるではないか。〈家〉では高尚になり、ルソーの実体と齟齬《そご》が生じると感じたからに違いない。

*

では、絵から何を読んだか。二四のテーマ（表題）から、幾つかを取り上げてみたい。この本には、処々になかなか思弁的な見方が見え隠れする。たとえば「釣り人」では、ルソーの絵の一つの特性である音楽の作用についてこう分析した。〈総じて耳盲《みみめくら》のところがあり〉という。一見して、音のない光景だが、〈耳を塞いだ栓のコルク〉がとれると、蒸気船の音や人の囁きが聞こえてくるという。

また「釣り人」では、それぞれの釣り人が立つ位置に眼を注いだ。そこに「そらぞらしい距離」があり、〈釣るという欲〉をのせた〈沈黙のよそよそしさ〉は、〈互いへの無視と意識の成分〉からなっていると。そしてややぶっきら棒に、草森は〈このよそよそしい距離は、私は、好きだ〉と心情を吐露する。このディスタンスの発見は、〈対象を物化する〉というサイレンス銃のような〈目の力〉によるという。

さらに「釣り人」では、背中に眼差しを送った。私からみて、ルソーが描く人物は、やや無表情であり子供が描いたように幼稚である。それはどこか画家ユトリロが画中に配した小さな人物に近い。

一見すれば、人物は小さく風景の添えものに過ぎないともいえるのだが……。だが草森はちがった。〈たかが背中、されど背中〉という。まず草森は、子供の背中は、みな善（よいもの）であり、一般的にいう表情とはちがうものがあるという。ここでもそんな思弁的考察を行う。ルソーが描く大人の背には、〈豊かな安息に満ちた〉ものが現存するというのだ。

私にとって、背中を描いた画家といえば、ドイツロマン派の画家ガスパー・ダーヴィッド・フリードリヒである。私は、どうしてもこのロマン派の画家が描いた背中と比較したくなった。

フリードリヒは、神経を病んでいた。ある時、弟と川で遊んでいて、氷が割れて自分が溺れ、助けようとした弟が溺死した。それが基因して、この画家は鬱を病んだ。そのため、正面から人の肖像を描くことができなくなった。画家は背中越しに窓辺に佇む人、海辺の人などを描いた。いわば離人症的なトラブルを抱えていた。そして特異な主題（廃墟になった僧院、墓地、槲《かしわ》など）をひたすら描き、絵の空間に魂の救済を求めた。

むろんルソーはフリードリヒとは違う。それでもどこかで人嫌いの面があったことは否定できないだろう。いや人嫌いですまない所があった。そんなルソーが描く背中に、草森は言い知れぬ共感を覚えた。この背中のことをしっかり書かねば、画家ルソーの秘密を解き明かすことができないと意気込んだにちがいない。

かくして草森は、心理学者のように、ルソーの絵にあちこちと入りこみ、画家の本性や内心の乱れや揺れを読みとろうとした。

＊

ルソーは、多くの自画像や妻との肖像画を残した。草森が〈巨人のようだ〉と表現した人物像もある。代表的な自画像である「私自身、肖像＝風景」（一八九〇年）は、画風は素朴だが、どうみても自己顕示の意志に溢れている。立つ男の姿。マネの「笛を吹く少年」の様式に似ている。マネのこの作品は、浮世絵などの図像（ジャポニスム）からの影響が指摘されているように、ルソーのこの作品もまたジャポニスム（日本趣味）が影を落としている。

〈素朴派〉という名辞が音を立てて崩れるところもある。はげしく崩れるのが、妻との肖像画だ。なぜならこんな異常なことを平然と行ったからだ。ルソーは、なんと亡き妻を、新しい妻を描いた空間の中に描いた。それも頭部のみを空間に浮かして……。

どうしてそこに亡き妻を描いたか。二〇年連れ添ったクレマンス。九人の子供を産み育てた妻。とすれば草森も指摘しているが、クレマンスはほぼいつも大きなお腹をみせて、パリの下町を歩いていたことになる。子供達の多くは、死産や幼くして亡くなっている。まさに貧と苦の生活であった。そんな状況の中でも、ルソーはお金を工面して画材を買い、キャンバスに向かった。

しかし売れる絵ではなかった。かろうじて下町の仲間が買いもとめてくれる程度だった。ルソーがそんな妻に感謝する心があるならば、単独で亡き妻の肖像を描けばいいのだ。亡き妻の頭部を、なにも今生活している妻の肖像の上に描く必要はないはずだ。

そもそもルソーにとって、妻という存在がいかなるものであったか。大きな疑問が残る。ここでも草森は、独自な見解を示した。永遠の愛の告白や感謝を表明していないと。むしろ〈自分のだらしなさ〉

への申しわけなさを感じ、つまり〈謝罪感〉から描いたのではないかという。

深層心理でいうところの〈抑圧の補償〉が作用しているというのだ。そこまでは分かる。だが草森の筆はさらに暴走する。なぜ妻が喜ぶ姿を描くことをしなかったのかその問いを抱きつつ、その基因をルソーの芸術魂に求めた。

いつも悪い迷惑をかけているという〈脅迫観念〉を抱いており、それが反転し、〈彼女たち〉への〈復讐の如き〉感情が芽生えているというのだ。

ルソーの輻輳《ふくそう》した内心の渦。それを冷厳に見据え、そこに〈復讐の如き〉感性が孕んでいるとみたのだ。

なんという恐ろしい、草森の目のことか。草森がいうように、はたしてルソーの心はそこまで屈折していたのだろうか。芸術家たる一人の男、その傲慢な心性を鮮やかに掬い取っているようにみえなくもないが……。それにしても私はどうにもこうにも、この〈復讐の如き〉という表現が冷酷にみえてしようがないのだ。勝手な推察の域をでないが、ひょっとして草森自身の女性観や人間観、その一部が見え隠れしているのかもしれない。

このようにルソーを〈素朴派〉という括りで済ますことは難しい。神経を病んだとはいえないが、やや奇特をこえた狂気的な部分があるのだ。妻の肖像を描いていても、あくまで自分の肖像の方が大事だった。だからこんな異常ともいえる行為を行ったのかもしれない。

＊

ルソーは、散歩が好きだった。ルソーは散歩する途中で落ち葉を拾い、それを写生した。「散歩道」

にも、こんな草森の思弁が織り込まれている。まず草森は、散歩をこう規定する。「パリ郊外の製材所」の絵をみつつ、「人間の魂も肉体も、自らの動くその空間の中で、たゆたうているのが、散歩なのだ」という。

〈たゆたう〉とは、〈揺れ、かつ放蕩していること〉という。散歩に〈放蕩〉という名辞をつけるあたりがいかにも草森ではないか。さらに別な箇所でも、散歩とは〈自分が溶けてしまう平和な世界〉であると、散歩好きの草森らしくみずからの内心を吐露する。

ルソーの「路」は、〈恍惚のみち〉であり、その中を歩いてみたいという。

絵の中の坂をみて、草森の心は飛躍する。おもわず自らが味わったことを重ねた。〈今。長く住んでいたあたり〉というから、かなり前のことになるが、薩摩屋敷のあった近くに住んでいた頃のことだ。東京・三田から麻布への坂を写した幕末の写真に胸を震わせた。それは〈よい坂〉だという。

草森は、大きな道路や広場より、小路や小さな坂が好きだったようだ。いいかどうかは全くの私的好みで判断した。ただ一ついえることは、〈よい坂〉とは、その小路や小さな坂のことを何も考えないで、恍惚を感じつつゆったりと散歩できるかどうかだった。

かくして草森は、この本を介して、ルソーをだしにしてみずからの心性のゆらぎや記憶の底に蠢《うごめ》く風景を随所で登場させている。それと出会うことも、この本の楽しみ方である。

3 「桃源境」

「桃源境」を考察する。ここでは少年（草森）の夢と、ルソーの絵、さらに中国の詩人陶淵明、その三者を混ぜ合わせた。ルソーと「桃源境《ユートピア》」を糸で結ぶ。この視点、意表を突いているが、無関係なもの、相反するものを〈知のゴッタ煮〉につっこんでいく手法は、草森の常套手法だから、驚いてはいけない。

草森は、突然に自らの七歳から二十五歳頃までよくみたという夢を語りだす。それは山の奥へと入りこみ、狭い平地へ、さらに崖の上の草原で多数の蝶の舞いと出会い、人家の所まで辿りつくというもの。一方のルソーの「オイズの河畔」には、山の奥の果てに開けた「平和」の姿があると。さらに陶淵明の詩文とルソーの絵といつもみる夢、それらが〈三すくみ〉になって草森の中でさまよい続けたと。

ではルソーはどうして「桃源境」のような平和な空間を描いたのか。草森は、独自な見解を示した。人が想いこんでいる以上に、現実に傷ついていたと。さらに草森は、ルソーの絵の中に、日常を離れていく「豁然として開朗」な世界を感じたともいう。

とすれば、ルソーの絵になぜ執着したのか、緻密な〈論の塔〉まで築こうとしたのか、その隠れた心的な動機を伺うことができる。つまり草森自身の内面そのものに、日常を離れる〈豁然として開朗〉な世界が必要であったということになる。どんなに漫画世界や東洋思想に精通していても、ルソーの絵が心の砂漠に水を灌《そそ》ぐ何か、これまでとは全く違うもの、つまり平穏なものを感受していたにちがいない。

それゆえに、この『素朴の大砲』は、草森文学の根源性（全体性）を腑分けする上でも貴重な書とな

郵 便 は が き

適宜な
切手をお貼り
下さい

〒101-0064

東京都千代田区
神田猿楽町2-5-9
青野ビル

（株）**未知谷** 行

ふりがな ご芳名 E-mail	お齢 男　女
ご住所　〒　　　　Tel.　-　-	
ご職業	ご購読新聞・雑誌

愛読者カード

ご購読ありがとうございます。誠にお手数とは存じますが、アンケートにご協力下さい。貴方様の貴重なご意見ご感想を賜わり、今後の出版活動の資料として活用させて頂きます。

本書の書名

お買い上げ書店名

本書の刊行をどのようにしてお知りになりましたか?

書店で見て　広告を見て　書評を見て　知人の紹介　その他

本書についてのご感想をお聞かせ下さい。

●ご希望の方には新刊書のご案内をさせて頂きます。　要　不要

通信欄(ご注文も承ります)

刊行案内

No. 58

（本案内の価格表示は全て本体価格
ご検討の際には税を加えてお考え下

ご注文はなるべくお近くの書店にお願い致し
小社への直接ご注文の場合は、著者名・書名
数および住所・氏名・電話番号をご明記の上
体価格に税を加えてお送りください。
郵便振替　00130-4-653627 です。
（電話での宅配も承ります）
（年齢枠を超えて柔軟な感受性に訴える
「８歳から８０歳までの子どものための」
読み物にはタイトルに＊を添えました。ご検
際に、お役立てください）
ISBN コードは 13 桁に対応しております。

総合図書目

未知谷
Publisher Michitani

〒 101-0064　東京都千代田区神田猿楽町 2-5-9
Tel. 03-5281-3751　Fax. 03-5281-3752
http://www.michitani.com

リルケの往復書簡集二種完結

「詩人」「女性」からリルケ宛の手紙は本邦初訳

若き詩人への手紙

き詩人F・X・カプスからの手紙11通を含む

イナー・マリア・リルケ、フランツ・クサーファー・カプス著

エーリッヒ・ウングラウプ編／安家達也訳

208頁 2000円
978-4-89642-664-9

若き女性への手紙

き女性リザ・ハイゼからの手紙16通を含む

イナー・マリア・リルケ、リザ・ハイゼ 著 ／ 安家達也 訳

176頁 2000円
978-4-89642-722-6

8歳から80歳までの

岩田道夫の世界

子どものためのメルヘン

岩田道夫作品集　ミクロコスモス *

フルカラー A4判並製 256頁 7273円
978-4-89642-685-4

彼は天才だよ、作品が残る。生きた証も人柄も全てそこにある。
家はそれでいいんだ。」（佐藤さとる氏による追悼の言葉）

のない海 *

192頁 1900円
978-4-89642-651-9

靴を穿いたテーブル *

200頁 2000円
978-4-89642-641-0

走れテーブル！　全37篇＋ぷねうま画廊ペン画8頁添

音楽の町のレとミとラ *

144頁 1500円
978-4-89642-632-8

ーレの町でレとミとラが活躍するシュールな20篇。挿絵36点。

ファおじさん物語　春と夏 *

978-4-89642-603-8 192頁 1800円

ファおじさん物語　秋と冬 *

978-4-89642-604-5 224頁 2000円

らあらあらあ　雲の教室 *

シュールなエスプリが冴える！　連作掌篇集　全45篇

廊下に出ている椅子は校長先生なの？　苦手なはずの英語しか喋れない？　空から成績の悪い答案で出来た紙飛行機が攻めてくる！　給食のおばさんの鼻歌がいろんな音に繋がって、教室では皆が「らあらあらあ」と笑い出し……

192頁 2000円
978-4-89642-611-3

ふくふくふくシリーズ　フルカラー64頁　各1000円

ふくふくふく **水たまり＊** 978-4-89642-595-6

ふくふくふく **影の散歩＊** 978-4-89642-596-3

ふくふくふく **不思議の犬＊** 978-4-89642-597-0

ふくふく　犬くん　きみは一体何なんだい？　ボクは　ほんとはきっと　風かなにかだと思うよ

イーム・ノームと森の仲間たち *

128頁 1500円　978-4-89642-584-0

イーム・ノームはすぐれた友だちのザザ・ラパンと恥ずかしがり屋のミーメ嬢、そして森の仲間たちと毎日楽しく暮らしています。イームはなにしろ忘れっぽいので　お話しできるのはここに書き記した９つの物語だけです。「友を愛し、善良であれ」という言葉を作者は大切にしていました。読者のみなさんもこの物語をきっと楽しんでくださることと思います。

るのだ。

ルソーは、平和な空間を希求する心を他の作品、たとえばジャングル、パリ市中の風景の中にもあらわした。つまり陶淵明の如く〈開朗たる時間〉を持つことを大切にしたようだ。

ただ平和な空間だけではなかった。むしろ対極の一群もある。それを踏まえて、草森はルソーの絵画群は、〈悪戦苦闘の戦譜〉とまで結論づける。ここでも〈素朴派〉という仮装を剥ぎとりながら、ルソーの内心に釣り糸をおろしていった。

では〈悪戦苦闘の戦譜〉を想起してみたい。ルソーは若き日を回顧して、自ら〈幻滅と失笑の日々〉を送ったという。普仏戦争やメキシコとの戦争では、目覚ましい功をあげることもなかった。それどころか、海を渡りメキシコまで出兵したという〈虚〉を周りに平然と流した。

画家としても、無名のまま長い時間が過ぎた。ようやく徒労の業にみえた画業に光が注《そそ》ぎはじめた。いわば時代の大変化がルソーを押し上げたのだ。どういうことがあったのか。パリで、これまでにない革新的美術展が立ちあがった。それが無審査、無賞のアンデパンダン展だった。

だれでも出品可能となった。あの部厚いアカデミズムの壁が音を立てて崩れた。ルソーらは歓喜した。それを端的に物語る作品がある。先にも触れた「私自身、肖像＝風景」（一八九〇年）だ。

こんな映像だ。エッフェル塔、気球、万国旗をバックに立つ画家ルソー。なんと自信に溢れた雄姿であろうか。

草森は、この絵をこう分析し、高く評価した。ルソーは、自身のこれまでの過去を葬り去り、おおらかで、道化風にもみえるが、素朴さの基点ともなった〈繊細さの奥にあった本性の力〉を組織できたとのべる。この辺のことをもう少し詳しくみておきたい。草森には〈余計なことを書く〉と叱られるかもしれないが、近年のルソー研究の成果を踏まえて補足しておきたい。

まずルソーが立つ場所のこと。後ろの橋は、カルーゼル橋という。エッフェル塔と気球、この二つは、一八八九年、フランス革命一〇〇周年を記念してつくられた。このエッフェル塔は、ギュスターブ・エッフェルが設計したが、当時この〈鉄の塔〉は、古き良きパリを壊すと多くの人から批難された。〈発狂した塔〉とまでいわれた。だから絵の中に描くことは、当時としてはかなりの冒険だった。

また気球は、パリ万博にあわせて見学者をのせて打ち上げられた。つまり新奇なものを、意識して絵の中に描きこんだ。それらをバックにしてパレットをもって立つ姿を描くことで、自分は新時代の息吹を積極的に吸収する新しいタイプの画家であることを、はっきりと宣言しているのだ。

この絵には、さらにいっておくべきことがある。一見すれば船の旗にみえるが、国旗ではない。海上で通信につかうものという。まだある。画家で手にする大きなパレットに注目してみる。二人の女性の名が記されている。名は、少々入り組んでいる。勅使河原純は『アンリ・ルソーにみるアートフルな暮らし』（ミネルヴァ書房、二〇〇四年）において、クレマンス（亡き妻）とマリー（ルーブル美術館に住みこん

アンリ・ルソー「私自身、肖像＝風景」（1890年）

でいる寡婦）とみた。ルソーは、ルーブル美術館で模写する許可を受け出入りした。そこで働く寡婦マリーと出会い、恋の熱をあげたわけだ。ただこの恋は実を結ぶことはなかったようだ。

外岡秀俊は、「ルソー　私自身、肖像＝風景」（『世界　名画の旅1』朝日新聞社、一九八五年）において、ルソー研究者アンリ・セルティスから、クレマンスとマリーの名が消されそれにかわって後妻となったジョセフーヌの名が書かれたことを教えられたという。ただルソーが実際にジョセフーヌと結婚したのは、この絵が描かれた九年後のこと。とすれば完成後に書かれたことになる。

いずれにしてもルソーという画家は、そのつど画中のパレットに自分の妻や女たちの名を記したわけだ。それだけではない。先にみたように一度描いた絵の中の妻の顔に再婚した女性の顔を重ねるという暴挙さえ行った。

さらにもう一つある。胸にとても小さなバッジがみえる。教育功労章だ。しかしこの章も、一九〇三年に技術新興協会の教授に任命された時にいただいたもの。これも後の加筆だった。これは何を意味するか。それほどまでに自己を顕示したかったのだろう。

黒い服に身を包み、胸をはり、パリの風景そのものを従えているかのように悠然とスックと立つ。画風は素朴かもしれないが、その実像は全く違う。なかなか傲慢な人なのだ。

4 「戦争」

この『素朴の大砲』で、私が一番関心を抱いたのが、大作「戦争」を、草森がどう読んだかである。

やや期待が削がれた。なぜなら草森による、〈うかつ〉に読み違いした事の弁明が続いたからだ。下には、累々とした死体。絵の中央部に松明らしいものを手にした〈馬上の女〉。その馬は、疾走している。草森は、女は宙に浮いており、馬に乗っていないことに気づいた。たしかに、足をみると分かるが、女は馬にまたがっていない。

それで〈うかつ〉を連発して悔やんだ。さらに草森は〈うかつ〉の事態の背景を探った。この作品を描く前に、ナポレオン時代の画家ジョルジャンの「ピラミッドの戦い」から鼓吹されて制作した版画があることを突き止める。

では、本当に馬上の女ではないのか。あくまで宙に浮いているのか。この判別はとても難しい。というのも騙し絵風に、乗っているようにみせたともいえるからだ。また動く人体を描くのが得意でなかったルソーの技量を勘案してみるとき、私見では、これが「乗って」いる描き方だったともいえなくもない。動く人体では、辛うじてフットボールをする男を描いたのがあるが、その男の動作表現はかなりぎこちない。

実のところこれが、ルソーにとって馬上の女のせいいっぱいの描き方ではなかったか。こんなことも考えられるからだ。糸で動く人形《マリオネット》のように吊りながら、それを馬に乗る状景に見せたかったのではないか。

さらに私的な感慨をいえば、この絵は、舞台装置や舞台背景にもみえてくるのだ。一度そうみると、バックの赤い雲、黒い樹など、地に横たわる死体など、絵をみているというよりも、何か舞台のシーンをみているとも感じてしまうほどだ。

馬上でなければならない訳が他にもある。どうみてもこの絵は、ピーテル・ブリューゲルの代表作

「死の勝利」を踏まえている。ブリューゲルは、ちまなぐさい宗教戦争の時代を潜《くぐ》りぬけた画家だ。だからここで疾走しているのは、〈死の神〉であり、この図像は中世以来続く、現世の儚さと死の近さを予兆させる「メメント・モリ」（死を想え）を継いでいる。だから死神は、死体と瓦礫の荒野の中を疾走しなければならない。死神が宙に浮いていては、宗教的メッセージが弱くなるのだ。だからこそルソーの女は、宙に浮いてはダメなのだ。

ここで気づいてほしいことがある。実は、草森はこのやや野生的な女を「戦争の女神」と規定したことだ。女神の顔について、〈悪魔的と言ってもあまりにも人間くさく、いうなれば人間の中にひそむ破壊的な暴力性の一面を嘲笑的に具現化しているにすぎないように思える〉という。いうまでもなく「戦争の女神」は、死の神でもある。

では美術史をふまえて、この「戦争」をどう位置づけたか。ゴヤやピカソなど多くの画家が戦争を目撃して、絵に託した。草森は、ゴヤの絵やピカソの「ゲルニカ」は、観念的で概念的で図式的であり、ルソーのような超越的な抽象性、あるいは具体的な抽象性をもっていないと結論づけた。だが死者の表情をどうみるか。空の赤い雲をどうみるか。その図像解読は充分になされていないのだ。

ルソーは、戦争というものをどうみたか。その戦争観を探ることなど、まだまだ論じるべき事象があるが、この辺でひとまず筆を休止させたい。

ただ現在、死者達について、こんな指摘が起こっている。死者達は、軍服を着ておらず、兵士にはみえない。無辜《むこ》の民、つまり市民たちではないかという。〈戦争の惨状〉やパリ・コミューンでの市民同志の悲惨な殺戮を眼にしたルソー。察するに、そこに同時代の死者の霊を弔う感情が作動していたにちがいない。とすれば、ルソーもまた「時代の子」だったのだ。

まだまだ、この絵には、謎の部分があるが、それを一つ一つ探ることも私達に残された課題かもしれない。

いずれにしても、この「戦争」には、これまで誰も描いたことがない幻想性が現存することはまちがいない。

5 素朴知

草森は、本を書く中で、ところどころで新しい哲学的ともいえる言辞を生みだしている。ここでは〈素朴知〉という言葉を生みだした。「巨人」という箇所でこの〈素朴知〉を披瀝した。中世ドイツの思想家ニコラウス・クザーヌスを持ちだし、〈イグノランチア〉というコンセプトを提示した。

それを〈分別思弁の道を抜けた彼方に充溢した無知を生きること〉と説明する。そして素朴とは、プラス面で捉えるべきだという。なぜなら子供達が自分らの感情に従順であり、過剰に反応し、そこに自分の全てをぶつけてゆく「無知の力」が潜んでいると……。常識や分別に制約されている画家にはないものが、まさにルソーにはあり、それが多くの人に愛される理由だと言を重ねる。

この「素朴知」、素朴と無知の力を合体したもの。全く独創的だ。この「素朴知」を応用することで、ルソーはなぜ多くの子供達の肖像画を描いたかを説明する。やんちゃな子供だから、モデルになっても静かにしなかった。親達が頼んで描かせたかもしれない。親からすれば最愛の存在。だが完成した絵には、アンバランスのドデカイ足や胴部をみせる巨大な子供が立っていた。とすれば驚いて、クレームをつけた親がいたかもしれない。こんなに子供の絵が残っているのだから、それらの中には、受け取り拒否のものもあったにちがいない。

それにしてもなぜ大きな巨人風の姿にしたのか。草森は、ルソーの心奥を覗きこみ、こう解き明かす。子供達を祝福する心だけでなく、その素朴さゆえの〈頑是なさ〉を〈憎悪〉する心的態度が併存しているると。つまり大量の子供の肖像群は、ルソーの〈素朴知〉のなせる業から生まれたものだったようだ。

こうした〈素朴知〉を絵の中に脈動させたルソーであったが、実生活は、それとは大きく背反する。すでに言及しているように、人間嫌いであり、虚言癖があり、実力を客観化できず、傲慢な面もある。あのピカソに対して、「君とぼくは現存する最大の画家。ただしぼくの方が近代風だが」と言い放った。また亡妻の霊に取り憑かれていながら、恋多き男であり、死ぬまで恋の熱に燃えた。周囲がみえなくなり、子供のように感情優先の行動者となる。

このまま二四の表題を丁寧に論じていけば、『素朴な大砲』の解説書となるかもしれない。が、さらに続ければ厖大な時間が必要となる。草森の他の本にも食指をのばしていきたいし、解説書づくりは私の本意ではないので、この辺でこの論を締めておきたい。

締める前に、後半の絵の変容についてだけ触れておく。

画家の絵は、二〇世紀に入るとより現実世界から遊離していった。

それに伴い、夢のような絵に変容する。次第に素朴性は薄められ、幻想性が濃度を増す。この変容の推移についての分析はやや弱いようだ。いや不足しているのだ。草森にとり、幻想画はやや知の埒外にあったのかもしれない。私的分析をしよう。私は、ルソーの幻想画は、自己の絵画世界をさらに伸展させる意志に基づいていたとみたい。

ルソーという画家は、みるものを現実を越えていくゾーンに連れ出すことを好んだ。極彩色の夢や映画《スクリーン》の世界に誘った。そこに砂漠やジャングルが広がっていた。それは自由で異次元のゾーンだった。絵が夢のタイムトンネルとなり、ルソーはその空間にあそんだ。そこでこれまでにない至福感を味わったにちがいない。

ただ草森の感慨は、私のとはかなり異なる。後半の絵には、より幻想味を増した「イブ」「蛇使い」「夢」などがある。そこに頻繁に登場する裸の女性像に、どういうわけか草森は邪悪性を感じた。あの不思議な「眠れるジプシー」には、獣姦の匂いさえ嗅いでいるのだ。

たしかにこれらの幻想的絵画には、ルソーの素朴とはちがうものが表出している。幼児性や感情よりも、幻想性や神秘の方が勝ってきた。そこにはアポリネールらの詩人との交友も影響したかもしれない。

夢のような、現実が一切無効化する世界。それは現実の苦渋や不安を書き消してくれるゾーンだった。つまり完全世界《パーフェクト・ワールド》だった。そこにルソーは自己を投企した。そこにルソーの真の新しさがあるのだ。先に引用した辞典の定義たる〈自分がなじんでいる日常周辺の場面や出来事〉から外れていったわけだ。

この幻想性への「投企」、この心性の発現もまた、ルソーのもう一つの相貌《かお》であったにちがいない。

最後にひとこと。この大著『素朴の大砲』は、精緻かつ独自な視座にねざしたアンリ・ルソー論である。一方で草森自身の女性観・子供観・感性観を絡ませながら、一人の画家の全容を執拗に追跡した稀有の書だ。

言い方をかえれば、奇異性に富んだ画家をかなり長い時間をかけてムシャムシャと骨の髄まで〈喰った〉のだ。食あたりをしなかったようだから、よほど腹も脳も丈夫なようだ。

医療検査の如く図像断片をスキャンし、また様々な知を動員した臨床検査を通じて、ルソーの精神像を探査した。

この『素朴な大砲』は、ドクター草森による、まさにそのルソーという患者に関する緻密かつ全的な診断書《レポート》でもある。

第4章　「円」の幻惑性

1　〈奇妙な〉鳥

人生は長いようで短い。マラソンは、四二・一九五キロメートルを走ることで完結する。これがスポーツだからだ。しかし本を読むという行為はエンドレスだ。草森の本は、読む者の知力と持続力を試す、そんな恐ろしい代物だ。試金石というような優しいものではない。身を切るか切られるかという、真剣勝負となる。この勝負はほぼ一方的に切られて終わることが多い。読んだ者は、敗残兵の気分でトボトボと、草森道場を立ち去るのが常となる。

これまで幾度か草森の知力は、〈ごった煮〉状態といってきたが、とんでもない。彼の本は、パーフェクトな知力があるかないかの判定機ともなる。〈大袈裟な〉といわれる人は、ぜひチャレンジしてほしい。私の診断はそく実証されるはずだ。

ではどんな知力と態度が必要とされるか。まず〈佯狂〉〈暴逆〉な事象を見詰める力。さらに〈ナンセンス〉〈変なこと〉〈奇妙なこと〉に日々関心を払っているかだ。

そのためにも〈脳の働き〉を活発にし、同時に〈心のゆれ〉に身を任せることが肝心だ。また鬱蒼とした「本の森」に入り、そこで新しい知を発見しても、それがすぐに効用をもつとは考えないことも大事だ。

最近、こんな鳥がいることを知った。ニューカレドニアに絶滅危惧種のカグーという鳥が棲息している。立派な美しい羽根をもっているが、天敵の動物がいなかったので、飛べなくなった。〈奇妙な〉鳥、それがカグーだ。

この〈奇妙な〉という言葉には、人間の知や常識をこえた事象を指すときに使うことがおおい。カグーは飛ばないことを目的にして生きてきたわけではないのだから、人が勝手に〈奇妙な〉というレッテルを貼ることは迷惑にちがいないのだが……。生物学者という人種は、そのカグーの〈奇妙な〉翼の謎を解くために、一生を賭けるのだ。

この世界全体には、まだまだ神秘、謎、未知が溢れている。ただそれらを探索する者はごく少ない。多くの人は、未知の世界の存在にさえ気づくことなく、日々の惰性の営みに満足して終わることが多いのではないか。

繰り返すが世界とは、〈奇妙な〉ことが満ちたワンダーランドなのだ。そのワンダーランドに知の釣糸を垂らして、そこで棲息する〈奇妙な〉ものを調べあげようとした男、それが草森だ。

ここでカグーという鳥から、学ぶべきことがある。翼は必要とされないと退化するように、知力という翼もまた、使うことを止めればすぐに用なしとなるのだ。いつのまにか知力という翼が退化していても、それに気づかない人もいる。知力は、営利や出世には、不要なものと考えている人もいる。その人の姿はなんと哀れで醜いことか。知とは、全てに勝り、心を常に新しくし、生きる時間を光にみちたものにするのだから。

〈変なこと〉〈奇妙なこと〉といったが、では草森にとり、〈飛べない翼〉とは、どんなものであったか。そこにおいて東や西、形而上や形而下の別はないようだ。なによりも〈穴〉や〈円〉であり、〈子供のようなアンリ・ルソーの絵〉であり、〈マンガ〉や〈ナンセンス〉であり中国の〈詩人李賀〉だった。それに取り憑かれたら、その解明に全てを投入する。その姿は涯なき苦役《くえき》に追いまくられる囚人のようでもある。

2 「円」のあれこれ

ここで向かいあう「円」の場合も同じだ。草森紳一は、「円」というものに偏執した。ただこの「円」に対する偏執は、私には、あまり奇異には感じられない。なぜか。東洋の海で知を探る草森にとっては、自然のなりゆきでもあったからだ。

もともと「円」は、老子思想（道教）や仏画や禅思想にも頻繁に顕在するもの。一言でいえば東洋思想の元型《アーキタイプ》でもある。

草森も『円の冒険』（晶文社、一九七七年）の「月光から円光へ」のところでのべているように、「光」の根元を探ると、仏陀の両眉の間にある白毫《びゃくごう》から放射される無限の光に行き当たるように、「円」と「光」は密なる関係を結んでいる。

あまねく全てのものを照らす光。これを「遍照光明」と呼ぶ。つまるところ、「遍照光明」とは、釈迦如来の超パワーを示現し、それだけ慈悲の心は広大ということを示している。ありがたい、頼りがいのあるもの。こうして釈迦如来は円光と完全に合致していく。様々な仏画が描かれているが、ベースにあるのがこの「遍照光明」の図像化であるといっても間違いではないはずだ。

時空をこえて、日本人の眼と心に宿った「円光」とは何か。さらに幾多のフィールドまで拡張させて考察したのが、この『円の冒険』である。

いわば「円」そのものを、ある時は俗的に見立てし、またある時は人格化し、さらに聖人化した。それで「円の冒険」と名をつけた。「円」という記号が、人間をこえた不可解な存在体となった。いかにも草森らしいネーミングである。

この本は、決して余技的な「雑文集」などというものではない。そういい切ると異をとなえる輩がいるかもしれない。そういう方は、この本を隅々まで精読すべきだ。並の雑文的知識では、この本をかみ砕くことは無理となる。歯はガタガタになるのだ。

巷でいう「雑文」という概念そのものが、まちがって使われている。どちらかといえば、「雑文家」という符牒《ふちょう》、日本人はいつ頃からかは分からないが〈なんでも家〉といいかえ、〈低い次元〉〈品のなさ〉というレッテルを貼るようになったが、それは大きな錯誤といわねばならない。

それどころか草森が創成した辞典においては、〈雑〉は、検索の〈緻密性〉と興味の〈広大性〉と同意語となる。雑文という衣装に惑わされてはいけない。それどころか、〈雑〉は、草森の「知の体系」そのものの骨でも

『円の冒険』（晶文社、1977年）

ある。〈雑〉とは知を形成するオーラみたいなものだ。

さて話題を「円光」に戻したい。そもそもなぜ「円光」か。いかなる表象を宿しているか。どんな象徴記号か。まず草森はこう分析する。まず「見える円」と見えない幻想的な「円」があるという。つまり一言でいえば、世界を「円」として読み取るというわけだ。赤瀬川原平らがはじめた路上観察学のように、「円」をなす物質群に魅了を覚え、一つ一つを〈不思議な物体〉（トマソン）として調べあげていった。こんなこともした。実際に安住のマンションの蒲団空間を抜け出て、街の中を歩きながら足で、様々な「円」探しも行った。

「見える円」でいえば、様々な探索の末に、人は見るという営みの中で、「円」に救いを、完全さを求めていると感じた。物の考え方や物への接し方もふくめて、つまるところ人間の心に「円」という事象が常に蔦のように絡んでいるという。

草森の『円の冒険』を精査してみて、あることに気がついた。「東洋の知の海」の住人たる草森なので、抜け落ちているのは仕方ないといえばそうだが、詳しく論じてほしかったことがある。それはスイスの心理学者・精神科医カール・グスタフ・ユングの「円」についての論考だ。

ユングは、「夢分析」や「オカルト」にも関心を抱き、人間の心や現代文化を読み解く上でも大きな示唆を残している。この精神医学者は、ほとんど無意識の内によく「円形」の絵を描いていた。その不思議さと、「円」の原型を調べてみて、それが東洋の「曼荼羅《マンダラ》」であることを知った。ちなみに「マンダラ」は、サンスクリット語で〈「本質のもの」〉や〈「円」〉を意味する。

つまり人間にとって「安定した精神状態」を表すもの。そこには大きな「見えない円」、つまり「知の構造」があることを知った。さらに東西の神話・伝説には、同根にねざしたような共通した事象が多いということに気づいた。

そこからユングは、「集合的無意識」という概念を導きだした。結論的にいえば、東西のゾーンをこえて、人間の奥深い部分では、共通する「集合的無意識」が存在するという。

ユングは、「元型《アーキタイプ》」という概念を提示した。このアーキタイプとは、夢、イメージや象徴を生み出す源となるものを指向する。さらに自我に対して心的エネルギーを介して作用するものがあり、それを「アニマ」と呼んだ。

いずれにしても、深層部に躍動する生命の神秘性を解き明かしたわけだ。ただユングは、男性と女性という差異を前提にして解析していることは、頭にいれておくべきである。

なぜ私はここでユングを持ちだしたか。それは、草森は自らの深層部に躍動する生命体、つまり自分の「アニマ」は、「円」であることを発見したからにちがいないからだ。ただしそれは、まさに「集合的無意識」がなしたことだった。

私はこういいたい。最も根源的な「アニマ」の生動力が蠢くと、おのずと胎内に星雲が巻き起り、草森の知力は一段と精力を増していったにちがいないと。

3　冒険の構成

さてこの『円の冒険』は、大きく「I」「II」「III」の三部で構成される。

「I」では、〈肉眼蒙昧なり！三蔵法師！〉から〈沖田総司・ライオン・李衛公・カスター将軍〉〈ジヤネット・リンの微笑〉〈釜鬼の輪〉〈諸橋轍次『大漢和辞典』〉〈溶ける蒲団〉〈パチンコの舞い〉〈白地に赤く日の丸染めて〉〈月光から円光へ〉と続いた。

「Ⅱ」では〈「急がば、回れ」か〉〈中は命中の中〉〈意志薄弱のフル・ストップ〉〈無限は角のない正方形〉〈大団円論〉。「Ⅲ」は、〈日常の円群〉〈しぶとい穴〉（これは横井庄一とロビンソン・クルーソーを論じたもの）〈踊っているアンズの実〉（空飛ぶ円盤の「かたち」を論じた）。最後に〈幽霊の歩きかた〉（夢幻能を踏まえたもの）へと続いた。最後にかなり長い〈自跋　とりつく島もない〉が置かれている。これらは、一九七二年から七五年にかけて雑誌『デザイン』『クリエティィビティ』『インテリア』などに発表したもの。

この部厚い〈ごった煮〉の書物を〈読む〉という難業。目次を見ただけで、ただならぬものを感じる。読みはじめると、息はたえだえ自分の知力のなさに冷や汗が滲んでくる。乱れる息を整えつつ、全ての事象を丹念に読み直すよりも、ここでは私的関心事に添いつつ、この本の幻惑性と魅力を語っておきたい。

〈釜鬼の輪〉は、とても恐ろしい事象を取り上げている。これは、明治期の東京で流行った子供の遊戯の一つという。〈釜鬼の輪〉は、太田才次郎編の『日本児童遊戯集』におさめられていた。草森は、平凡社東洋文庫版の覆刻でみたという。

さてこの〈釜鬼の輪〉は、こんな遊びだ。釜鬼が地上に円の輪を画き、そこに鬼が入る。他の児童より片方の履物を取り上げて一か所に置く。子供らは、片足を円の中にいれ、〈鬼の釜に一寸足入れて〉と動き回る。鬼はその四方から来る群児童の対応に追われるというもの。

この無邪気な遊戯に、草森は独自な〈読み〉を加える。まず釜鬼というタイトルから円形は地獄の釜ゆでのことで、道教の民間説話を根としていると。また鬼を揶揄することは、一種の〈恐怖〉だと。さらに大人達が、江戸期において幕藩体制に縛られることで身に蓄積した鬱積や呻吟《しんぎん》を、子供達も無意識の内に感受しており、それが反映しているとみた。つまり幕藩体制を〈円的な輪〉、つまり釜鬼として「見立て」るというユニークな視点を打ち出すのだった。

4　三蔵法師と「円」

三蔵法師と「円」。どんな関連があるかすぐに読めた方は、かなりの『西遊記』通だ。タイトルの「肉眼蒙昧なり！三蔵法師！」、これ自体がとても面白い。どこか劇画風ではないか。冒頭から吃驚《びっくり》させられる。『西遊記』はサスペンスだといい、〈三蔵法師は、いらいらさせる男だ〉という。これだといかにも三流週刊誌の見出しみたいだ。

三蔵法師は、人格的な「円」を宿しているはずと思うかもしれないが、実際はちがうと。また具眼の士どころか「肉眼蒙昧だ」と。これまでの論を覆し、むしろ悟空の方が、裏の裏まで透視できる「火眼金睛（かなめ）」を具有し、法師に何度も苛立ちながらも対応できたのだから、円的人格をもつとまでいうのだ。

国禁を犯してまで、天竺まで取経の旅に出て、苦難の末に厖大な経典を持ち帰った宗教者。いくら『西遊記』は物語であり、それは実際と異なるといえども、草森の『西遊記』における三蔵法師の評価はかなり低く貶められている。

一貫して草森は、三蔵法師に厳しい。〈欣喜雀躍のおっちょこちょい〉として描いた。西方浄土へ渡る舟が、〈無底の舟〉であることを見抜けず、さらにこの〈無底の舟〉には、〈底がない底がある〉という仏の真理が隠されていることを察する力もなかったと。

また西方浄土の宝閣で出会った燃燈古仏は、白紙の経巻を法師に与えたにも拘らず、それを〈ありがたい〉と言って持ち帰ってくる始末だという。

いうまでもなく『西遊記』は、道教思想や民間での説話、さらに仏や菩薩の広大な世界が入れ子状に入り込んでいる。視点をかえてみれば、この取経のための、天竺への旅は、今風にいえば、三蔵法師が孫悟空、猪八戒、沙悟浄を従えての〈ロードムービー〉でもある。

草森は、この〈ロードムービー〉というメインストーリーから、別なテーマを読みとろうとする。法師の「円的人格」とはいかなるものかと問い詰める。そしてこういうのだ。一面からみれば法師は、「円的人格」が欠落しているようにみえるというのだ。

ただ、しかしと一気に逆説にむかう。天地の間にあっては、むしろ三蔵法師の方が〈円的人格〉ではないかという。なぜなら〈完全なものを求めつづけること〉は、まさに天地人の理に叶っていると。そしてこう結論づける。地上においては〈円的人格〉とは〈不完全な人格〉であり、そういう〈不完全な人〉こそ、人を治めてゆくことができるとのべる。

こうした順接から逆接に論理を展開して、また順接に先祖返しする手法。こうした螺旋形に生動しながら、別な高みへ至る論法はこの作家の常套手段だ。この手法に馴れることが大事なのだ。

さて草森は、中国における〈円的人格〉をこう定義づける。〈信念だけわがままにありながら、人の目からは、たよりなさをのこしているものを、指している〉と。

さらに論を広げてみせる。〈不完全な人〉こそ〈円的人格〉というべきだという思念は、中国文学の〈定番〉であるとまで言を強めた。その例を挙げている。『三国志演義』の劉備しかり、『水滸伝』の宋江しかりと。いやそれにとどまることなく、毛沢東にも当てはまるかもしれないというのだ。

周知のことかもしれないが、『西遊記』には、もう一つの「円」のシンボルが登場している。思い起こしてほしい。あの悟空の頭部をしばりあげていた金環だ。罪を犯し、罰として石の中に五〇〇年間閉じ込められていた悟空。

それから解《と》かれて、取経の旅の一員となった悟空。盗賊を皆殺したことを咎《とが》められ、法師より呪文を唱えられ、金環をはめた僧頭巾をはめられる。ここで草森は、もう一つの「円」の作用を引き出してゆく。

悟空の金環は、いうまでもなく〈不自由〉〈不如意の円環〉のシンボルであり、ここにも「円」のもう一つの性格が逆算されているとみた。それはどういうことか。それは「円」の不公平を示すという。ある者にとっては重宝どころか、かえって〈不便〉となり、〈行動を呪縛〉するという。

草森は、金環をはめられた悟空にかなり同情する。〈悟空、あわれ!〉とまで口にする。ここで足を止めて考えてみたい。草森は、なぜ〈あわれ〉と心情吐露したか。勝手な推論をしたい。草森の心中を覗いてみたい。金環をはめられた悟空を自己とダブらせたのではないか。〈あわれ!〉の発話の後ろに、不完全な「円」に過ぎない自己がひかえていたのではないか。私は〈あわれ!〉の発話には、意味の深さ以上のものを含んでいると読みたい。

草森にとっての金環。それは呪文では解けないものだった。書くということは、終わりなき〈取経のロード〉ではなかったか。悟空たる草森には、観音菩薩の庇護はなかった。ただただエンドレスな作業という徒労が待っていた。孤独な本の中の旅を続けなければならなかった。

　こうしてみると、最初のタイトル「肉眼蒙昧なり！」が全く別な様相を呈してくるではないか。この〈肉眼蒙昧なり〉が天地のハザマで生活する草森自身にも、ぴったりとこびり付いているようにもみえてくるのだ。

　この「肉眼蒙昧なり！三蔵法師！」の最後に、草森は一つの結論を提示している。〈あの悟空の頭にはめられた円なる金環は、見えない者の見えすぎる者への懲罰の役を担っている〉と。この意表をつく結論、他の評者を寄せ付けない、なかなか深遠な見方ではないか。

　こうして「円」だけで自在かつ多義的な読み方をする。この知的な、〈円を巡るロードムービー〉は、三蔵法師に比しても負けない位、孤独な旅であったにちがいない。なにせ孫悟空、猪八戒、沙悟浄は不在なのだから。菩薩の庇護もないのだから……。

　どうも「円」は予想以上に、手におえない魔獣であったようだ。はじめはちがった。「円」への礼儀を込めていたがそれも叶うことなく、次第にブラックホールのような「見えざる円」に身を吸い寄せられていたという。草森の知力であっても、「見えざる円」の探求は、自分の身に異変が起る程の苦行へと追いやったわけだ。

　この「円」の魔獣性は無慈悲に草森を翻弄した。長い「自跋」を読んで、それに拘束されていたことが手にとるように分かる。この「自跋」は、本題からずれ、やや蛇足にみえるが、決してそうではない。この本が誕生する経緯を赤裸々に語るレポートにも相当する。単なる「あとがき」でもなく、この本全体の総括にも相当する内実をもっている。

　実はこの本を執筆した五年間は、身体に異変が生じ、それと苦闘した時期でもあった。〈できばえのよさを期するところのない、一つのキリキリ舞いの記録〉という。なんと草森は神経性掻痒症に苦しんでいた。掻くので全身が血まみれになったという。当然蒲団にもそれは滲みたとおもわれる。

まさに十字軍兵士のように熱情にもえてあの聖杯に等しい「円」を探求したが、身体はその反対方向に反応し、皮肉にも「円」に苦しめられる羽目に陥った。

草森は、こういう自己の身辺をあまり語る人ではないので、〈神経性掻痒症に苦しんでいた〉という告白は、それほどまでに「円」探索は、しんどい旅であったことを示している。

だからこの『円の冒険』は、(いや、全ての草森の著作にもいえるが)、自らの身体を掻きながら、血を垂らしながら読むべきものなのかもしれない。そんな草森の姿が文脈の隙間からリアルに浮き上がってくるのだ。だから〈恐ろしい本〉でもある。

そんな〈恐ろしい本〉を書いた草森。やはり異形《いけい》の人だ。いまこうして、草森の知の風景を追いながらも、その実景の壮大さに驚きながら、そこに嫉妬する非力な私を見詰めているのだ。なんとも異形の本である。そんな異形本を、蒲団に潜り込みながら、身体の異変を脇にかかえて書きつづける。これで未完というから恐ろしい限りだ。と書きながら、もう一人の私は、〈全身血まみれ〉の姿を思いうかべて、やはり草森は生身の人間だったと安堵するのだった。

「自跋」を読み、その後で再度全体を再読してみた。すると草森のヒリヒリするようなアンビバレンツの感情を肌で感じることができた。

5　草森の蒲団

ここから話は、少し違う方向へズレながら動いていくことを許してほしい。フェティシズムという言葉がある。ポルトガル語「フェイティソ feitiço」に由来する。元は、宗教学で用いられた。現在は多様な使い方がされている。〈物神崇拝〉とか〈呪物崇拝〉とか、さらに性的な意味にも使われることがある。

さらに拡張して、文化に通底する本質的な現象とみることもできる。こんな定義も可能だ。自然や人工の別を問わずに、自分が持ち運びのできるような手頃な物体崇拝と解釈してみると、草森は、書物そのものを物神化していることに気づくのだ。

それにとどまることなく、草森は、自分の空間そのものを呪物化した。彼は万年床を偏愛した。ベッドの方が不潔であり、不衛生という勝手な論理を振りまわした。蒲団に身をいれ、身を蒲団になじませながら、そこで本を繙き、さらに原稿を書いた。これまでの物書きのスタイルを無視、軽蔑するかのようにして、机上の空間を峻拒した。万年蒲団は、やや幼児的なフェティシズム性の濃厚な物神となった。万年床がある種の呪具と化し、この物書きの護符となったのはいうまでもない。そこに性的倒錯の匂いはないが、草森のモノと親密な物的関係を結ぶ特異な習癖が、ここに裸形のまま提示されていないだろうか。

いま自分の空間そのものを呪物化するとのべたが、この性癖は、ある種の科学者のそれと通底する。

遺体科学という新しい分野がある。それを教えてくれたのが小川洋子の『科学の扉をノックする』という本。小川洋子は科学好きの習癖の持ち主だ。それが他の女性作家と一線を画している。

小川は、これまで〈村人の形見保存者〉〈依頼品を標本化する人〉〈館内を動物の剥製化する人〉〈匂い収集家の調香師〉などを描いてきた。その人達の行動に対して、そこに永遠に完成しない運命や収集する健気《けなげ》さ、さらに高い精神性と哀切を感じてきた。

小川自ら子供時代、理科の時間で「鮒の解剖という実験を行い」「生物のもつ隠れた妖しさ」を感じとり、不思議な感覚に襲われたという。その体験は、子供の頃の記憶のベスト三のひとつとまでいう。

『科学の扉をノックする』は、七人の科学者へのインタビューで構成されている。

その中の一人に、遺体科学の専門家たる遠藤秀紀がいる。小川は、彼の勤務先の国立科学博物館分館で話を聞いた。そこでは遺体科学は、「本来は無目的」であるべきであり、動物の遺体を解剖し、標本化していると、おのずと人間が基準とする時間軸は無効となるという。小川は、遠藤からパンダの手や指の数の話や、「全ての遺体は学問に文化に、そして人類の知恵に貢献する」という壮大な話を聴いて、とても驚いている。

私は、ある所で小川の『薬指の標本』について短い講話をした。この小説には、標本づくりをする男と、事故で自らの薬指の一部を喪失した女性が登場する。そこにさまざまなものを標本化して保存してほしいと願う人がくる。

この遺体科学の話や『薬指の標本』を読み、あることにふと気づいた。草森は、自らの著作物一つ一つを標本にして永久保存を願っているが、その保存室そのものは、図書館という場だけでなく、彼の本を読む人の脳内・身体であると、考えていたのではないか。紙の上に活字でできた標本としての書物。

それが、脳内・身体に入り込み、〈生物のもつ隠れた妖しさ〉や〈不思議さ〉を引き起こしていくことを願っていたにちがいない。

いまは、草森は「雑文家」などといわれているが、それを逆手にとり、ならばお前も雑文家をめざしてみろと、路地裏で吼えているにちがいない。

人間の時間は、とても短いもの。しかし、書物は、その作者の死をこえて生き抜くのだ。標本はある時、復活することがある。遺体学者が、後世にそれを託するように、草森もまた沢山の「生きた標本」を残してくれた。この『円の冒険』を読みながら、この仕事のバトンをうけて走る知者はでてくるかどうか疑念を抱いているにちがいない。いつかは、この続編を書くものを、白い髪毛をいじりながら、ニヤニヤしながらじっと待っているのかもしれない。

文を締めるにあたって、そんな草森の天からの聲に誘われて、私的な「円」への想念を巡らしておきたい。

美術作品の中で、とてもシンボリックな「円」がある。銅版画の長谷川潔が造り出した「円」だ。

長谷川は一九一八年にフランスへ渡り、独自な技法を習得した。第二次世界大戦が勃発しても、あの岡本太郎が帰国の途に着いたにも拘らず、フランスを離れることはなかった。フランス国内を転々としていたが、ナチス・ドイツの毒牙に刺された。ドランシー収容所に押し込まれた。

長谷川は、最後まで日本の土を踏むことなく、一九八〇年にパリで客死した。そんな激動を見詰めてきた長谷川ではあるが、作品から歪んだ影や生の陰影は感じることはない。それどころか、時代の闇を鎮めるような静けさが空間に満ちていた。独特の黒は、なによりも美しく、荒れた心を平らにしてくれる。まさに古典技法のマニエール・ノワール（メゾチント）の美だ。

長谷川潔「時　静物画」（1969年）

かなり前になるが、いまはない「有楽町マリオン」で、長谷川潔の展覧会が開催された。作品は小さいが、その密度の深さに言葉を失った。作品一点にかなりの時間を要した。絵は、無限といっていい程の線（彫り跡）でできていた。その線は、黒のマチエールと溶けながら、静謐な空間を現出した。ポスターを一枚買ったが、そこには拡大しても、頑丈な無数の線が生起していた。その技の緻密さに改めて驚いた。

　そのマニエール・ノワールの美が臨在する代表作に「時　静物画」（一九六九年）がある。空間の下部の机には、中央に鳥を、その周辺には様々な植物の断片や砂時計などがアトランダムに置かれている。その鳥の後ろに、正円が描かれている。不思議なことに、鳥の嘴の先端が、円の芯となっている。

　こんな読み方があるという。植物は、生と死のシンボル、砂時計は、生の時間を計測し、〈メメント・モリ〉（死を想え）を語りだすと。中心の鳥は、長谷川自身という。そんな生と死についての随想にもみえるこの作品。とても高貴な、そして静謐な象徴性が宿っている。

　では鳥の背後にある、そして作品を包みこむような「円」はいかなるシンボルであろうか。漆黒の闇にうかびあがる「円」。その佇まいに、息がつまる。凛とした気配。この「円」に長谷川は何を託したのか。いろいろなことを考えてみる。鳥が長谷川自身とすれば、嘴で「円」を描いたともとれる。またこうもみえる。鳥も静物も全てを包みこむ存在であると。とすれば、広大な世界、それも平穏な世界の臨在を予兆しているかにもみえる。

　いずれにしても、天と地、日常と宇宙を繋ぐ「円」という世界が、ここに存在するということだ。なんと静謐《せいひつ》な宇宙としての「円」であることか。

　草森が追究した「円」とはやや違う質をもったものか。いや、草森が分析した「見えない円」に属するのかもしれない。禅の心とは異なる、永遠を感じさせる「円」だ。まさに東洋的香りが漂う精神性の濃い「円」なのだ。

　ということで、ささやかな小さな私の「円の冒険」の旅を終えることにする。

右：『江戸のデザイン』の中表紙絵（駸々堂出版、1972 年）
左：『江戸のデザイン』の奥付

江戸のデザイン

昭和四十七年十一月三十日発行

著者　草森紳一
編集者　金子喬彦・堀慎吉
発行者　大渕馨
印刷製本　日本写真印刷株式会社
発行所　駸々堂出版株式会社
京都市中京区堀川通二条上ル
電話　〇七五－二二二－七八六四
（本社・営業　大阪市南区塩町四－二五）
定価　一萬二千円

　3070－820062－3137

第5章 〈江戸のデザイン〉その〈解体新書〉

1 絶品の装幀

おもわず豪華かつ斬新な装幀にため息をついてしまった。中の表紙絵はポップな黄色のカバー装幀が躍動し、目に跳びこんでくる。そこに黄色地の上に赤肌と青肌をした頭部に髪毛のない男が描かれていた。角力（相撲）の投げ技（取手）の一技を示した。この図は、「取手百十四組」（相撲博物館）から採ったもの。

まず奥付をみた。一九七二年の発行だ。編集者は二人いた。金子喬彦と堀慎吉。美術出版社の雑誌『デザイン』に連載した時の担当者のようだ。定価は、一萬二千円。昭和四七年の壱萬二千円、かなり高価だ。私が当時買おうとしても手が届かなかったはずだ。

この造本には、実に強力なスタッフがいた。カメラマンとイラストレーターの面々。そこから私が知っている名をあげてみる。酒井啓之、深瀬昌久、大倉舜二、横尾忠則ら。なんといっても、その中でも全体の装幀を担った横尾の存在が大きい。特に「口序」の前に置かれた、横尾の手による遠山の金さんをモチーフにした一葉は卓越している。この一葉はこの書籍の、宣伝ポスターとしても使われた。他のデザイナーのアイデアをいれながらデザイン感覚が生かされている。横浜の「三溪園」の建築空間や霊山「高野山」の墓などの写真や花合わせ、浮世絵、黄表紙などの図版も豊富で目を愉しませてくれる。

この斬新なデザイン感覚こそ、まさにこの本の、もう一人の〈産みの親〉だといっても過言ではない。この大判の、いわば現代のデザインを駆使した本は、見事に一九七三年に毎日出版文化賞を受けている。

『江戸のデザイン』装幀・横尾忠則

横尾忠則、一言では語れない異能の人だ。異能の才を活かして多彩な分野で活躍した。森英恵は「宇宙人のような天才的なデザインの持ち主」といった。文才もなかなかなもの。幾つかの本を著している。小説にも手を染めた。『ぶるうらんど』を書き、これは二〇〇八年に泉鏡花文学賞をとっている。

彼の異能は、幼児性を含んでいる。『別冊太陽　横尾忠則　芸術にゴールはない』（平凡社、二〇一三年）をめくってみると、この画家は様々なもの（夢・瀧・宇宙・天の岩戸・Y字路など）にスピリチュアルなものを感応したことがわかる。感応の初源は、幼時にみた螢であろうか。少年期の自伝『コブナ少年　十代の物語』（文藝春秋、二〇〇一年）にそれが語られている。幻光を放つ螢は、宇宙の魂にみえた。

一九七二年前後の横尾の動向にスポットをあててみたい。横尾は、一九七〇年早々にタクシーに乗っていて事故に遭遇し、長期入院を強いられた。この年は大きなことが二つあった。三島由紀夫の割腹自決と大阪万国博覧会の開催だった。横尾は、この万博では繊維館で建築現場風のパビリオンを拵え話題を集めた。

横尾忠則『コブナ少年　十代の物語』（文藝春秋、2001 年）

一九七一年には、自らの内心記録たる「夢日記」を書き始めた。一九七二年には、NY近代美術館でポスター作品を主体とした個展を開催した。またこの年には、ビートルズを題材にした「THE BEATLES」など数枚手掛けた。横尾はビートルズから多大な影響をうけた。右へ行けといわれたら右、左に行けといえば左に行くとまで言い放った。洗脳度は高く、一九七四年以降写真家篠山紀信らと共にインド巡礼をすることになった。それほど彼らの影響は深かった。

この時期、横尾は図像の中にUFO、ピラミッド、キリスト、ブッダなどの神秘的なビジョンを登場させた。それらは自らが希求する〈精神の千年王国〉を巡る旅から生まれたものだった。

ただ違う見方もある。インド巡礼や精神世界への没入には、NY滞在時に黄色い衣に身を包んだクリシュナ教徒をみたことが契機の一つとなったという。さらに三島由紀夫からインドは〈生を学ぶところだよ〉〈君もそろそろインドへ行ってもいい〉というアドバイスもあったという。いずれにしてもインド巡礼や神秘のゾーンに入り込んだことは、彼の内心世界が大きく変動したことを示した。

こうした流れの中で、『江戸のデザイン』を検討してみるとき、ここには江戸文化のキッチュが埋め込まれ、日本的風味が濃く表出しているのがわかる。また同時に、〈精神の千年王国〉以前において、彼の意識がどんなものであったかその一端を読みとることができる。

2　横尾忠則のデザイン力

ここに大判の本『横尾忠則全ポスター』（国書刊行会、二〇一〇年）がある。そこからこの時期における同質なものを探ってみる。三島由紀夫が演出した「通し狂言　椿説弓張月」（国立劇場、一九六九年）、「能　繭の會」（一九六九年）、「絵金屋」（一九七〇年）などには和のテイストが溢れている。

クリストファー・マウント（批評家・デザイン史家）は、この『横尾忠則全ポスター』に「日本の最も偉大な前衛的芸術家横尾忠則」という批評を書いた。横尾作品の本質をこう分析した。「要になっているのは自由であり、その自由を以て彼は絶えず、奇抜なスケールで写真とイラストを混交し、画面に多数のイメージを放り込みながら、コラージュをつくり上げる」と。

まさに本書『江戸のデザイン』は、草森が横尾とタッグを組んで、互いに精神の自由を無限に躍動させた〈でっかなコラージュ作品〉ともいえる。その絶妙なコラージュが、美しい形象となり視るものの脳に麻酔のような作用を引き起こしていった。ただ横尾は、内容を読まずに進めたという。〈中身を読んでしまうと説明的になってしまう〉からだという。さらにこの本のテーマは自分にとって、この時期に夢中になっていた「楽園」であり、それをおり込んだという。

それにしてもポスターにもなった横尾作品の、中央でみ得を切る遠山の金さんがかっこいいのだ。ここで気になるのが、金さんの頭部を包む円である。草森が大好きな円である。遠山の金さんの後ろに、満月の光とも、後光ともみえる円が描かれている。それがいかにも象徴的だ。横尾は、この円をかなりシンボリックにつかっている。

もちろん横尾の主要モチーフとなる図形は、ピラミッドや三角形もあるが、円も重要である。だからこそ草森は、このポスターは気にいったようだ。その証拠に、生地音更《おとふけ》に建てた書庫「任梟盧《にんきょうろ》」、その空間の最上部にこのポスターを飾っている。ただ私がみた時は、かなり痛みが激しく色が変色していたのだが……。

私は一度だけ、横尾忠則小論を書いたことがある。二〇〇一年に札幌にあるコンチネンタルギャラリーから開廊一〇周年記念に「横尾忠則展」を行うので〈テキストを〉と請われた。

その頃横尾は、これまでの〈Y字路〉を軸にした作品群から、霊的な夢境ともいうべき図像を生みだしていた。それらの絵は赤で染まっていた。どこかミステリアスな霊界のオーラが立ち込めた血のような赤だった。

それでタイトルを「デ・ジャブの赤」とした。どうしてこの「デ・ジャブの赤」としたか。そこにこう書いた。「緊迫した空間には、ある種の霊気が降臨しており、胸がしめ付けられるような心理的体験をする。それは、見る者自身の記憶に働きかけ、既視感《デ・ジャブ》と呼んでいい奇妙な感覚に襲われる。純粋な心の持ち主であるこの画家は、みずからの記憶や夢をプロト・イメージ（原型）の触媒としつつ、デ・ジャブの赤を偏愛する」。

それから暫くたった二〇一五年に、瀬戸内海の豊島《てしま》家浦地区にオープンした豊島横尾館を訪ねた。建築家永山祐子が三つの民家を改修した。コンセプトは「生と死の往還する世界観を現出」させること。色彩が特異だ。赤（夢と霊界のイメージ）と黒（死のイメージ）を主体とするもの。一番驚いたのは、横尾がデザインした庭と室内空間が水で繋がっていたことだ。

兵庫県西脇市生まれの横尾。「思い出と現実の一致」（油彩・コラージュ、一九九八年）という作品がある。池に浮いたようにもみえる大きな居間。碁を打つ女性と娘。その脇で呉服の反物を広げる養父。縁側の所に立つ幼い頃の横尾。さらに池の向こうに傘をさす養母がいる。この絵と同質の幻景のような世界がここに再現されているように感じた。記憶に働きかける〈デ・ジャブ〉に満ちたなんとも不思議な美術館だった。

横尾は、かなり異色なデザイン思考を展開したアーティストだ。私からみてそのデザインは毒を含んでいる。一時巷では〈日本のウォーホル〉と騒がれたが、ウォーホルより毒素が強い一面がある。その大胆な構図と派手な原色、そこにエロスを発散させるポスターはかなりの毒を含んでいるからだ。

ではこの毒はどんな毒か。横尾は「宇宙への帰還」（『ユリイカ』特集：追悼澁澤龍彦、青土社、一九八七年）でこんな言葉を吐いている。デザイン界に入りながら、ここに〈決定的に欠けている要素は毒だった〉という。なぜ毒が必要なのか。毒は〈破壊と狂気を創造してくれる〉からだという。その毒の効能を強烈に認識させてくれたのは澁澤龍彥だという。

さらにこうもいう。毒を受け入れて、デザイン界との〈内なる決別〉をしたと。澁澤文学の毒は異端性にみちているが、横尾もまた、新天地のデザインという世界でその異端の毒をまき散らしていくことを使命としたわけだ。だからそのデザインはかなりの毒を含んでいるのだ。まさに『江戸のデザイン』のポップな黄色のカバーデザインは、見かけ以上に異端なのだ。

横尾は、かなり激しく変容した作家だ。この『江戸のデザイン』を手掛けていた頃の横尾と二〇〇〇年を超えた時との間には、大きな溝（断層）がある。転機になったのが一九八〇年夏のこと。NY近代美術館で「ピカソ」展をみた。大きな衝撃をうけ、グラフィックなイラストレーターから転じて画家の道を歩みはじめた。

たしかに二〇〇〇年を超えるあたりから、別な人ではないかと想うほどに変容度は高まる。どこか当時世界を席巻した新表現主義と共振するものがあった。ただ変容といったが、正確ではない。西脇時代から、彼は画家志望だったのだから原点回帰、初心に戻ったともいえる。いずれにしても変容の動機には、内心に沸き起こった生と死に関する意識変化が大きく作用したようだ。

3　本の構成

草森は、〈江戸時代は、ある意味で、デザインの狂時代である〉と洞察する。その〈狂時代〉の有り様を一つ一つ拾い集め、「小判」から「幕藩体制」までの二三のセクションで構成した。その中の〈歌舞伎〉では、「鬼一法眼三略巻」を巡って、草森は加賀山直三との対談を組んだ。この二三という数字には意味があった。草森自身の誕生日に拠っているのだ。

また〈はじめに〉に代わって、歌舞伎での前口上を意識してか、〈口序〉を置いた。この〈口序〉には、こんなエピソードも添えられている。草森は雑誌『デザイン』での連載時に、こんなに江戸に拘《こだわ》る所をみれば〈あなたは江戸っ子ですか〉といわれたという。そうではない。むしろ〈ちがう〉からできたし、江戸っ子ではないから、かえって見えてくるものがあると考えた。

たしかに何事においてもアウトサイダーだからこそ、内部にいる方には見えないことを読み取れることがある。書きながらつよく江戸文化から、ある種のエキゾチシズムを感じとり、それにたっぷりと浸った。かといって、エキゾシズムに溺れてしまってはいけないと気を引き締めた。溺れないように片方の目をあけて、適度にブレーキをかけ足元に広がる現代を見つめた。

草森は、本書の隅々にまで江戸人の熱い「粋の息」をたっぷりと吹き込んだ。二三のセクションの表題には、もう一つのタイトルがつけられている。〈小判〉には〈太陽の審判〉、〈幕藩体制〉には〈組織力学としての大名配置〉などとある。

『江戸のデザイン』の目次

これらは平凡なネーミングだが、次のものには草森らしい嗜好がふき出ている。〈江戸双六〉には、〈人生の模擬試験〉と。〈きもの〉には、〈いわば裸同然の機能〉とある。〈きもの〉は身体を覆い隠してはいるが、〈裸同然の機能〉を帯びているというわけだ。〈角力《すもう》〉には、〈円の中の絶頂〉と付した。この〈土俵の円〉には草森が抱える永遠のテーマ、東洋の知と図像の根元にある円と繋がっていると「見立て」た。

まず〈角力〉の思想的背景を探った。儒教、仏教、神道が溶けあいながら、独創的なシステムをつくりだしたという。角力は、江戸の寛政年間に全盛期を迎えた。十一代将軍家斉の上覧角力が行われた。土俵の上、四本柱の間隔は三間四方。柱と柱の間に七俵ずつ。合わせて二八俵となる。この数字は、天の二八宿を示している。東西の入口は、〈陰陽和順〉に象《かた》どり、外の角を儒道、内の丸を仏道、中の幣束を神道にした。こうして神儒仏が合体した宗教的場ができた。この辺のことは、草森は横山健堂の『日本相撲史』(冨山房)から得たようだ。

また草森は土俵の円、その記号的意味を考えた。こう読んだ。円とは一つになることで〈一〉でもある。角力は勝負ごとでもある。両者がぶっかりあうことで、はじめて陰陽の影が生じる。そこで円からはじきだされるか、はいつくばった時に、陰陽の決着がつく。つまり勝負の道理は、人為をこえたもっと広大なもの、つまり「天然自然の理」に従うとみた。

こう記してみて、私は知らないことばかりなので驚いた。角力の奥義、その一端を覗いたような気がした。つまるところあの土俵の円は、陰陽がせめぎあう空間というわけだ。つまりここでも『円の冒険』のつづきをしたのだ。そんな象徴的場で、力士は、〈天然自然の理〉という壮大な力を自分の側に引き寄せながら、〈はっけよい　はっけよい〉のかけ声を背にして技を競いあうのだ。

そんな深いものがあるとは。眼から鱗である。とすれば土俵の円の中で、ガッツポーズをしたり、万歳をする輩は、まさに〈天然自然の理〉を知らない無知な愚者というわけだ。

そんなこんなで読む者は、お腹がこわれる程、雑多の〈ゴッタ煮〉を味わうことになる……。そのためには、体調を整えることが大切だ。

連載はどうだったか。昭和四三年九月号からスタート。四年間かけて終えた。さらに単行本にするまでに一年かけた。では書く目的（草森は〈志意〉という言い方をした）は何か。高尚なものか、それとも俗なるものか。江戸文化への憧れか。それともキッチュなものへの偏愛か。どうも、どちらでもないようだ。

本の末尾に置かれた「七面鏡の徒労——ある種のあとがき」には、〈デザインというあちゃらかの言葉を空無化すること〉だという。いかにもこの言い方、ややへそ曲りな言い草にみえるが、そう言い切ることもできない。なぜなら当時巷では猫も杓子も〈デザイン〉の大合唱だった。広告界が経済を動かす程の勢いがあり、大手を振って闊歩していた。そのためデザイナーという肩書がかっこいいといわれた。草森は、そんな世相の喧騒を揶揄《やゆ》して、〈デザインというあちゃらかの言葉を空無化すること〉だといったようだ。

草森は、さらに〈江戸のデザイン〉という大魚を俎板《まないた》に乗せ料理をしながら、江戸っ子の口調で〈しゃらくさい〉とも言い放った。つまり斜に構えつつ、戯《ざ》れ心を全開させたのだ。この〈あとがき〉から、断念したテーマがあったことが分かる。身に障害をもった達磨男が編みだした曲芸の考察だった。ただこれを扱うとなると、大衆が好んだ〈型の「慰め」〉に留まることなく、どうしても〈不具者〉や〈グロテスクなもの〉に言及しなければならなかった。それゆえ、同様に〈影人形〉もテーマから外した。

少し異質なのが「詩仙堂の扁額　自戒の多発」だ。京都にある石川丈山の隠居場である詩仙堂に掲げられた扁額をあつかった。

丈山は、日本の三十六歌仙に倣って中国の三十六歌仙を選び、側にその一首を写した。その一人が李長吉だった。李賀の研究者たる草森の心がググッと動いた。どの位、丈山が李を理解しているか、画工の狩野探幽はどう李を描いたか、気になった。

詩仙堂に足を運んだ。ただ結果はさんざんだった。現場でいらだった。肝心のその絵は〈黒ずみ　見えず〉だった。いらだちには、もう一つ訳があった。二十七歳で夭折した李が、〈円満そうな老人〉に化けていたからだ。これにには閉口した。そのため、当初の熱はすっかり冷めてしまった。

そのためこのセクションでは、ここに掲げられている扁額の方に論は片寄っていった。それでも末尾でこういった。丈山のデザインは、作庭、建築、書、扁額と限らずに、凹凸の上にあくまで意志を貫こうとしているリゴリズムから生まれていると。

話題をかえる。江戸文化の典型といわれる浮世絵を考えてみたい。そもそも浮世絵が登場するのが延宝八(一六八〇)年前後という。浮世絵というプリントアートは、〈江戸のブロマイド〉の性格がある。そこには〈当世風〉の意も込められていた。周知のようにこの版画制作には、多大な手を必要とした。江戸文化の研究者たる杉浦日向子が指摘するように、絵師は現代でいうところの〈テレビや映画の制作スタッフ〉の一人であった。つまり絵師のデザインはつねに当世風の味を引き出し、いい意味でも悪い意味でも、〈その時代のブロマイド〉となることが宿命づけられていたようだ。

これだけに言及して終わったら、草森に〈礼〉を欠くかもしれない。というのも〈江戸のデザイン〉には、別なもの、つまりエロス的相貌があるというのだ。それを一瞥《いちべつ》してみたい。

「大名行列」に〈勃起する権威〉と副題をつけた。なんということか。あの格式ある大名行列に〈性的な勃起〉を感応するとは。いうまでもなく参勤交代というシステムは、江戸幕府が各藩に対して絶対的服従を表明させる政治的かつ経済的行為でもある。草森は、その面を捉えて大名行列は〈「人質」の法〉に基づいているとみた。その象徴が大名行列であり、そこにエロチックなものを嗅ぎとった。私としてもとても意外な見方だった。

そのわけをこういう。格式ばった型式の行列。そこに顕現する様式美。連続する長蛇の列。その長蛇の列は、まるで〈化粧をほどこした怒脹する男根のお通り〉にみえるという。草森は誰もいわなかったことを平然と言い放った。まさに〈ソフィスティケートされた男根の祭典〉であると。

とすれば、江戸の女達は、道端でこうした大名行列をみて、言い知れぬ興奮をムズムズと感じたのであろうか。やはり異形の感覚の体現者たる草森だから、そうみえたにちがいない。これは〈暴虐な見方〉というべきかもしれないが、他の評者がどう逆立ちしても獲得できない視座だ。

4　江戸の民衆

この〈あとがき〉から、テーマを調べる中で何を大事にしたかが判明する。本来資料として大切にすべき〈原物信仰〉を棄てたという。そうするだけの理由があった。たとえば「文身《いれずみ》」は、彫《ほ》った人間の死とともに消滅してしまうもの。そのため原物の「文身」は現存しないのだから〈生身の資料〉とはならない、という論理だ。

つまり草森という論者は、可能な限り生きた資料を第一義にしながら、あくまでも自分の眼でたしかめ、そこで感じたことをなによりも大切にした。そういうタイプの人だった。ただ決して頑な実証主義者ではない。なにより〈生きて用いられ〉〈姿をとどめている〉モノに眼を配った。たとえば『浮世絵』は、民衆の生活空間の中で〈躍っている〉から、論へと引き上げることができるという。最後にこういう。〈「事物」のもたらす人間の「風景」として見る〉ことができると……。この視座を懐刀にして、草森は、〈江戸のデザイン〉を腑分けしながら、それに留まることなく踵を返して、現代に生きる私達の意識の中にある〈デザインの正体〉とは何かを逆放射せんとしたわけだ。

ここで持論を提示したい。そもそもデザインとは何か。なぜデザインなのか。〈江戸のデザイン〉なる概念とはどんな価値を含んでいるのであろうか。

日本では、「意匠」「設計」「創意工夫」といいかえている。またデザインは〈グラフィック〉と同一化され、〈グッドデザイン〉という言葉があるように〈生活に役に立つ〉〈実用性〉と結びつくことが多い。本義からいえば、人間の全的いとなみ（生も死も含めて）を包含する。つまり存在論とも通底するのだ。だから私たちは、デザインの本義に立ち返り、その矮小化、実用化に抗していかねばならないのだ。注意してみると、草森は本文中において「デザイン」と「慰め」を結びつける言い方を何度かしている。どういうことか少し触れてみることにする。江戸の大衆が愛した様々な事物。それは生を慰めてくれた。その典型が歌舞伎、角力、芝居、読本などであり、その極にあるのが浮世絵の春画といえるというのだ。

いつの世も、為政者は民衆の細やかな慰めさえも権力の下に置いた。当時のポルノグラフィーたる春画は弾圧すべき対象となった。民衆にとっての細やかな〈慰めモノ〉、それは反権力のシンボルともなった。それを踏まえて、草森は「デザインの中に政治との葛藤を見ることができる」というのだ。

もう少し、「慰め」という視点に拘ってみたい。江戸千代紙に〈怨みの光彩陸離〉があるとみた。まずこの表題について説明が必要かもしれない。まず千代紙には、光彩陸離、つまり〈まぶしさ〉があるという。少女が千代紙で遊んでいる時、なぜかしらそこに〈妖気〉が漂うという。これはまさに草森ならではの感覚だ。

さてその千代紙の図柄には、着物の文様がたくさん使われているという。図版として記載された四代目いせ辰の「龍田川」は着物の文様でもあり、〈和のテイスト〉の香が満ちている。

また「友禅模様　凱陣」などは、まさにモダンデザインだ。他の図版では、この本に折りこまれた和紙に刷られた谷文晁「月影」はとても美しい。淡い色調が静謐な空気の響きを奏でている。淡いがゆえに、色合いが難しい。先にも触れたように、高度な印刷技術がそれを可能にしたようだ。

と同時に、千代紙と歌舞伎は、密接な関係があるともいう。人々は歌舞伎において役者の着物の「ま

「友禅模様　凱陣」

ぶしさ」に強く魅了されたという。江戸の女性達は、歌舞伎の世界に日々の鬱情のはらし場、つまり〈慰め〉を見出したというわけだ。

同様に女性達は、千代紙に自然の美の反映と共に、〈慰め〉を見出し、そこに〈怨みつらみ〉を晴らしていったと。そんな風に、他の美術批評家とは一味も二味もちがう、毒気を含んだなかなかユニークな文化論を展開した。

話題をかえる。この本から日本文化に広汎に潜む大河、つまり江戸人の「あそび」を知ることができるのだ。たとえば「江戸双六　人生の模擬試験」では、他に「本双六」というものがあったことを教えてくれる。本双六は、女性の必須教養であったと……。また双六は、インドで発生し中国へ伝えられた。さらに朝鮮半島の三韓を経て日本へ。その痕跡は経典にもあるという。「涅槃《ねはん》経」にある「波羅塞戯」がそれに相当するらしい。囲碁にも匹敵する定石のルールがあった。絵双六もまた中国から入った。道中双六、出世双六など多様だ。当時のゲーム機というべきもの。いわば盤上で旅ができ、さらに人生というものを考えることもできた。

まさに文字通り、双六は、庶民の娯楽でありつつも、〈江戸デザイン〉の一つの頂点を誇示したことになる。まちがいなく江戸のグラフィズムの典型だ。ただ私には別な感慨もある。円や方形で図を積み上げていくシステム。これは曼荼羅《マンダラ》風にみえるのだが……。曼荼羅では、一コマ一コマが仏や菩薩を象徴し、中心に大日如来が座すのであるが、いうまでもなくそこは双六では「上がり」の空間となる。日本人はほとんど無意識の内に、双六のあそびを通じて曼荼羅の中心に座す〈大日如来〉をめざしたのだ。

はじめにいうべきであった。本書は『ナンセンス画志』と対になっていることを。双方をあわせ読むことを勧めたい。まちがいなく、この二著は江戸文化がつくり上げた異彩な〈カタチ〉、その普遍性について存分に語ってくれてもいるのだ。雑文家草森教授の蘊蓄《うんちく》たっぷりの本書。江戸文化の豊穣性を鮮やかに掬《すく》いあげてくれた。ここで取り扱うことができなかったことが、まだまだたくさんあったはずだ。この続編を読みたかったのだが……。

いずれにせよ、好奇心というエンジンを全開させて、草森は〈江戸のデザイン〉の〈解体新書〉を書きあげたのだ。

コラム3

ビートルズと草森紳一

草森紳一の本で最初に買ったのが『ナンセンスの練習』（晶文社、一九七一年）だった。いまから四〇年以上前のことだ。ある時期〈ナンセンス〉がはやり言葉となっていた。議論を闘わせる時、批判的意志をこめて相手の意見に対して〈ナンセンス〉を連発したものだ。そういえばこんな本もあった。美術評論家中原祐介は『ナンセンスの美学』（現代思潮社、一九六二年）や『ナンセンス芸術論』（フィルムアート社、一九七二年）を出している。評論家種村季弘は『ナンセンス詩人の肖像』（竹内書店、一九六九年）を書いている。このように〈ナンセンス〉は、ひとつの時代を象徴する概念として定着していたわけだ。

『ナンセンスの練習』（晶文社、1971年）

久しぶりに『ナンセンスの練習』を再読してみた。そこにはこれまで気づかなかった違う風景があった。このコラムで、そのことに少し触れてみたい。では〈違う風景〉とは何か。それは草森がビートルズについて四本も論を載せていたことだ。そのままタイトルだけ挙げてみる。「通俗の攻撃」（ビートルズ一）、「オーみじめ　オーみじめ」（ビートルズ二）、「なんて幸せな御時世だ」（ビートルズ三）、〈ビートルズと極楽浄土〉だ。それぞれを『現代詩手帖』『ビートルズソングイラスト集』季刊『ぶっくれびゅう』『季刊「サブ」』などに書いた。

『ナンセンスの練習』には、「叫ぶ　フランシスコ・ベーコンの写真術へのひけめ」がおさめられ、すでにベーコンへの熱が沸きあがっていたことがわかる。またアンリ・ルソーに関する論が「不器用な密林」など三本収録されていた。さらに「傷つく所は夢間と覚ゆ」（中国の夢の描写について）がおさめられていた。草森が追いかけていた、中国人の夢の物語への関心の一端を垣間見ることができる。

こんなに雑多なものを抱えこんでいた草森。「あとがき」にこんなことを漏らしている。デザイン、音楽、写真、マンガ、中国の詩、哲学などを論じる中で、いかに〈自分を超える〉か、そんなことを考えていたという。

雑多な分野に手を広げているので、外からみればバラバラで、〈七裂八裂〉しているようにみえるかもしれないが、決してそうではないという。むしろ〈あさましくも、物哀しいほどに一貫〉していたというのだ。だから結果として〈自分を超えられなかった〉というのだ。草森は、こんな結語を導きだす。〈ナンセンスの練習〉という言葉は、〈人間はとうてい自分を超えがたいものだという悲鳴の破裂音〉だともいえるのだ。

私は、この『ナンセンスの練習』は、タイトルからみて、遊び心にみちた、〈知のエクササイズ帳〉としてみていたが、そう単純ではなかったことに唖然とした。次の結語はなんと凄いことか。〈死にくたばるまでナンセンスの練習〉、つまり〈阿呆なこころみ〉をし続けるという。それは〈書くこと〉に等しいという。ここで私は〈ユリイカ（我、発見せり）〉と叫んだ。

草森にとって書くことは、そんな〈悲鳴の破裂音〉を聴きながら〈阿呆なこころみ〉を行うことだというのだ。いつも草森は、そんな〈位置〉に立ち続けたわけだ。とすれば、やはり草森は〈ナンセンス小父さん〉なのだ。ふと、こうも思った。とすれば、〈雑文の巨人〉を、〈ナンセンスの巨人〉といいかえてもいいかもしれないと……。

さてそれはそれとして、このコラムでは〈ビートルズ〉にスポットを照射しておきたい。草森とビートルズ。どうにも結びつかない。マイルス・デービスやセロニアス・モンクなどのジャズが大好きの草森なら、〈マスコミの寵児〉となったビートルズは一番疎遠なはずである。いやむしろ完全無視する対象なはずだ。どこで宗旨かえが起こったのか。それがとても気になった。ましてや〈ナンセンス〉の考察対象になることに強い違和感があった。

ただこんなことも頭をよぎった。ビートルズの楽曲に「フール・オン・ザ・ヒル」があり、それはまさに〈阿呆な男〉を題材にしている。こんな詞がある。〈丘の上の馬鹿は、太陽の沈むのをみているだけ　目ばっかりが、この世のキリキリ舞いを眺めている〉。この馬鹿の目、佯狂の眼だ。とすれば頭の片隅で〈ナンセンス〉の対象となっても不思議でもないとも考えた。

草森とビートルズとの出会い。これはにわかに信じられないかもしれないが、一九六六年のビートルズの来日公演において、草森はライターとして、五日間にわたり彼らと同じ東京ヒルトンホテルの一〇階に泊まっていたのだ。それも彼らとは、廊下を隔てた隣の部屋に陣取った。それは中部日本放送の依頼で、写真集『ビートルズ　東京』を出すためだった。

しかし草森は、この来日公演が生起させた事象を「日本最暗黒の一週間」と括った。来日により引き起こされた大騒動や熱狂するファンの姿を目撃しながら、光と闇の双方を見たわけだ。ビートルズ自身が、監禁状態だった。また報道管制も徹底していた。それにかかわった人は、みんな振り回された。たしかにある種の巨大な台風だった。それが去った時、国家的〈事故〉〈日本最暗黒の一週間〉と感じたわけだ。

では草森は、悪夢のようなビートルズ台風の渦に身を置きながら、何を感じていたのであろうか。意識はかなり醒めていた。この狂騒の果てから〈日本人とはなにか〉〈日本人の知識人となにか〉が露呈してくるというのだ。

もう一つあった。こっちの方はパーソナルなこと。自らの内に断固としてある〈通俗性〉の正体をはっきりと見届けたいからだという。〈通俗性の正体〉には、いろんなことが詰まっていた。まず自分がビートルズの音楽が好きだという〈通俗性〉を吟味すること。実際に、生の声（音）奏を聴いて、またファンが熱狂する姿が伝染し、涙もこみあげてきた。まさに〈通俗性〉の極みにいたが、これは〈逆スノッブ〉ではないかと、もう一人の草森は、自分の感情と意志に鎖をかけるのだった。

〈通俗の攻撃〉では、唐の詩人、常に死に脅かされていた李賀が詩の中で自殺否定をしていることにかなり驚いている。李賀が観念ではなく、「通俗性」の意識地帯の中で納得していることに、ショックをうけているのだ。そしてこういう。〈ビートルズの歌への傾きも、私の中にある《通俗性》が納得したからにちがいない〉と。

この〈通俗の攻撃〉では、ビートルズの詩「HELP!」「TELL ME WHY」「P. S I LOVE YOU」を考察した。そして詩の中に隠れたものがあるという。

さらにこんな心理分析もなされた。そこには〈愛情乞食〉の姿があり、〈献身の哀訴〉の感情が潜在化しているとみるのだった。

〈オーみじめ　オーみじめ〉では、草森は自らを《通俗性》の鎖から解き放った「I'M A LOSER」「MISERY」などを読みこなしながら、ビートルズ、特に詩を書いている頭領ジョン・レノンに関心を移していった。〈なんて幸せな御時世だ〉では、ジョン・レノンの詩「The Fat Budgie」（太ったセキセイインコのこと）などを吟味しながら、マザー・グースのような、〈やさしさとこわさ〉、さらに〈奇妙な殺意〉さえ持っているという。

それにとどまらずに、〈やりきれない時代の殺意〉が渦巻いているし、そんな時代を生きた英雄であるともいう。

このように草森のビートルズ分析は、文学的な詩句解釈にとどまらずに、彼らの輻輳した深層心理にまで深入りした。詩句の背後には〈心の飢餓〉や〈充足しない悶え〉さえ息づいていると読みとった。この時期、いろいろなビートルズ讃美が書かれ、ビートルズ現象の分析がなされていたが、この臨床的なアプローチは、まちがいなく群を抜いて個性的であった。

コラム4

画志井上洋介

本にはある種の魔法の力が潜んでいるものだ。人の心にマジカルな謎をかけて、どこにもない地平へ連れ出してくれるからだ。草森の本の装丁を多く手掛けたのが画家の井上洋介だ。草森にも増して〈佯狂の人〉だ。二人がタッグを組めば無敵だった。井上という画家は、巷間では絵本を手掛けている人というイメージが強いかもしれない。しかし反面、〈佯狂の毒〉をもった画家でもある。

本の顔というべき装丁。本を装幀した画家はたくさんいる。ここにあるのが小林真理（美術ジャーナリスト）の『画家のブックデザイン』（誠文堂新光社）だ。小林は、この本で電子書籍という新規な大波を浴びている現況をふまえてブックデザインの源流たる「装丁と装画」にスポットをあてた。

つまりこれからも継いでゆくべき、日本のすぐれた造本文化の魅力を辿っている。ここで取り上げているのが橋口五葉や竹久夢二から現代の司修まで一九人。

紙面をめくりながら、それを眺めてみた。あることに気づいた。名作には、名装幀家が存在したことを。小説家と画家という異なる才能のぶつかり合い。それは激しければ、激しい

右：イラストレーション・ナウの一冊『井上洋介の世界』（立風書房、1974 年）
左：井上洋介『井上洋介　獨画集　1931-2016』（玉川大学出版部、2017 年）

程、完成した本は魅力を放つことになった。

小村雪岱《せったい》の装幀本は、泉鏡花との出会いが大きい。鏡花は、小村に雪岱と名付けてくれたほどに深いものがあった。谷崎潤一郎には、棟方志功がいる。棟方は『痴人の愛』『鍵』『夢の浮橋』などの主要作のほとんどの装幀を手掛けた。谷崎の耽美主義と棟方の生命主義と浄土的宗教観が不思議な味を醸《かも》しだした。まさに異質なものの出会いが生みだす美だ。

司修の装丁も独創的だ。司は若い日に萩原朔太郎の詩作から衝撃をうけた。だから詩的なイマジネーションという泉を内なるゾーンを抱える人だった。その詩的な泉から汲《く》んだものを装丁に生かした。古井由吉の『水』や『栖』などを手掛けている。そこでは古井文学のミスティリアスな空間に漂うものをとても上手に表象化している。

このアートワークは、本の化粧という役割もあるのだが、井上は圧倒的な悪意をこめてその任を排除した。

では肝心の草森と井上のコラボはどうだったか。二人とも魚座の星の下で生まれており、相性は良かったようだ。では井上とはどんな画家か。一九三一年に東京赤坂に生まれた。草森より約七歳上だ。武蔵野美術大学西洋画科を卒業した。前衛思考を燃やし、日本アンデパンダン展や読売アンデパンダン展などに参加した。

このコラムでは異形の絵を描く、この画家の内面に少し迫ってみたい。いくつか資料を集めてみた。その中で全体像を掴むために最適だったのが「イラストレーション・ナウ」の一冊、『井上洋介の世界』（立風書房、一九七四年）と部厚い『井上洋介　獨画集　1931―2016』（玉川大学出版部、二〇一七年）だった。そこには初期の油絵作品や代表作など、さらに草森との対談も載せられていた。『獨画集』の方には、評論家石子順造の「井上洋介のグロテスク　生のアリバイとしての無言劇」とドイツ文学者種村季弘の「雨の日は電車で蝦蟇と　井上洋介の散歩」、漫画家長新太の「井上洋介の世界」や、さらに井上と草森との対談「女の絵だけが女っぽいというのは何だろうね」がおさめられている。

さてどうして蝦蟇《ガマ》なのか。どうも種村は、雨の日に、しばしばズボン吊りに登山帽をかぶり、がっちりした靴に中学生用のリュックサックを背負った男、つまり井上を目撃したらしい。こんな格好をしていながら、バスが嫌いでほとんどテクシーと電車を愛好した。電車は、様々な人間をのみこみながら、怪物的帝王の如くに変身し、あべこべに乗客を貪り喰いながらみずからの胎内に呑み込んでいくと感じた。

井上は、そんな雨の日に蝦蟇と連れだって街中を跋扈《ばっこ》しながら、迫りくる洪水の日を夢み

右：井上洋介「天獄図」（1957年）の部分
左：井上洋介「昇天図」（1957年）

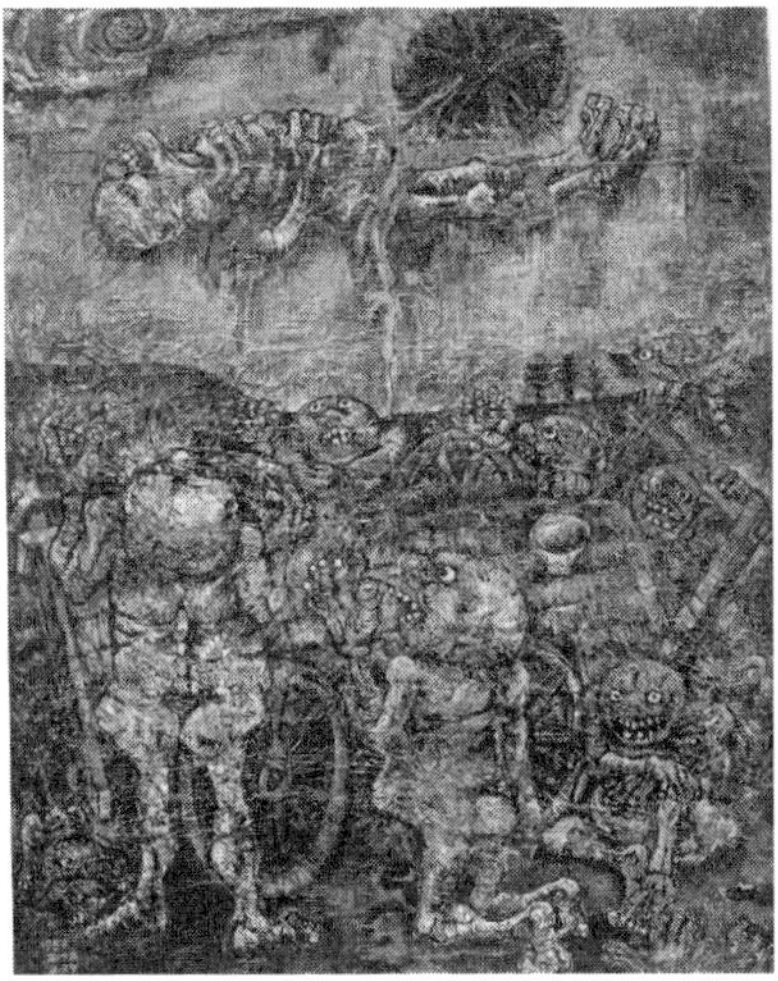

ているという。この種村の井上像は、画家の特異な素顔と蝦蟇などの怪物や〈逆立ちしたパラダイス〉が大好きな井上の性癖を浮かびあがらせており、なかなか興味ふかいものがある。

先の画集二冊を眺めてみて、この画家が相反するもの、美と醜の矛盾のただ中で生まれ落ちるものを描いていると感じた。矛盾の狭間では当然にも、醜の側に立って世相をみたようだ。その醜なるものを、むしろ目に入れて包みこみ、非情なる世を厳しく突いていくのだ。

作品について一言を記しておきたい。初期の油絵作品には、画家パウル・クレーの影響が見え隠れしていた。一転して「母子像」（一九五四年）、「天獄図」（一九五七年）、「料理人」（一九六〇年）あたりから、オドロオドロシイものが画面にどっと溢れてくる。

それらには太平洋戦争後、日本を覆った飢

えと不条理な情況が生々しく活写されていた。「料理人」では、人が切り裂かれ、火にやかれていた。「天獄図」では、人々は狂乱化し、地上の地獄に晒《さら》されていた。

私は、これらのグロテスクな絵を、時代を撃った〈暗い絵〉として位置づけているが、その背景にはドイツの画家ジョージ・グロスの影があるようだ。グロスは、ナチス台頭前のドイツ、その状況を見つめながら風刺を武器にして人間を描いた。抵抗の意志をこめて画集『Ecce Homo この人を見よ』（一九二四年）を出版したが、それは猥褻にあたるとされ「風俗紊乱」で有罪判決を受けた。

また井上は、一九六〇年代に、いくたの連作集を編んだ。『サドの卵』（一九六三年）や『箱類図鑑』（一九六四年）や漫画『ナンセンス展』（一九六六年）などが続いた。

タブローではドロドロした状景が濃密に描かれているが、一転して連作集ではペン画が主体となる。線が鋭く生動し、ユーモア、エロチック、ナンセンスなどが混じりあい奇妙な感覚をみせている。

グロスに比していえば、井上もまた日本の荒廃した時代において、必死に生きる者を見詰めながら、その哀切さと逞ましさの双方を描きとめようとしたにちがいない。人体像や胎児はおおくの場合、奇形化されているが、それもまた井上にとっては、〈逆立ちしたパラダイス〉や〈佯狂の精神〉が発現したものであろうか。

井上は、怨みや狂気に憑りつかれた者こそが、真実を語ることができるという視点に立っている。見方をかえれば、怨みや狂気の側に立つことで、はじめてこれまで見えてこなかったものがはっきりと見えてくるということかもしれない。これは草森の一つの哲理でもある

〈矛盾の海〉に浸かりながら生き抜いていく〈佯狂の思想〉と本質的に同一である。こういいたい。まさにジャンルは異なるが、草森と井上は一卵性双生児なのだ。

先の対談では、二人は談論風発を愉しんでいる。その中からこれぞという草森の言説を取り上げてみたい。草森は、こう口を開く。井上の作品は〈時間と空間もない〉、いわば〈内蔵の海〉だという。

異色の対談であるが、両者の差異も浮上してくる地獄風の絵に対しては、草森は一見そうみえるがそうではなく、楽しんで描いているから〈極物〉でもあるという。これに対して井上は〈この世は地獄〉だと持論を対峙させた。

そうだ。ひとつい忘れたことがある。井上が好きだった画家の一人が、フランスの画家ジョルジュ・ルオーだった。存在への眼差しは、どこかルオーのそれに近いものがあるようだ。ルオーは娼婦やサーカス芸人を描き、そこに〈真実な姿〉を見出そうとしたとすれば、井上の作品は、ある種の宗教画の相貌をもっていることになるのだが……。

第6章　ナチスのプロパガンダ

1　赤い危険な書

私にとってこの本は、草森書作群の中で、実をいえばパスしたかった一冊だった。なぜか。ナチスのプロパガンダを正面からとりあつかっているからだ。とにかくアドルフ・ヒトラーのあの顔、口髭、身振りは嫌悪を感じさせるからだ。私は、ナチスにより迫害、抑圧された人々、そして大虐殺されたユダヤ人のことや、弾圧された表現者達に関心がある。その一部をあげてみたい。文学者であれば、エリ・ヴィーゼル、宗教者であればコルベ神父、彫刻家であればレームブルックなどがいる。

私はエリ・ヴィーゼルについては、「哀切へのフラグメントa　ヴィーゼルの〈聲〉」というエッセイを最近編んだ『詩の葉「荒野へ」』（藤田印刷エクセレントブックス、二〇一九年）の中に組み入れた。この作家は、幼い時は「エリエゼル」といわれた。〈神はわが祈りを叶えたまえ〉という意味を持っていた。しかし母、妹、父をアウシュビッツで喪った。ヴィーゼルは、アウシュビッツの闇の記憶を見詰めながら、『夜』『夜明け』『昼』などを世に出した。

また悲運の彫刻家については、同じく『荒野へ』の中に、「哀切へのフラグメントe　彫刻家レーム

柴橋伴夫『詩の葉「荒野へ」』
（藤田印刷エクセレントブックス、2019年）

右：レームブルックの彫刻「くずおれる男」（1915/16 年）
左：「ヴィルヘルム・レームブルック」展図録

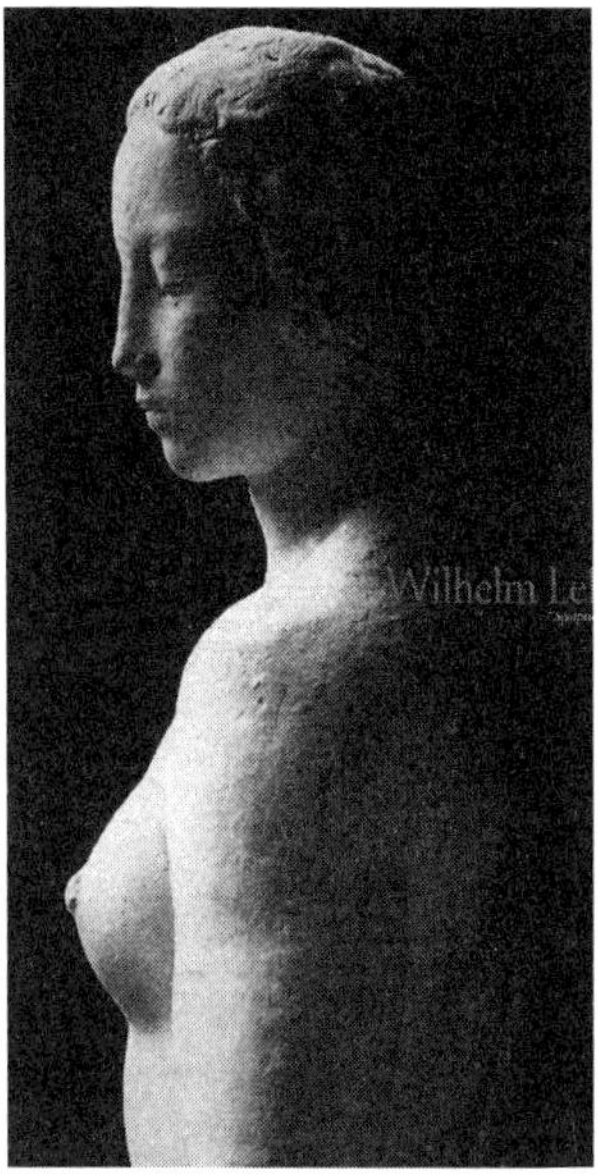

ブルックの〈くずおれる男〉」として短いエッセイを置いた。ナチスがプロパガンダする「崇高な美」。それは筋肉隆々な戦う男であり、均整美の極致をめざしたものである。

　一方でモネ、カンディンスキー、ムンク、マティス、ロダン、ゴッホなどが〈退廃芸術〉の烙印《らくいん》を押された。「退廃芸術展」の任を担い、宣伝省の手先となったヴォフガング・ヴィルリヒは、ドイツ各地を回り、純粋な北方人種を探して男女像を描いている。

　さらに「北方の種の精神によりドイツ芸術を健全化」するために『芸術神殿の清掃』を著し、多くの害となる作家名を挙げている。ナチスの文化政策に迎合し、第三帝国建設に奉仕したのは、巨大彫刻を制作したヨーゼフ・トーラクやアルノ・ブレーカーらであった。これらはなんと虚性的な勇猛を誇示していることか。

　レームブルックのうちひしがれたやや均整を喪失した特異なフォルムは、ナチスの宣伝する

「崇高な美」とまさに対立するものであった。

2 プロパガンダの実相

むろん草森は、この本ではナチス・ドイツのプロパガンダとはいかなるものか、どれほど威力があるものか、あくまでプロパガンダ（宣伝）や広告デザインの視点からそれを徹底的に解析した。三十代の沸騰する血気が伝わってくる。いつものように、厖大な資料を精査し、精緻に論じた。政治学者や社会学者も真っ青になるほどの、渾身《こんしん》の労作であることは間違いない。とはいえやはり人はとまどうに違いない。〈どうみても、この本はやはり悪夢のナチスを論じた本ではないか〉〈はたしてこれまで多大な時間を費やして論じる必要があるものか〉という聲が聞こえてくる。

この長大な四巻本。厖大な文献・資料を読解しながら、時間をかけて書かれたこの営み。これを政治雑誌でなく、一部は書き下しであるが、主として『宣伝会議』や『流

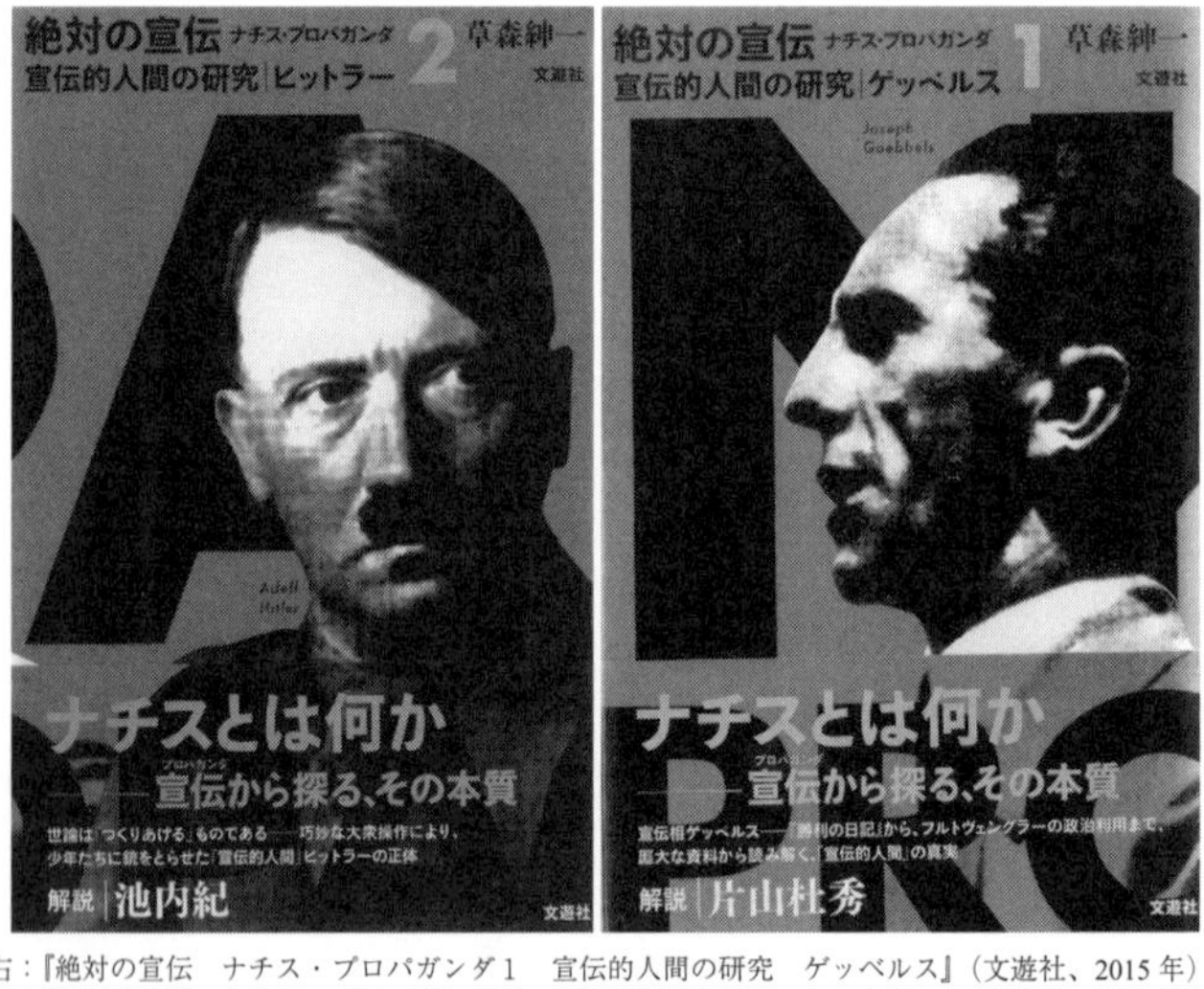

右：『絶対の宣伝　ナチス・プロパガンダ１　宣伝的人間の研究　ゲッベルス』（文遊社、2015年）
左：『絶対の宣伝　ナチス・プロパガンダ２　宣伝的人間の研究　ヒットラー』（文遊社、2015年）

行通信』『芸術生活』などに連載したという。編集者・出版社の先駆性や度量の広さにも驚くばかりだ。こんな疑問が湧き出てくる。ナチス・ドイツのプロパガンダは、それほどまで論ずべきものなのか。それほどまでにナチスのプロパガンダは魔術的、かつ多義性を帯びていたのか。現代に通底するものが隠れているのか。草森は、意気揚々と、〈それはある〉というのだが。

私が〈向こうの世界〉に行った時、いつもの素足で散歩中の草森に道端で出会ったら問いたいことがある。『絶対の宣伝』四巻の内、一冊位を虐殺、抑圧、弾圧された人々を論じて、そのプロパガンダ論を逆照射して、ナチズムの正体を見極めることも可能であったのではないかと。草森はどう反応するだろうか。きっと白髪をかきあげ、口に薄笑いを浮かべながら〈ならば、それは君の仕事にしてはどうでしょうか〉とかなり力のこもった直球が、投げかえされるにちがいない。

私は、この『絶対の宣伝』が広告・デザイン界ではどんな評価がされているのか気になって少し調べた。図書館で『最新　現代デザイン辞典』（平凡社、二〇一七年）などデザイン関係の本をみてみた。この『現代デザイン辞典』には、草森紳一の項目はなかった。また基本文献として栄久庵憲司『道具考』、ランスロット・ホグベン『洞窟絵画から連載漫画へ——人間コミュニケーションの万華鏡』など多種多様の本がリストアップされ、その内容も紹介してあったが、残念ながらこの本はなかった。

本を選んだ編集委員に伊東順二や柏木博の名があった。彼らが選ばなかったわけだ。政治的色合いが濃厚のためもあって省いたのかもしれない。いずれにしてもデザイン界ではママ子扱いになっているわけだ。とすれば、この革新的な論考をプロパガンダや広告デザイン界の定位置に据えるため、腰を据えて論じていかねばならないとあらためて意を強くした。

3 『わが闘争』

私が最初に手にしたのが、『絶対の宣伝　ナチス・プロパガンダ二　宣伝的人間の研究　ヒットラー』（文遊社、二〇一五）だった。一九七九年の番町書房ものに、ドイツ文学者池内紀の解説が加えられていた。まず赤い色が目に刺さった。いかにもナチスの色、あの血の色だ。表紙を飾るヒトラーの顔、身振りに嘔吐を催したが、それを必死にガマンした。

自分なりに幾つかの論ずべき諸点を定めた。まず『わが闘争』を草森がどうよんだか。それについて語っていきたい。草森が断言しているように、この『わが闘争』を読了したものはごく少ないようだ。

草森は正攻法でアプローチした。テキストとして一九六一年黎明書房版、平野一郎・高柳茂訳を使った。解体、解析する方法がいかにも草森的だ。『わが闘争』は、第一部「民族主義的世界観」（一一章ある）、第二部「国家社会主義運動（一五章ある）で構成された。これを宣伝《プロパガンダ》の見地に立って洞察した。書き方は「荷風の永代橋」と同じ、つまり〈読書ノート〉スタイルをとった。

『わが闘争』は一九二四年に、ヒトラーがランツベルク要塞刑務所で禁固刑に服していた時、口伝し、筆記されたもの。私は、ヒトラー自身が書いたと錯覚していたが、ちがった。草森は、演説家ヒトラーだからこそ、口述スタイルをとったと分析した。実は、この『わが闘争』はあとで超パワーを発揮する。草森は「跋章」の「知識と官能の無力」において、大衆がこの本を〈ナチスの聖書〉のように手にもち、ナチス・ヒトラーは、彼等の家の書棚に飾られることを重視したと指摘した。実際に聖書のように一家に一冊置かれた。また結婚した新郎新婦には一冊贈られたという。

　草森は、普通の人が気づかなかったことや〈変なこと〉（つまり佯狂なこと）に眼を注ぐ人だ。『わが闘争』を解体してみて、気づいたことがあるという。こんな感慨をもらした。ドイツの大衆は、この本を読むことはなかったはずだが、むしろそこから浮上してくるのは、『わが闘争』を手にすることの意味だという。

　つまり〈本を持つこと〉、それは大衆に〈呪術的な意味〉を付与することになったと。話はここで終わらない。であれば、自分のようなクソインテリが書いたこの本自体を大衆が読むことはないと予言する。みずからを〈クソインテリ〉と卑下しつつ、みずからが著したこの本を大衆が読むことのない本だといい放つ草森だが、この四巻本は草森の意に反して充分に現代の私達に〈呪術的な意味〉を与えてくれているのだ。


『ナチス・プロパガンダ４　絶対の宣伝　文化の利用』

（香町書店、1979年）

　それでも草森はめげないでこういう。この本を特に〈女性と少年〉に読んでほしいと。理由はこうだ。この世の半分は女性であり、男性の三分の一は、少年だからだと。ただそうはいかない。というのも、いまは事によると女性の方が賢いことがあり、子供は決して絶対がつく頑是ではないからだ。ただヒトラーが女性と子供をターゲットにしたことは、戦略的には正しい。〈ヒットラー青少年団〉〈平和《ピンフ》の倦怠《アンニュイ》〉〈アドルフおじさん〉の三つは、これに絞って論じている。では少しそれぞれを具体

的に整理してみたい。

その前に一つ気になったことばがある。〈ヒトラーの妖眼〉だ。ヒトラーの眼には、非近代的な魔術性が潜んでいるという。さらに強い〈催眠術的〉パワーもあったという。この催眠的パワーは、ある人達の心を緩ませ、ある人達をヒステリーに追いやった。

眼の力。草森は眼差しの力に着目した。いかにもこれは記号学の巨人たるロラン・バルトが好みそうなテーマだ。誰もが見ていないようで、大衆というマッスが〈ヒトラーの妖眼〉に酩酊させられていると……。宣伝相ゲッベルスはそれを充分にわきまえて、〈あの大きな青い目。星のようだ〉とのべたという。

草森は、現代史を俯瞰《ふかん》してみて、宣伝政治家ヒトラーの後継者となる二人の政治家をあげている。その一人がいわずと知れた毛沢東。毛は『毛沢東語録』を書いて、大衆の心を掴んだ。もう一人は、テレビメディアを「本」として活用したJ・F・ケネディだった。

4　文化の利用

少し〈ヒットラーの青少年団〉を吟味してみる。いくつかの独自な分析眼がある。私が知らないこともあった。ヒトラー・ユーゲントの青年たちを日本の軽井沢へ派遣したという。この事実について、詳しく調べてみたいが、それは別な機会にしたい。

ヒトラー・ユーゲントの少年達、その「爽快な表情」に危険な匂いを嗅いだ。青少年の脳を幼稚化し、さらに無垢な少年の心を戦争に駆りたてたと……。まさにヒトラー・ユーゲントは、宣伝メディアのシンボル体となった。ヒトラーは現代の〈ハーメルンの笛吹き〉となった。特に青少年がその笛に踊らされた。それはマジカルな力にみえるがちがう。巧妙かつ計算された洗脳プランによりなされたという。

それは何か。草森は、『絶対の宣伝四　文化の利用』（番町書房、一九七九年）において、それをトータルに考察した。目次をみる。「記念切手」「ポスター」「広告」「マンガ」「美術」「建築」「映画」「放送」「スポーツ」「オリンピック」「雑誌」「文学」（詩・小説・書簡）とある。この巻では、その一つ一つを論じた。

私は、この『絶対の宣伝四』を一番興味深くよんだ。つまり、プロパガンダの悪魔たるヒトラーは光、音、身振り、美、言葉、エンターテインメントなど全てを自己宣伝の道具とした。その中には、制服やあの小さな切手も入るという。制服には、男子と女子用があり、男子にひたすら「力」を、女子に子供を育むようにシンボライズした。

まず切手だが、ヒトラーの生誕記念切手は一九三七年から一九四四年まで毎年発行した。草森は少年時、ソ連とナチスの切手に魅かれていたという。そのためであろうか、かなり図版をいれて論じている。私が驚いたのが、競馬切手や音楽切手があったこと。競馬記念切手には、そこにハーケン・クロイツを配さなかった。競馬という賭博で、資金源として利用したわけだ。慈善切手では、ワグナーのオペラ「ローエングリン」「トリスタンとイゾルデ」などのシーンを画家コルプに描かせた。

興味深いのは、ヒトラーが仕組んだ様々なプロパガンダは、大衆の心に入りこみ空洞作用をつくりだし、そのぽっかりと空いたスキマに、ヒトラーは入りこむのだ。すると恐ろしいことに、大衆はいつのまにか〈感激の機械〉と化し、絶対的服従者に墜ちていく。

草森は、アメリカの精神分析医W・C・ランガーの研究にあるヒトラーの言葉を引いている。人の脳内という空間は、すぐにいっぱいになるという。だからこそ、その脳内に常に新しいイメージ記号を送りこみ、絶え間なく人の心を占有していかねばならないという。ランガーなどの心理学者がヒトラーの内心像を研究した。この事実は、ナチズム、ヒトラー、プロパガンダなどを政治論としてだけではなく、総合的観点から客観的に考察する素地ができたことを示している。長くナチズム研究はタブーの領域だった。それが緩《ゆる》むきっかけとなったのが、世界的に広告媒体が怪物化（巨大化）し、人の意識と生活に入りこんできたことが大きい。

プロパガンダの元祖的存在として、ナチズムの文化戦略が注視された。そんな時代背景の中、この草森により画期的なナチズム論が書かれたわけだ。当然にも草森は、新しい研究成果を援用しながら、ナチズムの文化戦略の核たるプロパガンダの解明に挑んだわけだ。

5　建築家ヒトラー

ヒトラーの狂気には、深いコンプレックスがあるという。よく知られているように、彼は画家志望だった。二度にわたりウィーンの美術アカデミー、その一般絵画科を受験し失敗した。一度目の受験時には、不合格の通知をうけたが納得がいかなかった。学長に面会を願い出た。どうも不合格の訳を知りたかったようだ。その時学長には、絵画より建築の方が向いているといわれた。しかし、ヒトラーはそのまま再度一般絵画科を受験したが、扉があくことはなかった。

左：飯島洋一『建築のアポカリプス』（青土社、1992年）
右：ヒトラーの建築スケッチ「凱旋門」（飯島洋一『建築のアポカリプス』より）

その後、彼は次第に建築の方に関心を移し、建築を〈芸術の女王〉とみるようになる。学長の予感は当たったわけだ。当時ウィーンは、ウィーン万国博覧会にあわせて建築家オットー・ワーグナーにより、大改造の真っ最中だった。リングストラーセ（環状道路）が完成し、ヒトラーは多くの新建築物をみた。それらに強い刺激を受けた。自ら幾つかの建築プラン（劇場やオペラ座など）を練った。

建築への熱は、さらに高まった。政治犯として収容されたランツベルク要塞刑務所では、草森が指摘しているように、口述の力（つまり演説における言葉の力）を活用して、モーリスやヘスに口述筆記させあの『わが闘争』を書いた。その要塞刑務所でも幾つかの建築スケッチを描いた。直径二〇〇メートルの巨大なドーム屋根をもつ集会ホールや高さ一〇〇メートルの壮大な凱旋門などだ。

この建築スケッチをベースにして、おかかえ建築家アルベルト・シュペーアは、「ベルリン計画」を立案した。紙の上の壮大な凱旋門や集会ホールなどは、実現不可能にみえた。しかしヒトラーは、建築の不滅性、永遠性を信じ、それを政治的に最大限活用しようとした。

6　フューラー（総統）の都市

ヒトラーは、政権をとると、さっそく構想の実現に着手する。ベルリンだけでなく、ミュンヘン、リンツ、ハンブルク、ニュルンベルクの五都市を「フューラー（総統）」の都市と命名し、改造を命じた。

アルベルト・シュペーアのベルリン計画
（飯島洋一『建築のアポカリプス』より）

それはこれまでの政治家が成し遂げることができなかった、壮大な権力都市づくりだった。と、同時に故郷リンツに「総統美術館」設立の野望を抱いた。

この「フューラー（総統）」都市計画は、ヒトラーという政治家は、建築というものがいかに強力なプロパガンダとなるか、充分に知っていたことを示している。〈狂った妄想家〉として済ますわけにはいかない。ここからわかることがある。政治権力を獲得せんとしたのは、こうした壮大な建築を実現させるためだったともいえるのかも知れない。実際にそういう説を唱える人もいる。

私は、この辺のことを深く知るため、飯島洋一『建築のアポカリプス』（青土社、一九九二年）を本箱から取りだしてみた。飯島は、一章「フューラーの都市」を設けた。飯島は、そこにこんな卓見を呈した。「何もかもが、建築のために準備されたものだったのである。戦争も政治家になったことも、強制収容所までもが」という。さらに飯島の眼には、ナチス・ドイツの集会に集まる人達をみていると、〈量塊《マッス》としての群衆〉が、いつしか〈建築物〉にみえてくるという。

飯島は、ウィリアム・シャイラーが『ベルリン日記——一九三四—四〇』に記した一九三四年に開催されたニュンベルク党大会の状景描写には、そうした〈建築物〉のようなドイツ群衆が活写されているという。さらにこんなことを飯島は指摘する。壮大な〈妄想の形象化〉のような建築体のデザインはそれに留まることなく、別な記号を示しているという。

つまりナチス建築が、「行進」と「群衆」に酷似して映るというのだ。なぜなら群衆達（生きた人間）は、その個別性を剝奪《はくだつ》され、まさにモノ、物質や資源となっているからだ。飯島は、人間が、鉄や花崗岩、大理石と同じ建築資材となったのだとみる。なんとナチス建築の、つまりナチズムの非人間性を見事にいいあてているではないか。これまでの建築論、デザイン論が見逃してきたことをズバリいいあてている。人間が建築素材に過ぎないとしたら。なんと恐ろしいことか。

それはヒトラーの狂気が描いたことではあるが、事はそれだけではないような気がする。もしかすると、建築そのものがもつ魔術性が絡んでいるのかもしれない。

想い起こしたい。古代ローマ帝国の偉大さと栄光は、建築物に立ち現れていることを。現存するローマ建築（凱旋門やパンテオン）などは、いまも不滅性を保っているではないか。ヒトラーは、第三帝国の建築物が、新時代のシンボルとして後世に残ることを願ったわけだ。

この『ベルリン日記』は、原題は「カイザーホーフから首相官邸へ」という。ゲッベルスはヒトラーに負けない演説の名手だった。この『日記』は、在野のヒトラーが大統領ヒンデンブルクに代わって首相の座につくまでを辿った。

ではなぜ草森はこの「日記」に拘ったか。訳は簡単だ。そとからは見えない本人の素顔・実像や隠れたものがそのまま立ち現れているからだ。草森はいう。「稀代の宣伝人間の内的構造」がここに描かれているという。その〈内的構造〉の実体を幾つかあげている。ドイツ国民をひたすら〈大衆化〉として把握し、さらに〈物の群〉とみていることにあるという。

草森はゲッベルスを評して二つの能力があるという。〈人に心酔させる力〉とそれと背中合わせにある〈批判の反動〉だ。さらにいえば、あらゆるものをプロパガンダに利用する先駆性もあるという。なんと仲間の党員の葬儀まで「政治祭典」とした。またどんなに窮地となっても、マイナス状況を逆手にとり〈勝利〉をめざしたという。

そのためにプロパガンダ総体を牛耳る組織「宣伝省」を設置した。この「省」は、単なる省ではなくなる。「世界部」となった。目的はただ一つ。あらゆる方法を駆使して、国民を〈物化〉し、人間的感覚を根こそぎ奪い〈総凌い〉することだった。

まさに宣伝屋ゲッベルスは、現代に通じる宣伝システムを創出し、それを悪魔的に活用した「最大の広告屋」ともいえる。敵対する思想たるマルクス主義や批判的新聞などを分析して、大衆の心を把握するために積極的に応用した。草森は、怜悧な分析眼でこういう。表面的には独創的にみえるが、そこには〈もどき〉の手法があるという。「その敵対者のやり口を強烈に模倣し、その強烈さを倍増させて〈もどき〉を超える」と。たとえばナチスが集会などのポスターの色を赤にした。この赤は、本来ナチスに敵対するボルシェヴィキの赤だった。

新しいシンボルも積極的に活用した。スピードの王者たる飛行機やオープン車を活用した。それらに乗るヒトラーの雄姿をあえてみせた。さらにイメージ戦略を全面的に展開した。映画、雑誌、ポスターなどのメディアを研究し、宣伝のための奴隷とした。

草森の文筆は、執拗かつ精緻だ。その反面、読者への配慮も忘れていない。文章の上欄に、小見出しをつけ、本屋で立ち読みしても目がすぐにそこに行くようにした。

7　ゲッベルスとフルトヴェングラー

『絶対の宣伝　ナチス・プロパガンダ一　宣伝的人間の研究　ゲッベルス』（文遊社、二〇一五年）を取り上げたい。

私がこの〈ゲッベルス研究〉で一番関心をもったのは、〈宣伝大臣ゲッベルスと指揮者フルトヴェングラー〉だった。草森はクルト・リースの『フルトヴェングラー』（みすず書房、一九六六年）を読み、その内容に違和を感じる部分があったという。リースがこの音楽家を〈純粋芸術家〉として位置づけ、さらに〈不正の犠牲者〉として規定することに心が騒いだ。

草森はこれまでのフルトヴェングラー観をひっくり返した。どういうことか。それはナチスに協力したことで戦後になり音楽界から追放された、つまり犠牲者（受難者）フルトヴェングラーではなく、〈宣伝相ゲッベルスが芸術家フルトヴェングラーといかに戦ったか〉という、これまでとは全く逆な視点から論じたのだ。

これはかなり暴逆な方法といわねばならない。しかしあえてそうして見ることで、これまでの見解を一度ゼロにした。いかにも草森らしいこの暴逆という逆視点。ただ政治論と絡む時、この方法論は最大の効果をみせないようだ。なぜなら政治論においては、文学や文化論と違って〈逆理〉や〈レトリック〉を武器として駆使しても、その本質を根底から解析できない部分があるからだ。

草森は、純粋芸術家フルトヴェングラー像に楔《くさび》を打ち込んだ。ナチス政治に対峙するその姿をみて、その弱さを指摘する。その姿を〈おぼっちゃま〉などとやや揶揄《やゆ》的に描いている。さらに草森は、ナチス台頭期における知識人や芸術家の見識の薄弱性を鋭く突いた。フルトヴェングラーは、ナチス政権の正体を掴みきれていないとバッサリ切り捨てている。〈狂気の革命〉が起こっているという〈見透した目〉をもっていないというのだ。

先を急ごう。ではこの逆視点は成功したのか。それともうまくいかなかったのか。これに関する答えは、簡単にはでてこない。いうまでもなく「芸術」と「政治」は、古くて新しい問題だ。いつの時代も、両者には弾圧と抵抗の歴史が存在した。

いうまでもなく芸術家は、権謀術数を駆使する政治家ではない。あくまで芸術のため生きることを願っている。だからフルトヴェングラーにとって、優れた音楽演奏には優れたユダヤ人演奏家の存在が不可欠だった。だが悪魔的な権謀術数家（いや謀略家というべきか）たるゲッベルスは、そうしたフルトヴェングラーの願いをうまく利用しながら、あの手この手を使いながら罠を巧妙に仕掛けたのだった。

フルトヴェングラーは、まんまとゲッベルスが仕掛けた蜘蛛の巣にかかっていく。草森は、それを具体的にあげている。フルトヴェングラーはヘルマン・ゲーリングの指令もあり国家の組織の中核たるプロイセン枢密顧問官に就任する。さらに帝国音楽院副総裁につく。大衆からみれば、それはナチスの一員になったことを意味した。

またある時はヒトラーと握手させ、また演奏会でのフルトヴェングラーの挨拶を巧妙にプロパガンダに利用した。前列にナチス幹部が坐り、その後ろに市民が坐った。フルトヴェングラーは演奏開始の前にお辞儀をする。その瞬間をカメラがとらえる。

するとどうなるか。写真ではナチス幹部に丁寧に首を下げるフルトヴェングラー像が造られた。ゲッベルスの毒牙は、それほどまでに巧妙だった。フルトヴェングラーは、戦時中のナチ協力を疑われ、演奏禁止処分を受ける。が、一九四七年に「非ナチ化」裁判の無罪判決をうけ、音楽界に復帰した。ようやく悪夢から解放されたわけだ。

私は犠牲者（受難者）フルトヴェングラーという見解には、全面的に与するものではないが、〈宣伝相ゲッベルスが芸術家フルトヴェングラーといかに戦ったか〉という草森の作戦（もくろみ）は、その前提からかなり強引であると感じた。

ただ〈宣伝相ゲッベルスが芸術家フルトヴェングラーといかに戦ったか〉という逆視座から、全てを見直してみることで、これまでとは違う景色もみえてきた。たしかにフルトヴェングラーの対応の甘さやこれから起こる狂気的仕業に対する〈見透した目〉が弱かったかもしれない。

しかし、あのドイツの政治状況下において、どれほどの人が〈見透した目〉を持ち得ていたであろうか。はたしてフルトヴェングラーが、音楽家として積極的にナチス政権が進める政策に賛同し、体制賛同者として尽力したのであろうか。そこまではっきりと言い切ることが可能であろうか。それはかなり難しい。『絶対の宣伝二』の「解説」でドイツ文学者池内紀がいみじくも指摘しているように、どうして「思想《デンカー》と詩人《ディヒター》」の国民が、「死刑執行人《ヘンカー》と裁判官《リヒター》」の民になり下がったのか、大きな「謎」でもあるからだ。ひとついえることは、それほどまでにナチスのプロパガンダは全面的で、巧妙で恐るべきパワーを体現していたということだ。

8　煽動の方法

私からみて、ナチスのプロパガンダは、「新しい宗教」となり、国民を熱烈な信仰者へと変貌させたのだ。このことを分析した、さすが草森という表現がある。ヒトラーの記号化された象徴を論じつつ、〈カリスマは、受け手によって記号化された幻想のかたち〉だという。ナチスのプロパガンダの魔力は、まさに〈受け手によって記号化された幻想のかたち〉と同体化するのだ。これは大衆の無意識を全支配することでもある。

三冊目となる『絶対の宣伝三』では、「煽動の方法」を考察した。一四の項目を個別にとりあげて考察する。一四の項目とは、「制服のデザイン」「シンボル一　ハーケン・クロイツ」「シンボル二　勲章」「ヒトラーの演説」「スローガン」「デマ一　流言蜚語の波」「デマ二　ヒトラーの暗殺事件の場合」「選挙運動」「行進」「新聞統制」「焚書」「血と名誉」「葬儀」「負け戦さの煽動」。最後に跋章「飽和空間と官能」が置かれている。文遊社版には解説に長谷正人の「空虚な自己宣伝としての政治運動」が付加された。

最初に跋章「飽和空間と官能」に触れる。余禄物にみえるがちがう。草森は一冊の本との出会いについて言及する。鶴見祐輔（政治家・著述家）の『欧米大陸遊記』（昭和八年）だ。その内容は、意外な事実を提示した。なんと鶴見が一九三二年に、ベルリンでゲッベルスと会っていたのだ。さらに総選挙前に開催された大規模なナチス集会（シポート・パラストでの）を目撃した。そこには会場のキャパをこえる観衆が集った。その数一二万という。さらに四万の突撃隊もいた。この集会は、ひたすら「待つ」集会だった。ゲッベルスが三時間遅れで登場。さらに遅れてヒトラーが飛行機で登場した。

この政治ショーを目撃して鶴見はこんな言葉を吐く。「それが青年独逸の偶像ヒットラーだ」と。鶴見の感情過多な現場リポートのような文に、草森は「熱血体」だと感心する。ゲッベルスとのインタビュー模様を載せた。ゲッベルスは、集会を振りかえりつつ、こういった。〈ヒットラー信者の熱情〉といい、〈国民の救主としての使命に対する信仰〉とのべた。帰国後鶴見は、ナ

『絶対の宣伝　ナチス・プロパガンダ3　煽動の方法』（文遊社、2016年）

チスが多くの焚書という暴挙を実行したことを知る。その無謀さに〈ヒットラー没落の日の遠からざること〉を直感した。

ではこの焚書事件を草森はどう見たか。こんな感慨を漏らした。ゲッベルスは「焚書」を「異常」としてやったのではない。むしろ大衆を煽動するため、「祭典の一環」として「ケレン芸」や「象徴」としてやったという。

ここにあるのは、焚書という言論弾圧を非難することよりも、ゲッベルス寄りの見方から、つまりプロパンダの戦術として冷淡に分析する眼だ。ただこの暴挙をゲッベルスの「勇み足」といういい方をして評した。草森の文脈からは焚書という言論弾圧への怒りが強く感じられないのが気になった。ここで草森は言論弾圧という言葉を使ってはいない。あえてその怒りを抑えつつ、怜悧に分析したのであろうか。

ただ私にはやや異和があった。なぜなら焚書とは、表現者にとり、いのちを奪われることに等しいからだ。草森は現代の焚書について言を広げている。その実相を突いている。〈国家権力による焚書などは、むしろ倖せとも思えるほどの洪水が洗っている〉と、いうのだ。それは水漬け、水責めであると……。

なぜこんなやや乱暴ないい方をしたのか。今の世には、つまり出版物の洪水という名の焚書、それが巷間では存するというのだ。これは草森流の論法である。ここで草森がいいたいことは何か。読者に目を醒ませと促しているのだ。そしてどれ位もうけ至上主義により良書が駆逐されているかに気付けと。国家権力による焚書も恐ろしいことだが、「表現の自由」の名の下に大量の紙とインクを用いて、大衆を煽動する〈下品の本〉などが出版されている方が罪深いと……。

別な視点から、この焚書問題に拘ってみたい。一章「焚書――炎よ、書物を呑め」を俎上《そじょう》にあげてみたい。私は知らなかったが、文学者ハインリヒ・ハイネは一八二三年にこんな予言的言葉を吐いたという。〈書物を焼くものは、早晩、人間を焼くようになる〉と。ナチスは焚書の際、学生や大学教授を動員し、広場を利用した。火は赤い血となり、人の心の中に入りこんだ。草森は焚書一覧をあげている。その中には、アンドレ・ジイドやヘレン・ケラーの本もあった。

草森は、こんな分析をした。抑圧を体内に抱えこんだ〈燃えやすい学生の生理〉を扇動したと。これは中国の文化大革命の時と同じ風景だと洞察した。

最後に「焚書――炎よ、書物を呑め」の結語を記しておきたい。火の舌は、ゲッベルス自身に伸びてきた。そしてゲッベルスは、妻と共にガソリンをかぶって死んだ。赤い火の舌に呑まれたのだ。ハイネの〈書物を焼くものは、早晩、人間を焼くようになる〉という予言は、まさにゲッベルスの身に起こったわけだ。

こうして少し四冊本と付き合ってみて、言い知れぬある鬱積する感慨が湧いてくる。ますます国や企業はプロパガンダを駆使して、私達の足元から巧妙な罠をはり巡らし、意識の深部にまで入りこんでいるのではないか。そして〈焚書〉という現象は、電子社会やAI社会が進行する中で、かたちをかえて現在にも生起しているのではないかと。私達は至るところにはりめぐらされた監視の眼により〈焚書〉ならぬ、つまり〈焚心〉という情況にさえあるのではないかと。

それに抗してゆくためには、なによりも〈心の空洞化〉〈脳の空洞化〉を避けねばならないのだ。そして〈書物を焼くものは、早晩、人間を焼くようになる〉という言葉をしっかりと噛みしめていかなければならない。

コラム5

『中国文化大革命の大宣伝』
——紅衛兵を巡って

　これまで草森紳一の著作物の踏破を目指してきたが、完全踏破は先のばしにして、ひとまず休止したい。休止の前に最後に気になっていた、もう一つの赤い本『中国文化大革命の大宣伝（上下巻）』（芸術新聞社、二〇〇九年）と向かいあうことにした。

　草森に関われば関わるほど、その多様性に驚き、さらにひとたびその著作物を繙《ひもと》こうとすると、その部厚さの前に躊躇することしきりだ。

　そんなことでやや軽くなるが、コラムのカタチにしてこの本を読みこなしてみたい。その中から、〈紅衛兵を巡って〉に焦点をあて

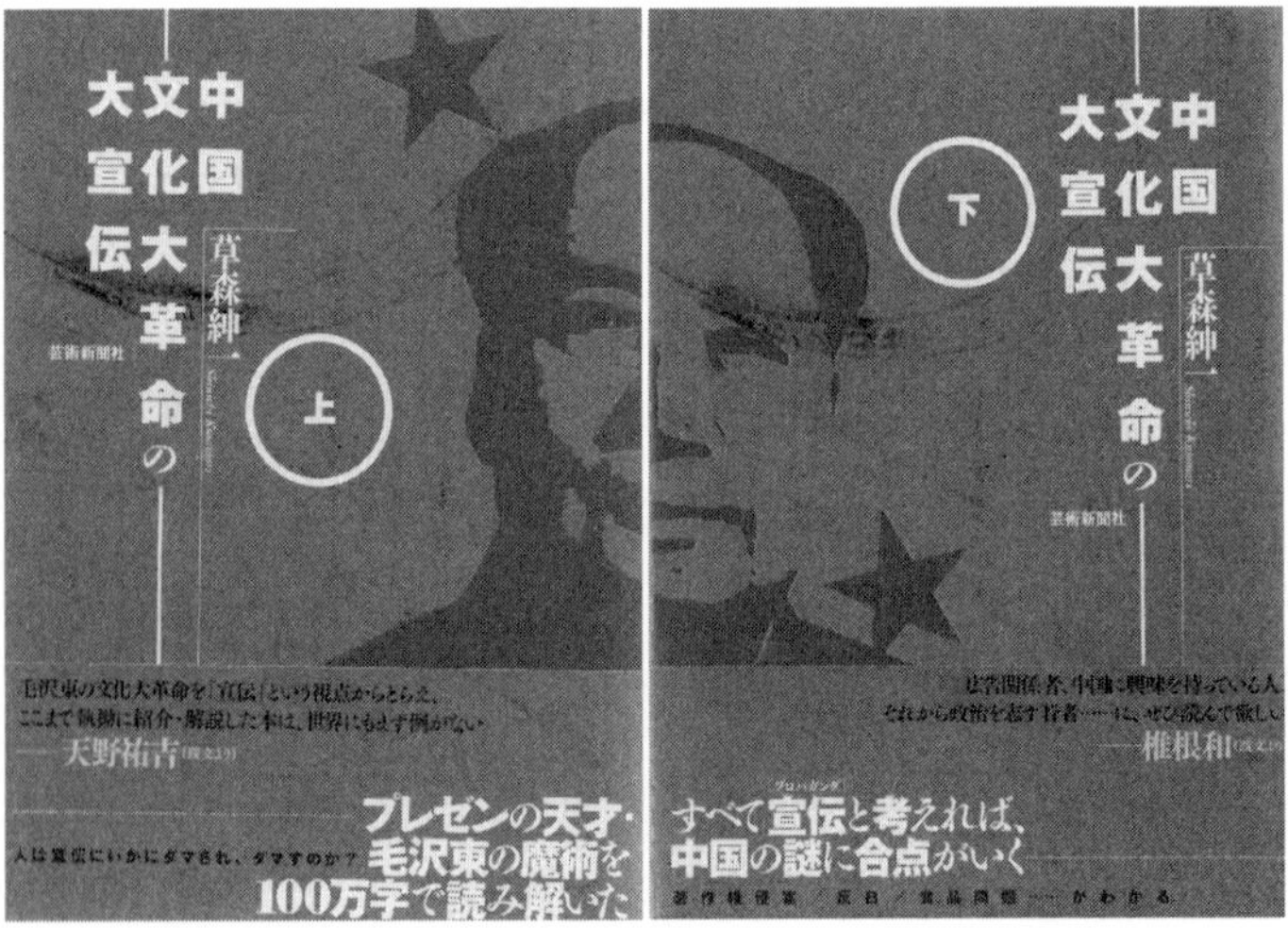

『中国文化大革命の大宣伝（上下巻）』（芸術新聞社、2009年）

て短く書いてみる。先に断りをいれるが、試行以前の試行となることを許してもらいたい。

草森の「病」の一つは、プロパガンダへの拘りだった。「病」は、時として魔力となり、彼の筆をゆり動かした。今度はナチス・ドイツから転じて中国の文化大革命だ。

この本の宣伝文句は、文化大革命や毛沢東に負けない位凄い。草森を〈最後の〝文人〟〉と讃えつつ、〈プレゼンの天才・毛沢東の魔術を100万字で読み解いた〉〈人は宣伝にいかにダマされ、ダマすのか?〉〈数ある名小説よりも、よっぽど人間を見通している〉と。さらに〈魂心の宣伝論〉と締めた。

この大論考は、『広告批評』に連載した。一一年間のロング連載だった。連載は、一〇八回を数えた。この本は、彼の死後に出版された。どうも加筆・修正も考えていたようだ。

読みながら、ナチス論と比較してみて、論述の仕方や文体が読みやすくなっていた。そこには中国文学の徒として、これまで蓄積した厖大《ぼうだい》な知（詩文・書・文学・歴史）がエンジンとなり絶大な効力を発揮したようだ。その資料文献の探査力や読解力について、下巻で〈跋文〉を書いた椎根和（編集者）は、〈英国情報局の最優秀分析官のレベル〉と讃えているほどだ。

この椎根は、この〈跋文〉で草森から聞いた仙人話に触れていた。とても興味深いので紹介する。草森によると、仙人にもランクがあり、一番位が高いのが「市隠《しいん》」という。繁華な街の片隅に住み、いざ筆を執ると国を救うような詩を書くという。初歩的な仙人こそ、深山に棲家をみつけるのだという。まさに東京の繁華の片隅で、国の行方を憂いながら、「市隠」として生きたのが草森仙人だった。

そうだ、草森は世にいう知識人を信じていなかったわけが、ここから読み取れるのだ。エセ知識人という人種は、ときとして有為転変する世（政治）を渡るために、カメレオンのように大きく変位することがある。だからあまり信じていなかった。それよりも「市隠」として、変動するものに心を騒がせずに世をひたすら達観した。それが仙人たる「市隠」の生き方（流儀）であった。

もう一つ気づいたことがある。この精緻な二冊本は、中国に生起した文化大革命に関する論に留まることなく、世界史的大事件を余すことなく考察した一大ドキュメントであると。これまでこの革命について書かれた資料（中国・日本・欧米）を咀嚼《そしゃく》した。その生き生きとした描写は、まさにその現場にいるような感覚にさせてくれるのだ。

当然にも、この文化大革命には、これまで中国が歩んできた歴史、それを形成した鉱脈の一つ一つ、つまり文化、宗教、言語、思想、文学、民族、王朝史、権力構造などが複雑に絡みながら立ち現れているのだ。そのため読者は厖大な知のサポートが必要となるのは必然となる。

でもそうした精緻な知の助けがなくても、この本をよめば、すぐさま世紀の大事件に立ちあうことができるのだから、読む労を決して惜しむべきではない。

いうまでもなく、中国は、漢族が九割で、少数民族が五六を数える多民族国家だ。毛沢東は、一九四九年の建国にあたり、少数民族の糾合《きゅうごう》を企図し五五に整理した。最近の調査によりジノ族が入り五六となった。

現在、毛沢東が行ったこの分類が科学的であったか問題となっている。それはなにか。この五五から除外された少数民族がたくさん存在するという。そこには蔡家人やモソ人などがいる。彼らは自分の言語を奪われ、「中華民族」の中に組み込まれた。

広大な国土と多民族性。それをまとめていくことは奇跡にちかいともいえる。支配し、統治するためには強力な権力装置が必要となるのは必然だったともいえる。

世界史上、初めて皇帝を名乗ったのが秦の始皇帝であることは、まさに古代からこの地を治めるためには絶対的な権力が必須であることを物語っている。ただいつの時代も、そこに住んでいた少数民族は抑圧されていったことになる。

先にも述べたように、全てのテーマをこのコラムの中で触れることはできないので、特に関心を抱いた事柄に絞って短くのべておきたい。

まず毛沢東神話はいかに作られたか。その神話形成のシステム、つまり草森がいかにそのプロパガンダを分析したかみておきたい。まず毛沢東は水泳大好き人間だった。毛沢東の「長江遊泳」がオモシロイ。草森は、毛沢東の趣味や健康法である水泳さえも、政治に利用し、プロレタリア文化大革命序奏の一大キャンペーンに組みこんだという。毛の、原爆兵器に関する感覚麻痺を指摘するのが、〈原爆は張り子の虎〉である。どうも毛沢東は、原爆の非人道性や残酷性を深刻に考えていなかったようだ。そのためか、〈原爆は張り子の虎〉という発言をしたという。

毛の実像はどうか。毛は封建的な「旧」を脱することを革命の目的としたが、一方で中国の詩華を愛した文人でもあった。みずから詩を書にした。時に唐の詩人李賀を愛した。草森は、毛の詩には、李賀の影が立ち込めているという。また書斎人としての相貌もある。書物を愛しベッドの上にもたくさん積まれていたという。

さて文化大革命というイメージと切り離すことができないのが、紅衛兵の存在だ。ナチスにおける親衛隊にちかい。草森は、この紅衛兵を孫悟空に例えた。ただこれは草森の独創ではない。紅衛兵たちが、発足時にすでに自らをそう名付けているのだ。

その部分をこの本から引用してみる。「革命者は孫悟空である。金棒を振りあげ、その神通力を発揮し、法力を使い、旧世界をくつがえし、人をひっくり返し、こっぱみじんに打ちくだくのだ」。

なんということか。革命者は、孫悟空であるという。共産主義の思想による革命を推進する輩が、真逆ともいえる神秘的パワーの体現者（孫悟空）を引き合いにする。さすが中国人だ。これが烽火となり、各地に紅衛兵組織が結成され、ブルジョワ反動路線を攻撃した。ここでも草森は、この若き少年たちをみて、ヒトラー・ユーゲントを想起し、ドイツにおけると同じこと、つまり若者の「純粋」さが政治の渦の中で利用されていくことを危惧した。紅衛兵の存在が世界に認知されたのが一九六六年八月十八日。天安門広場で開かれた「プロレタリア文化大革命祝賀百万人大集会」だった。

宣伝体

★毛沢東の「長江遊泳」 10
★原爆は張り子の虎である 20
★桃園のネックレス 30
★思うツボ——針刺麻酔手術 61

紅衛兵

★孫悟空《こうえいへい》、旅に出る——全国経験大交流 72
★私は宋彬彬《スンピンピン》と申します——毛沢東の紅衛兵接見 82
★見えた！見えた！——紅衛兵の毛沢東一見 92
★兵隊に扮した俳優ばかり——聖地巡礼 103
★赤はゴー、青はストップ——四旧打破（上） 113
★死者には棺桶を用いず——四旧打破（中） 123
★コレクターは吸血鬼——四旧打破（下） 134
★三角帽のフォークロア 144
★飛行機にのせろ！ 155

『中国文化大革命の大宣伝（上巻）』（目次の部分）

毛沢東は彼らと接見した。それが大々的にテレビやラジオやニュース映画で、つまりマスメディアで宣伝された。草森は、このプロパガンダの恐ろしいまでのパワーについて、それを見た者は、そうした機械仕掛けによりあっという間に〈感激人形〉に変質していくと表現した。

ただよく知られているように、多くの若き集団・紅衛兵達は、のちに政治の変容により切りすてられ、〈下放《かほう》〉され辺境へ追いやられた。

現代の孫悟空たる紅衛兵の行動で忘れることができないのが、彼らが始めた大字報、つまり壁新聞である。造反有理の道具となった壁新聞。これについて、草森は下巻の〈壁新聞〉の所で詳しく論じているので、それに触れておきたい。草森は、この壁新聞を相撲に譬えて横綱大関に続く三役であるという。数万枚が臨書のように現場で書かれ、毎日貼り替えられた。

書字にも関心がある草森は、肉筆による魔力の凄さに着眼する。文字に内在する力や雄渾な筆の力に目を置いた。もともと文字は〈血の踊り〉〈生命のあかし〉、そんな〈なまなましい〉ものという。それに墨の魔力が加わる。ここで草森は、「墨痕淋漓《ぼっこんりんり》」という言葉を用いた。それは本来、水や血や汗が溢れる様をいう。

だから朱による字は、まさに血で書かれた様に生々しくみえた。ある種の前衛書の類もあった。知っているであろうか。中国のもう一つの相貌たる『人民日報』（中国共産党中央委員会の機関紙）の書体（簡体字）は、毛沢東の手によるものだ。つまり現在の中国も、毛沢東の書字の魔力下にいるわけだ。

第7章　ナンセンスの冒険

1　〈草森的偏愛美術史〉

『日本ナンセンス画志』（大和書房、一九七二年）は、かなり密度の高い日本美術論集だ。ここにはいくつかの新奇な視座がこめられている。〈ナンセンス画志〉とあるが、少々広告的にいえば、〈草森的偏愛美術史〉あるいは〈隠れたもう一つの日本美術、その謎に迫る〉〈奇異の美術を探る〉といっていいかもしれない。

　主題の選び方や論考の進め方など、『奇想の図譜』をかいて、日本の美術史にすっかり埋もれていた伊藤若冲《じゃくちゅう》や曽我蕭白《しょうはく》を見出した辻惟雄の仕事を彷彿《ほうふつ》とさせる。

　草森は、奇想といわずに〈ナンセンス〉と別な符丁

『日本ナンセンス画志　恣意の暴逆』（大和書房、1972 年）

をつけた。〈禅、ナンセンスを目指す宗教である〉という、こんな名言（迷言！）が飛びだしてくることもある。難しい禅の境地（法語でもある）を示す「明鏡」「無想定」「八面玲瓏」「無碍通達」「鉄樹開花」などは、まさにナンセンスの類縁語というわけだ。

また画家といわず、画志とつけて、その絵の精神性の系譜に力点をおいた。副題に「恣意の暴逆」とつけた。これも草森らしい。自ら『序』でのべている。〈恣意〉という言葉が、もっぱら「悪罵の評語」と化しているのを救うためであると。

ではどこからこの〈恣意〉を引っ張ってきたか。出典を司馬遷《しばせん》の『史記』にもとめた。その『史記』の自序に「周室すでに衰え、諸侯、行を恣《ほしいまま》にす」とあり、そこには〈秩序を乱す〉の意があったという。

草森は、それを踏まえて、まさに〈これぞ草森〉という論理を展開する。〈秩序〉を是《ぜ》とする思考があるから、〈恣意〉は否定語となる。とすれば〈秩序の道理〉がない状況には、〈恣意〉は存在しないということになる。

さらに中国の古典文献から〈恣意〉を探しだす。『列子』の「周穆篇」から、〈宮観に遊燕（宴）して、意《こころ》の欲する所を恣にして、その楽しみは無比である〉を見出した。しかしである。現実世界では、そうはいかない。つねに秩序や規範に縛られているため、無比の楽しみは非現実な〈夢の中〉でしか味わうことができないことになる。

つまり草森は、〈恣意〉という概念を〈ひっくり返す力〉として読みかえて、日本の絵画史を通観するという画期的なことに挑んだ。画家達の古典や旧規範の〈ひっくり返し〉の営みを、〈恣意の暴逆〉と名付けたことになる。とすれば、画志の中に、〈恣意の暴逆〉の意志を見出そうという試みでもあった。

佯狂という言葉がある。草森が良く使っている。これもまた草森の思考回路を探る上でも鍵語となるもの。〈佯〉とは、〈いつわる〉〈あざむく〉〈さまよう〉のこと。そして佯狂は、〈常軌を逸したふりをする人・こと〉を指す。世を〈あざむき〉ながら、ひとえに狂のふりをして、そこに〈真実〉を隠すことになる。

この佯狂は、宗教の世界では、俗世の事柄に煩わされずにひたすら神仏に仕える者、つまり聖人となり、人々から崇敬をうけることになる。

まさに草森は自分を佯狂の人として認識しながら、これまでの美術史を〈ひっくり返し〉ながら、同類の佯狂人やその精神が宿った作品を探す旅にでたわけだ。

草森は、こうしてこれまで、他の人が辿った方位を排して、全く別な位相から、もう一つの日本美術史を築こうとした。それは途轍《とてつ》もなく革新的であり、誰もが注視することがなかったベクトルからのアプローチだった。

まず目次の一部を紹介する。〈「鳥獣戯画」見る阿呆と踊る阿呆〉〈「地獄草子　餓鬼草子」グロテスク模様の雄飛〉〈「信貴山縁起」阿呆の技術〉〈「伴大納言絵詞」見苦しきものへの懲罰〉〈「平治物語絵巻」ハードボイルドな目〉〈「一休宗純の書」踏み迷うべき道もなし〉。表紙や装画は、現代のナンセンス画志の一人たる井上洋介だ。

草森はこれらのテーマと格闘した。こうなると、まさに佯狂人をこえたスーパー佯狂人の業となった。〈ひっくり返し〉の業どころか、日本美術史の根底からの問い直しである。この果てしない知の彷徨。このエネルギーには驚かされる。この壮大な〈ひっくり返し〉の作業を、雑誌『芸術生活』（昭和四五年一月号から昭和四六年四月）で展開した。伝統的な美の検証を行う『芸術新潮』でなかったことがミソだ。当時、『芸術生活』は、『芸術新潮』のアンチテーゼ的存在だった。オーソドックスな美から外れた、いわば〈周縁〉の美をフォローした。書き手もかなり棲み分けされていた。『芸術新潮』では、高名な評論家や学者・研究者が多くを占めていた。『芸術生活』の方は、芸術雑誌としては新参者だったので、若手の書き手も筆を握り、斬新な視点を大胆に提示した。まさに草森にとって格好の場であった。

『芸術生活』の連載は、いつものように当初よりはみ出し一六回となった。どうもこの書は、『ナンセンスの練習』（晶文社、一九七一年）と姉妹編となるようだ。他書にも、このナンセンスな視座が生きている。だから草森は〈ナンセンス小父さん〉なのだ。

私が気になったことがある。この〈ナンセンス〉をどう分類したかである。こう分けた。絵の内容そのものがナンセンスなもの。他方は画工の目がナンセンスなもの。前者には、「地獄草紙」や、後者には「川合玉堂」や「渡辺崋山」らがあてはまるという。

それにとどまらない。つくる側の目、その作品を見つめる側の目の作動にも着眼した。一休の書には、画工がナンセンスの立場に立つことで生まれてくるものが存するという。草森にとり、一休の書は「生き方」の脱糞《くそ》に過ぎない、と突き放つように言い放った。

さて〈ナンセンス小父さん〉の目の作動を丁寧にみてみると、〈ナンセンス〉に広角性や多様性（つまり幅）を持たせているのがわかる。文中からその定義や説明を探しだしてみる。かなりの数となる。あくまで基本は「恣意の暴逆」だ。さらに「狂気の目」「白痴の目」「惣身の目」（総身の目のこと）を指摘する。それらをこう説明する。〈個という思議分別の向こうがわに転りこんでいく手段〉であると。

画工や鑑賞者を問わずに、目の主体は〈私〉〈個〉である。この〈私〉〈個〉とは何かに拘りながら、その意識の発生を考察しているのだ。

いうまでもないが近代以降、思考する自我や明敏なる理性を大切にしてきた。しかし、草森はその思考する自我を脱ぎ捨てることから、新しいものが蠢いてくるというのだ。とすればさらに美術だけでなく、ナンセンスや佯狂を刀にして日本の近現代文学や思想史をバッサバッサと解剖していったら、間違いなくこれまでにないものが生まれてきたにちがいない。それにチャレンジしてほしかった。それをぜひ読んでみたかった。

草森は、本書では話者として〈私〉を用いながら、〈私〉を消そうとしているのだ。けっして難しく感じることはない。作品の中へ、〈私〉が溶けこむことが起こるのだ。

そこに絶対的な時間が立ち現れる。画工が誰で、主題が何で、見ている自分が誰か、そんなことが一切無となり、掻き消えてしまう。そのことを草森は、〈自分が溶けてしまう〉といういい方をした。そしてそこでは、より狭い〈個〉を超える契機になるというわけだ。

もう一度、本のタイトルと副題を考察する。どうも草森は〈ナンセンス〉を〈恣意の暴逆〉の同義語として捉えていた。だから同義反復をあえて行ったようだ。ただ私見によれば、〈恣意の暴逆〉だけで充分であり、この方がやはりスッキリするのだが……。

この〈恣意〉という言葉を、いま一度噛みしめてみる。草森という作家は、一見すると特異な感覚の持ち主にみえる。しかし、それは巧妙な自己仮装だ。むしろかなり意識して、全ての事象を裏側からみているのだ。そんな洞察の眼をもっていることに気づく必要がある。

つまり定説となっていることを一度ゼロにして、そこに隠されているもう一つの真実を見出しているのだ。〈かなりの臍曲がり者〉と自己卑下しているが、それはあくまでカモフラージュだ。それでもよくこんなに暴逆三昧に考えられるものだと、あきれるばかりだ。

2　禅僧白隠の恣意

ここでは、草森が名付けた恣意の画志達、その全ての群像を彫琢することはしない。いやできない。私の手にあまるからだ。それは別な機会に譲りたい。何をするかといえば、極私的に偏愛性を貫徹して、気になる作品と画志を数人に絞り上げてみたい。

まず近年、「奇想の画家」達に対する関心が高まり、その熱の照り返しにより、再評価が高まっている白隠《はくいん》（一六八五〜一七六八）を取り上げたい。

草森は、白隠の自画像とそこに頻繁にみられる円相を論じながら、〈わが瞳にてわが瞳を見る〉という、どこか歌の歌詞みたいな言葉を配した。

禅宗では、優れた師の肖像や書字は、残された者にとって尊厳なる師そのもの、さらに崇高な教えそのものとなった。つまり絶対的価値のある〈聖なるもの〉であった。その自画像は、白隠禅画といわれる作品の中でも特に価値がたかい。一〇点ほどの自

白隠の「大燈像」（永青文庫）

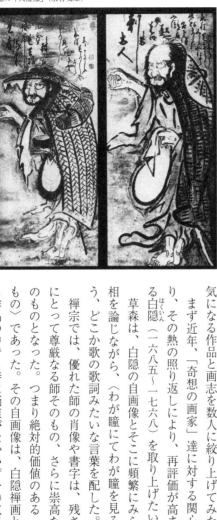

画像がある。

白隠禅画は、明治維新の廃仏毀釈《はいぶつきしゃく》や関東大震災や太平洋戦争により消失したものも多いようだ。消失作をいれると数万点あったかもしれないという。だから美術評論家山下裕二は、「白隠禅画、その空前絶後のど迫力」（『別冊太陽　水墨画発見』二〇〇三年、平凡社）で「鉄斎もピカソもびっくり、日本美術史上もっとも多作な人」という。

ただ白隠の自画像は、まるで違った。〈聖なるもの〉から外れ、異様をこえてグロテスクでもある。眼だけが、ギョロギョロ。そのでんぐり返った眼。戯画風にみえるがちがう。草森は、しかとその眼から、ただならぬものが宿った〈佯狂の眼〉を見た。ただ眼を閉じた八十歳の自画像もある。「円相内自画像」（永青文庫）がそれだ。私個人の好みでいえば、白隠禅画の中で白眉《はくび》なのは、「大燈像」（永青文庫）であろうか。大燈国師は、京都五条橋で物乞いの群に混じって修行をしていたという。それをみすぼらしい乞食として描いた。異様の極み、まさに恣意の図ではないか。

さらっと白隠の横顔を覗いてみてみたい。生誕地は、駿河国駿東郡原宿《はらじゅく》（現在の静岡県沼津市原）。こんなことがいわれている。駿河には、過ぎたるものが二つあると。富士のお山に「原の白隠」。まさに霊峰富士と比する存在という。

白隠は、臨済宗中興の祖といわれ、五〇〇年に一人ともいえる名僧でもある。いろいろな顔がある。「逍遥の僧」（全国の禅寺を訪れた。その数一六〇ともいう）「臨済宗中興の祖」「奇想の画家の先駆者」（辻惟雄は、そう指摘する）「禅病を病んだ僧」「独自な健康法を見出した人」（内観法という心的療法を広めた）「厖大な書画作者」（その数、一万点とも）「優れた禅の教育者」（現在の臨済宗の法系を築き、そこから多くの弟子が育った）。

さらにいえば彼の教えは、すんなりと民衆の心に寄り添った。草森もこの本の中で、言及しているが白隠の教えはなかなか面白い。かなで『おたふ女郎粉引歌』『安心法興利多多記《あんじんほこりたたき》』『大道ちょぼくれ』などを書き記し、民衆に分かりやすく教えを説いた。『大道ちょぼくれ』の〈ちょぼくれ〉とは、江戸期に盛んになった門付芸《かどづけげい》の一種という。音や舞をいれながら、調子よく早口でまくしたてることをいう。

一方で群をぬいた超人的僧にみえる。ここで白隠のもう一つの像を探ってみたい。特異な感性力の持ち主だった。最晩年にかかれた自叙伝『壁生草《いつまでぐさ》』や弟子の手による『白隠年譜』などによると、特異な才に恵まれ、ひときわ感受性の強い子であったことがわかる。

まず幼児期のある体験に注目する。はじめ名は岩次郎といった。四歳の頃、村歌三百以上を暗唱した。十一歳の頃地獄の話を聞き、心身に深く怖れを感じた。いらい地獄から逃れる道を探す。十五歳で出家し、慧鶴《えかく》となる。

その求道の誓いは凄い。「若《も》しこの肉身にして火も焼くこと能《あた》わず、水も漂わすこと能わざる底《てい》の力を獲ずんば、設《たと》い死すとも休《や》まず」（「白隠年譜」）。この肉身に、火でも焼くことができず、水の漂わすことができないほどの力を得なければ、たとえ死んでも修行をやめないという。

私なりに白隠の実生活を辿ってみて、驚いたことがある。松蔭寺《しょういんじ》（駿河）で、宝永の大噴火、つまり富士山の噴火を体験しているのだ。当然にも身を震わす激しい揺れがあったと思うが、坐禅の座から離れなかったという。

二人の師について触れておきたい。草森には、師についての詳しい言及がない。白隠を知るためには、要《かなめ》になる人物なので少し触れておく。信州飯山の正受《しょうじゅ》老人から、うぬぼれを砕かれ、骨の髄まで染み渡るほど禅の本質を教えられた。しかし悲劇が襲った。悟りどころか、それが負の力となり厳しい精神異常の状況に陥った。どうもそれは禅そのものに基因する病だった。書物には〈禅病〉とあるが、ある種の極度のノイローゼであろうか。

その悩みを抱えて、京都白河山中に赴き白幽真人に会う。この白幽真人からは、内観法を教わり、危機を脱する契機となった。このことは『夜船閑話《やせんかんな》』に記されているが、実際はすでに白幽真人は亡くなっており、フィクションのようだ。その後、三十二歳の白隠は、駿河の松蔭寺に入る。

ではこの宗教者が後世に残したものとは何だろうか。研究者は、こんな指摘をする。近世禅の確立者であり、優れた著作活動を行ったと。実際に『坐禅和讃』などを著している。

その『坐禅和讃』には、「衆生本来佛なり、水と氷のごとくにて、水をはなれて氷なく、衆生の外に佛なし、衆生近きを不知《しらず》して、遠く求むるはかなさよ、たとへば水の中に居て、渇を叫ぶがごとくなり……」とある。白隠は放浪と苦悩の涯に、水と氷の譬えをしながら〈衆生の外に佛なし〉と教えるのだった。つまり水をはなれて氷がないように、なんの不思議もなく〈衆生の内〉に仏があるという。自分の内にこそ、仏が存するという真理を多くの人達に説いた。

3 小川芋銭の恣意

草森の文は、いつも飛び抜けた発想で、読む者を唖然《あぜん》とさせる。読んでいくと、いつの間にか順路から外れ、逆路に迷いこまされることになる。それに加えて、独創的な視座という霞がかかり、さらに行く手はみえなくなること、しきりだ。

恣意にみちたナンセンスな、無頼な世界を描いたのが小川芋銭《おがわうせん》（一八六八年～一九三八年）だ。家系はとてもいい。元は、牛久藩の武家に属していた。明治の世になり没落する。しがない無名の一農村画家となる。

芋銭は、社会的意識を掻き立て、改進党の尾崎行雄の推挙を得て「朝野新聞」に入社する。そこで画才をいかして、ルポ風の絵や漫画を描いた。名を田舎風の芋銭とした。それは『徒然草』に出てくる、芋を好み、悠々とした生き方をした盛親僧都から採った。

さらに本格的な日本画家を志した。大正四年には平福百穂《ひらふくひゃくすい》や川端龍子《かわばたりゅうし》らと「珊瑚会」を結成した。その第一回展に「尾花の踊り」「蛭の血」「採蓴《さいじゅん》」など、第二回展には「春の巻」、第三回展には「森羅万象」「三人笑」「盤山肉案」を出し、横山大観や斉藤隆三らの推挙を受けて日本美術院の同人となる。厳しい自己精励者であったが、境遇に対して耐えられないほどの劣等感や、時代に対しては鬱積したものを抱えていたようだ。

さて草森は、「河童の画家」たる芋銭にいかなる〈恣意の暴逆〉を見出だしたのであろうか。

ここでも草森の筆は冴《さ》えわたっている。芋銭は、よく「十句観音経」を誦した。ある時は、楼上でそれを二〇〇遍、誦したという。そのため声帯は破れ、いつしか夜が明けた。その瞬時に、芸術三昧の境地に達した。

そうした至福なゾーンに身をおくことで、ちっぽけな自己を離れ、大きな〈宇宙〉と一体化した。草森は、この〈宇宙と一体化〉した時に、それとは全く対極にある「白痴的な風景画群」を生みだしたという。

いかにもこの〈白痴的〉の言葉が気になる。なぜそんな指摘をするのか、どうもそこにこそ草森の芋銭論を解く鍵があるようだ。

その実体を掴むためにも、その鍵を見出だすためにも、少々芋銭の作品を辿ってみたい。

草森は、芋銭の生涯を見渡して、特に大正一〇年からの四年間に〈興味ひかれる〉という。この前後の時期、芋銭はとても深刻な闇に覆われた。身体に重い病（神経痛や頭痛）の虫を抱えていた。その病という闇を見詰めながら、「樹下石人談」（一九一九）を生んだ。巨樹が妖しくそそり立ち、その下に彫られた人がなにやら話をしている。なんとも不気味な絵だ。

芋銭という画家は、病魔を抱えながら正統な画壇に背をむけ、自分の画境を懸命に探った。むろん芋銭の病には、自身の気質が大きく基因しているのであるが、それを増幅（悪化）させたのは正統な画壇との軋轢《あつれき》であった。

さらに別な病の闇が折り重なってきた。痔、貧血、尿の不通、身体の震えや衰え。それを知っても、草森は芋銭のこの境遇に対して同情しなかった。むしろ冷たく突き放した。〈冷たい〉といういい方は、誤解を生むかもしれない。草森は、基本的に感情にドライブされない気性の人なのだから。

草森は、晩年に病を負う中で、その心的態度をやや緩めることになるが、基本的姿勢は不変だった。それは何か。冷厳に、芸術家の境涯と作品を分離することだった。それを知らないと、非人間的、非情な人にみえるかもしれない。

草森はあえていえば、甘っちょろい文学臭い批評が嫌いだった。それを売りにするものを徹底して唾棄した。芸術家がどんなに重い病に罹患していても、どんなに精神が病んでいても、それはその人のこと。励まし、苦に寄り添うことはしないで、あえて突き放した。病者がその境涯を乗り越え、そこから何を造りだすことができるか、それにひどく拘《こだわ》った。

わかりやすくいえば、草森は、苦の極みでもある闇としての病があることで、これまでにない作品が生み出てくるとみた。それをその人が真の芸術家であるかどうかの分岐点とした。だからそれは〈非情の芸術論〉ともいえるものだった。

草森は、病者芋銭が生みだした「樹下石人談」を〈気味の悪い作品〉といいながら、そこに〈幻想の華〉が開いているという。さらに〈病いを超える〉ようなものがあるという。

この作品の後、芋銭は内心の危機を抱えながら、突破口をめざし東北・北海道を旅した。神世のような大自然。鳥が飛び交う姿をみても、三昧《ざんまい》体験は生起しなかった。未発見、未収穫の旅となったわけを、草森は〈発展の緒口をアイヌに見出だそう〉としたことなどが、災いしたという。（北海道人としては、この辺のことを調べてみたい気がするが、ここではそのままにする）

芋銭は、脚下の風景、日常にたち戻った。故郷牛久にアトリエ「天魚楼」を設えた。そこから異様な『水虎と其眷属』（一九二一年／クリーブランド博物館主催の日本美術院同人展に出品）ができた。水虎《すいこ》とは、中国の古書『本草綱目』に記されている水に住む妖怪動物のこと。日本では、河童と混在化した。人に害をなす恐ろしい妖怪。芋銭は、この河童は、牛久沼で生け捕ったという。本当だろうか。制作意図を芋銭がもらしている。妖気ただよう河童達を、アメリカ、つまり西欧人にみせたいという。

芋銭は、もともと西洋画を仰ぎみる風潮に嫌気を感じていた。東洋の美には、もっと根源的な〈無〉があり、より優っているという。それ以後も芋銭は、たびたび奇怪な河童や魑魅魍魎《ちみもうりょう》が跋扈《ばっこ》する絵を描いている。「水魅戯」（一九二三年）などは、その典型だ。水辺の空間、その不気味さがあたかも心の中で溶けていたようだ。

貧と病を抱えながら、「芸術」を追いもとめた。その狭間で苦悩した芋銭。そのことを作品から強く感じる。

芋銭は、五十歳を越えて死をより身近に感じた。それを〈非情の人〉たる草森は、〈自分を生きはじめた〉とみた。一時、芋銭は奇怪な夢を見た。画の中の全てのものが、全て天井へ向けて飛びだした。それだけ精神の亀裂が激しくなっていた。夢と幻想が一体化した。続く病の痛み、夢の中の奇怪な出来事。どうしてもそれらと馴染みながら暮らすことしかできなかった。

では草森は、芋銭にいかなる恣意を感受したのか。まず恣意につき、こんな見方をした。〈恣意の沼〉に身を投じるには、まず思いをものの中へ、そのまま飛び込むよりは他はないのだが、人はそう簡単に飛び込むことはできない。それをこえて飛び込んで、その中で泳いでいく行動と目のありかたが、〈恣意〉なのだという。その〈恣意の沼〉に身を投げたのが芋銭だという。

それは〈白痴の世界〉だともいう。なんという言説か。なんと分かりづらい言い方であろうか。〈その中で泳いだ行動と目のありかた〉を、恣意といういい方をした。これが鍵であろうか。あくまで〈泳ぐこと〉、その動作。そこから生起する〈目のありかた〉、これを〈視座の在り方〉〈思惟の方位〉といいかえてもいいようだ。

とすれば、マイナスの情況にあっても、たえず目を凝らして、そのただ中を生き抜いていく。私にはそんな意識的行動にも映るのだが……。いうまでもなくこの生き様。この〈目のあり方〉や〈視座の在り方〉、そのまま草森自身の思考の流儀とぴったりと重なってくるのだ。

私見に触れていきたい。芋銭にとって河童とは何か。まさに不気味な生物たる自己存在であり、人間そのものではないのか。

その河童絵は、一見して戯画化しているが、そこには他とは異なるかなり激しい自己凝視があるので

上；「水魅戯」（1923 公）—『小川芋銭展―震災後の目で、いま―』（茨城県近代美術館、2012 年）より
下；「水虎と其眷属」（1921 公）—『小川芋銭展―震災後の目で、いま―』（茨城県近代美術館、2012 年）より

はないか。その〈目のありかた〉が如実に伝わってくる。自己を河童と同一化する、その異様な姿を世に晒していく。絵にもそれを現存させた。そして自分の魂の故郷そのものでもある水辺空間、そこに棲息する魑魅魍魎と一体化した。

それらこそが〈恣意の世界〉ではなかったか。〈いつわる〉〈あざむく〉〈さまよう〉なかで時代を批評し、世人たちの暗愚性を戯画風の空間でひややかに揶揄《やゆ》した。だから芋銭の暴逆は、かなり濃度が高いのだ。そしてそこにみずからの内心を重ねてゆく草森という評論家の実像が隠れているのだ。

コラム6

素顔の地肌あり——トルコ紀行文

〈雑文の巨人〉〈東洋の隠者〉たる草森紳一。その隠者が、トルコで腰を抜かす程のオドロキを体験した。旅は、一九八一年十二月二十六日から一九八二年一月十日までだった。ここではその実相の断片を覗いてみたい。草森のこの小論は、『「穴」を探る　老荘思想から世界を覗く』（河出書房新社、二〇〇九年）におさめられている。カバーは草森が偏愛する井上洋介によるもの。

『「穴」を探る　老荘思想から世界を覗く』
（河出書房新社、2009年）

本全体は〈老荘思想から〉とあるが、このトルコ旅行記は、その思想に拠ってはいない。独立した内容をもっている。旅行記なのでとても読みやすい。辺境の地にあるカッパドキアの中核たるギョレメの谷、カッパドキアの谷。この地には、魔力が支配している。ではその魔力の正体はなんだろうか。

草森にとって〈知の地層〉たる本こそ、無限性が宿った聖地である。だから旅そのものに対して、至高の価値を見出していないようにみえる。あえていえば、無用の長といっても間違いではないかもしれない。私にとって、旅とは無性にいいものであり日常の空間からの逸

トルコでの草森紳一（写真・嵩文彦）

脱により獲得できる喜びと切り離すことはできないのだが……。

どうも詩人ボードレールが旅へと誘う声には、あまり耳を傾けないタイプだ。草森は、目的のない、ぶらりとした旅とは、あまり縁を結ばなかった。というのも、情報は本にあり、未知なものを調べるには、本の世界の中を旅すればいいのだから。

しかしこのトルコでは、やや事態はちがった。予想を覆《くつがえ》して、白旗を掲げるまでに奇観の大地は、悪夢のように取り憑《つ》いてきた。これまでみてきたどんな景観よりも、リアルで恐ろしく魅力を放っていた。身体的恍惚感に酩酊《めいてい》した。その点においても草森を深く知るためにも、このカッパドキアの谷での見聞は考察の価値がありそうだ。

さてタイトルは、「谷は隠者で超満員」とある。サブタイトルとして〈秘境カッパドキア紀行〉とつけられている。本文で〈昨年のくれ〉とあるが、くれから正月にかけての旅だった。同伴者は、写真家大倉瞬二、詩人嵩文彦。男三人による弥次喜多道中。この組合せはいかになったか。嵩に聞いた。当初は草森と二人だけでペルーのマチュピチュ行を計画していた。だがツアーが成立しなかった。別な所から大倉と草森にトルコ取材の依頼があり、嵩はそれに同行したという。

行程をみると、すぐトルコにはいかなかった。年末にトルコに入り、先にエーゲ海、地中海沿いに下った。次に内陸へ足をむけた。正月三日となった。

冬のカッパドキアと出会った。感慨が一変した。観光気分が青い空の彼方に掻き消えていた。なんと、そこには、草森が偏愛する「穴」があった。「穴」は、奇なるものだった。迫害を逃れたキリスト信者が隠遁した空間が口をあけていた。ここに一大隠遁都市が形成され、地下までそれは続いていた。

少しどんな場を訪れたか羅列してみる。ヒエラポリス、コニヤ、ギョレメの谷、チャブシュン、ゼルベ、アヴァノス。それぞれの大きな洞窟内部には教会堂が築かれていた。チャブシュンの洞窟教会の内部壁には、赤色のエンジェル二体が語りかけてくれた。ギョレメには三十五もの洞窟教会があった。キリスト教の図像学の知識が必要になった。一番眼と心を惹いたのが、〈蛇の教会堂〉と〈聖バルバラ教会堂〉に描かれたものだった。さらにコンスタンチヌス帝とヘレンが木の十字架を握っている図もあった。

ゼルベの村に身をいれた。修道士が生活した「穴」が乱立し、大きな修道院群が形成されていた。その「穴」も、何度も地震に襲われ、破壊されていた。かなり荒廃した痛々しい状景も目にした。

先にこのトルコ旅行記は、〈老荘思想〉の思想に拠ってはいないと書いたが、少し修正しておきたい。何度かこの「谷は隠者で超満員」を読んでみたが、どうにもこうにも〈老荘思想〉とのつながりが読めなかった。旅行記に過ぎないともいえるが、それで終わりとして見てしまうと、この「『穴』を探る　老荘思想から世界を覗く」に収録したことの企図が不明のままになる。ここからは、私は〈あえて〉と言葉をはさみながら、〈企図あり〉という仮定した上で、感じたことを記しておきたい。

たしかに一見すれば旅行記の枠をでていない。文明史的観点から、現地体験を踏まえてこの地の特異性を浮上させているようにもみえるのだが。でも草森は、この小アジアの辺地で、異様な様相をみせる穴群から新しい発見をしたにちがいない、とみたい。

それは何だろうか。大地に穿《うが》たれた「穴」。その一つ一つが、信仰者が隠れる空間となり、信仰を研磨する場でもあった。東と西の境界帯としてのトルコ。そこは民族の通商路となり、さらに争乱の場となった。特にキリスト者にとって、侵略者の存在は脅威となった。

袋小路のようなトルコ。アジア系のモンゴル人もせめてきた。地上の「穴」だけでは、身を守るには安全ではなかった。地下の「穴」も必要だった。周辺に住む修道士たちは、地下都市という「穴」空間に逃れた。こうして奇岩の光景は、歴史の現場として新しい意味を帯びてきた。

「穴は無」というのが、草森の「穴理論」の骨子だ。この「穴」という無の空間。それとはやや異なる「穴」がこの地にあったのではないか。東洋知の原初性としての老荘思想。それでは割りきれない何か。「穴の別種」みたいなもの。それが何かと探りつつ、それを掴みとろうとしながら、それをそのままにして、宿題として背負って帰ってきたのではないか、それが、この本の中に収録した企図ではないか。

〈佯狂《ようきょう》〉という言葉を終生の友とした草森。〈狂人や愚者のふりをすること〉を指す。〈佯狂〉は狂っているかのように見せかけること。それは古代中国の殷の時代までさかのぼるという。紂《ちゅう》王に仕えた箕子《きし》がいた。箕子は、暴政を行う紂王を諫めた。が聞き入れられなかった。そこで深く悩んだ。このまま紂王の元を辞すれば、その悪政を公にすることになる。一計を案じ、箕子は狂ったように振る舞った。そして幽閉されることで、自らの口を封じたという。

それが現代にまで故事として伝わっている。王への忠臣の苦慮の行いという筋から、〈狂っているかのように見せかける〉こと自体を示すことに転じてきている。

いま、ある人に対して〈佯狂〉という符丁をつける場合は、どちらかといえば、その人がペダンチックな側面をもつ場合が多いのではないか。草森が自分に〈佯狂〉というレッテルを貼るのは、そのペダンチックな思考に根をはりながら、より〈狂こそ真〉であり、それに徹するという身の処し方、つまり流儀に基づいている。

また中国の故事には、「被髪《ひはつ》佯狂」という言葉もある。〈髪を振り乱し〉、〈気がふれた人のふり〉をする。そんな風に、狂の中に、真を隠す生き方。狂こそ、真ということ。ただ事はそう簡単ではない。賢者を表面だけ装っても、手ぬるい仮装はすぐに見抜かれてしまうもの。〈ふり〉はそれ程までにやっかいだ。

いつ頃かは知らないが、草森の髪は乱れ、仙人の如し。その風貌は、まさに〈被髪佯狂〉の如し、それをいかにも演じているかに映った。

このトルコ旅行時の写真をみると、全くそれとは違っている。その変貌前の風情は、まさに知がたくさん詰まった顔ではないか。

話を戻す。この旅行記には、いま指摘した〈佯狂〉性がなく、かなり明るい光にみちている。そのストレートな感慨の披瀝。私には、そこに仮装しない自我、その地の肌が透けてみえるのだ。

この旅行記のまとめとして、こんな言葉を記している。カッパドキア体験で見聞したものは、〈二〇世紀の情報文化をあっさり呑みほして〉いると。この草森の純朴な告白は、〈佯狂人〉には、やや似つかなわない言い方にみえる。ただ、この後に、〈私には人間の目にはみえない地球の永遠の実相が、ここにそっくり、でんぐり返っているように〉見えたという。〈地球の永遠の実相〉が現存するという。それが裸で露呈しているという。この高遠な感慨。少しオーバーで素人っぽいのだ。でも〈でんぐり返っている〉といういいかた。これはまさに草森らしい。私は〈でんぐり返っている〉をこう理解した。草森自身を支えていた価値観が〈でんぐり返る〉ような、そんな激しい衝撃があったにちがいないと。

さらにいえば虚的な現代都市とはちがって、ここに現存している廃墟には、生命の残存があり、それはとても生々しくみえたのではないか。トルコ紀行文には、この様にときおり草森の素顔が、その地の肌が見え隠れしているのだ。

いや待てと、私は立ち止まる。再度、このぽっかりと口をあけた「穴」に籠る聖者のことをイメージしてみる。この迫害を逃れながら聖人達が籠った「穴」。彼らは世を捨て、〈狂こそ、真〉を貫きながら、〈被髪佯狂〉となっていたのではないか。とすれば、このカッパドキアの「穴」もまた大きな意味で捉えると、「無」を宿しているともみえるのだが……。

第8章

ライト建築を老子で読む

1　建築行脚へ

一冊の本が生まれるまでには、様々なドラマがあるもの。苦の銅鑼《どら》がなり響くこともある。どうもこの本『フランク・ロイド・ライトの呪術空間』（フィルムアート社、二〇〇九年）は、喜びの太鼓より、苦の銅鑼のほうが強かったようだ。

草森は、一九七四年にフランク・ロイド・ライト（一八六七～一九五九）の建築見聞のため、アメリカまで足をのばした。現地取材のあと、すぐにでも筆を動かすつもりだったようだが、一〇年の歳月が流れていた。遅筆の草森にしてみれば、深刻な事態とは思っていなかったかもしれない。が、頼まれて同行し撮影に協力した写真家大倉舜二にすれば、この遅延は安易に許すことはできなかった。

なぜなら撮影してあった写真が、〈私は、いまにも死にそうです。手も足も見えなくなってしまいそうです〉と悲鳴をあげていたからだ。

つまり、カラー写真が退色してきていた。大倉はいう。〈七年でカラーは退色しはじめるのだ〉と。

そんな異常事態となっていた。それを聞いて、草森はようやく重い腰をあげはじめた。

『フランク・ロイド・ライトの呪術空間』
（フィルムアート社、2009 年）

当時、マスコミを賑わせた気鋭の写真家が三人いた。大倉と、立木義浩、沢渡朔である。草森と大倉の付き合いは長い。草森が記者として編集に関わった『婦人画報』以来、気心を知る仲となり、互いに忌憚のないことをいい合ってきた。

大倉は、一九三七（昭和一二）年五月二日、東京市牛込区袋町（現、東京都新宿区袋町）に生まれた。母方の祖父には日本画家川合玉堂がいる。あまり知られていないが、大倉は幼少期より昆虫、特に蝶に興味を持ちミドリシジミ蝶の生態を捉えた写真集を作っている。

さまざまなコマーシャル誌や女性向き雑誌などでファッションや料理写真や、多くの芸能人の肖像写真において、なかなかの腕をみせた。特に女形坂東玉三郎に肉薄した写真集『ONNAGATA』（一九八三年）は、いまでも色褪せることがない美を宿している。

こんなこともあった。文芸雑誌『すばる』（集英社）の連載シリーズ〈作家のインデックス〉では、一九九五年九月号で草森を被写体の一人として選び、あまり他者にはみせない〈素の部分〉に肉薄した。日常の素顔や夥しい本に包囲されている聖域にもカメラを向けた。

〈インデックス〉とは、「索引」の意がある。

一冊本となった『作家のインデックス』（集英社、一九九八年）では、多種の小物（棚、机、食卓、薬びんなど）などを〈インデックス〉として捉え、作家の素顔と日常性を知る手掛りとした。この本では草森の他には、瀬戸内寂聴、中上健次、堀田善衛、宮本輝などがいる。その数五六人の〈インデックス〉となった。

この本の巻末に、大倉は「写真屋の懺悔」という〈あとがき〉を書いている。作家のアトリエを撮影することがなぜ〈懺悔〉となるのか。カメラを持ってアトリエ（仕事場）に土足で踏みこんだが、それがいかに犯罪的〈暴力的〉な〈無礼な行為〉であったかをしみじみと感じていたためだ。たしかに作家の素顔や日常を遠慮なく覗くのだから、作家にとって迷惑と感じられても仕方がない。そのためそのつど自己嫌悪さえ感じ、かなり神経を擦り減らしたようだ。やはり不安が的中した。赤川次郎の『妻の眠り』という作品で、知らない内に大倉刑事として登場していた。それは無遠慮に部屋中を嗅ぎまわったことに対する〈報復〉とも感じた。

さて肝心の草森の仕事場である。マンションの狭い玄関は、履き疲れた茶色の靴が二足と愛用の下駄が投げだされていた。玄関も廊下も本でびっしり。私がみて一番驚いたのが、身を横たえる万年床の狭さと雑然さだった。なんとその床はわずか一畳。その前には小さなポータブルテレビ一台。仕事机が電気炬燵《こたつ》式の麻雀卓だったことには、唖然《あぜん》とした。大倉は、愛用の辞典にもカメラを向けた。『大辞鑑』

作家のインデックス
大倉舜二 写真
作家の日常を実測した映像美の極致。
写真が語る有名作家56人の真の表情。
本棚や机はもとより食卓、下駄、薬びん等の小物からも
作家の素顔が見えてくる。作家の姿を浮き彫りにする
些細な指標――それがインデックスだ。
集英社 定価4935円［本体4700円］

上：大倉舜二『作家のインデックス』（集英社、1998 年）
下：草森紳一の仕事場（大倉舜二『作家のインデックス』より）

という辞典はバラバラとなり三つに引き裂かれていた。

この混沌とした空間。これが、草森にとっての真正の安息地だった。

さて草森は、『旅嫌い』（マルジュ社、一九八二年）という本がある位だから、よほどのことがない限り旅を避けていた。西行や松尾芭蕉のような旅は性に合わなかった。ましてや海の外となるとなおさらだ。アジア世界では、スリランカ（一九七五年）、マレーシア（一九八〇年）がある程度だ。

それでも気心を通じた大倉とは、取材旅行も一緒にした。このライト建築巡礼のアメリカだけでなく、トルコ（特に秘境カッパドキア）へも行った。

草森は、これまでかなりわがままをゴリ押しして、大倉にいろいろと迷惑をかけていた。そのお礼の意を込めて、大倉の写真集の「跋文」などで返礼した。

写真集『武蔵野』（シングルカット社、一九九七年）には、草森は「瑠璃のきらめき――武蔵野の荒野」という「跋文」を書いている。大倉は、いつもとちがう美文調の論が気にいった。文と写真のコラボは、たくさんあるが、最後になったのが「草森紳一、風に吹かれ視る人。」（『en-taxi』扶桑社、二〇〇五年春号）だった。この〈en-taxi〉という奇妙な名をもつ〈超世代文芸クオリティマガジン〉。他のマガジンとの差別化を図り、編集同人制を採った。同人には、福田和也、坪内祐三、リリー・フランキー、重松清らがいた。

さてこのライト建築行脚について、大倉はこの本に、「追悼文的・跋〈ライト・ツアー〉」を書いている。〈追悼文的〉となっているのは、この〈跋〉が、草森の死後に書かれているためだ。そのためどうしても同行記録というよりも、〈追悼〉の方に重心がかかった。

当時、草森はフリーの文筆家だった。かたや写真家大倉は、草森の『婦人画報』時代からの友達で、喧嘩もしたが交遊は続いていた。これからの事を考えれば、いやでもこの旅の同行を〈断る〉ことはできなかった。ただ大倉は、自前で参加したようだ。

二人は、日本におけるライト研究の第一人者谷川正己が企画した「ライト・ツアー」に参加した。アメリカ側の世話役は「奇想の画家」のコレクターとして知られているジョー・プライスだった。

浮世絵などのアート作品を収集し、さらに日本美術に対して一家言をもっていたライトは、ジョー・プライスの父と親しく交友していた。ジョー・プライスに日本美術のことを〈教育〉〈啓蒙〉したのは、ライトだった。そんなことでジョー・プライス自身も、日本美術に強い関心を抱き、何度か来日し、今や世界的評価の高い「奇想の画家」の一群、伊藤若冲や曽我蕭白などの作品を買い求めた。石油パイプラインの敷設などで巨万の富を得たジョー・プライス。そのプライスの名声を表象する建物「プライス・タワー」は、ライトの建築である。

旅は、一九七四年七月二十六日から八月八日までの一四日間。真夏の旅となった。ニューヨーク、イリノイ、ワシントン、ペンシルヴァニア、カルフォルニア、アリゾナ、ウィスコンシン、マサチューセッツなどを回った。かなりの強行行脚である。

この時期のアメリカ。あのベトナム戦争の渦中にあった。だから大倉は、戦争の影を感じ、こういう。「戦争をしている国を旅するものではない。ニューヨークの街は暗くすさんでいた」。またホテルで手にした新聞には、リチャード・ニクソン大統領の陰謀を暴いた「ウォーターゲート事件」のことが報道されていた。だが不思議なことに、草森は、ベトナム戦争の渦中にあるアメリカの素顔についての感慨をあまり漏らしていない。

はじめに「フランク・ロイド・ライトの呪術の空間」として建築雑誌『ＳＤ』（一九八四年八月号〜八

五年九月号までの計一三回）に連載した。当然にも写真は、大倉舜二だった。

2 呪術的な円

私からみて、草森が建築家フランク・ロイド・ライトを書くということ自体が「不可思議」（大きな謎）であった。いうまでもなくライトは、ル・コルビュジエ、ミース・ファン・デル・ローエと共に「近代建築の三大巨匠」と呼ばれる。草森が、よほどの建築オタクか、あるいは建築評論家なら分かる。前から旧・帝国ホテルや自由学園明日館や旧・山邑邸（現・ヨドコウ迎賓館　芦屋市）の建築に強い関心を抱いていて、どうしてもライト建築の全容を調査するのだったらなんら不思議ではないのだが……。〈建築家フランク・ロイド・ライトを書かないか〉と声をかけてくれたのが磯崎新だった。磯崎が編集する世界の建築家評論シリーズの一冊としての依頼だった。草森はこれまでライトの建築については、帝国ホテルの空間に身を置いてみて、さらに写真で建築作品をみる中で、〈キナ臭い〉〈呪術的な円〉を感じていた、という程度だった。

このように磯崎新の求めに応じるということが一番の動機だったようだ。それにしても私からみて、動機が弱すぎる。きつくいえば「曖昧」だ。ここで鬼才人草森に対して、このように失礼ながら、「曖昧」という言葉を使っているのは、草森自身が、動機についてこんなことを漏らしているからだ。これまで〈円なるもの〉に挑戦してきたが、どこか突き付けられない不満を残していたまま、〈ひとまず撤退〉していたが、それに再挑戦したというのだ。

補足をする。草森は『円の冒険』という労作を書き上げていたが、不満が残り、やり残したものがあったという。建築と「円」をぶっつけてみたい、未決の課題に決着をつけねばならないと、あまりトレーニングをしないまま〈建築のリング〉にのぼったわけだ。

〈呪術的な円〉とは何か。それはどのライト建築に、どのように顕現しているのか、より実証的に検証することが主たる目的だったようだ。しかしだ、そもそも円思考の延長からライト論を立てること、どうみてもかなり強引ではないか。

ここで旅の全容を辿るまえに、ライト建築の代名詞となっている〈有機〉について少し拘ってみたい。この〈有機〉なる語は、明治の英文学者が〈organic〉の訳語としてつくったという。多くは〈生命の機能体〉の意で用いているが、草森は日本人特有の〈造形感覚〉が反映しているとみた。どうもこの漢語〈有機〉に違和があるらしく、まだ成熟していないという。

ライトの師たる建築家ルイス・サリヴァンが、この〈有機〉という言葉をよく用いていたという。その流れにあるようだ。ただ私からみて、〈有機〉という言葉が、ライトにとって絶対的な価値をもったのかどうかやや不明の所がある。というのも、私の手元にある「フランク・ロイド・ライト回顧展」（セゾン美術館、一九九一年）の大部の図録を繙《ひもと》いてみると、別な言い方をしているからだ。この展覧会は、二〇〇点の作品を並べ、日本での最大級のものだった。私も足を運んだ。そこでは一九三七年に設計したカウフマン事務所のインテリアがオリジナルコピーで再現されていた。また日本との関わりもフォローしていた。

末尾に載せられた「フランク・ロイド・ライト略歴」には、一九五〇年代に世界各地を巡回した大規模なライト展のタイトルは、「生ける建築の六〇年」とあった。〈生ける建築〉を「Living Architecture」

右：グッゲンハイム美術館の外観（『大系世界の美術 20 現代美術』（学研、1974 年）より）
左：ユニテリアン教会の外観（『大系世界の美術 20 現代美術』（学研、1974 年）より）

としており、つまりオーガニック（有機）という言葉を使っていないのだ……。

蛇足的になるが、私なりに少し解説を加えておきたい。私からみて、ライトの「有機性」には幾つかの側面があると分析する。まずプリミティブ（原初的）な生命への讃美がある。典型的には、プレ‐コロンビア（古代マヤなど）建築を称讃することで現実化した。このプリミティブなものへの称讃は、さらにより根源的なもの、つまり〈水〉〈火〉〈大地〉〈空〉などの自然（宇宙）を構成するエレメント（元素）への讃美へと高められていった。

それが「ホリィホック・ハウス」において顕現した。ライト自身、〈真の建築は大地に由来する〉とまでいう。そこからプレーリー（草原）の大地に抱かれた様式も生み出されていった。

一方で、〈有機的〉な形態をそのまま空間構造に採用したものもある。それがジョンソン・ワックス・ビルである。大地に根をはった樹木という〈有機的〉な形態を、細身にしてオープン・オフィスの中空に林立させた。これこそまさに森の中のオフィスである。

最後の作品となったグッゲンハイム美術館は、鉄筋コンクリートを使いつつ、古代の塔ジグラッドのような螺旋状形態で構想した。草森と大倉は、この空間で抽象画家カンディンスキーの展覧会をみて感動していたが、まさに有機的建築の代表格といえる。

このように大きな視点で考察してみるとき、ライト建築の〈有機性〉は、様々なモノが混じりあいながら、それらを統合することで生み出されてくる〈生命性〉のことでもあることがはっきりと読みとれる。

〈有機〉に纏《まつ》わる論議をここでひとまず終えたい。この論では、これまで通りライト建築を「有機的建築」として規定しておきたい。

では草森は、建築行脚を通じてフランク・ロイド・ライトの建築の中に何をみたのか。実は、私がイメージする建築行脚というものとはかなり異なっていた。一〇年の歳月が流れる中、書く視点も変化したに違いない。次第にルポルタージュで大事な、みたままのナマの感覚を失っていたのかもしれない。そのためゆっくりとライト思想のバックボーンを辿る旅に変容していったにちがいない。

ただライト思想を腑分けする仕方がいかにも草森的である。それは本のタイトルと副題ににじみでている。タイトルは、「フランク・ロイド・ライトの呪術空間」であり、副題は「有機建築の魔法の謎」という。

では草森は、呪術という名辞の実体をどのようにライト建築の中に見出したのか。たとえばこんな風に……。「かつて左右の思想を問わず帝国ホテルのファンがいたのは、あの静かにして暗い呪文空間の中に、霊魂が囲まれなにものかを生みだす発条になった」と。また晩年のライトが手掛けたキリスト教世界では異端的存在といわれるユニティ派の教会建築群に対して「アナクロニズムなまでに宇宙イメージと呪的イメージを正面に押しだした」とのべた。

このユニティ派の教会について補足する。草森は一章「ユニティ（単一性）の神秘」を設けて、詳しく言及した。そもそもユニティとは何か。「キリストの神性」を否定し、神の言葉たる聖書そのものも否定し、神の単一性《ユニティ》を教義とする。そんな否定の体系を持つ教派だ。

なぜライトがこの教派の建築に関わったか。それはライトの親族にこの教派の信者が多かったからだ。ライトは、その教会ではキリストのシンボル性を排除した。シンボルの代わりに、空間に〈有機的な内的リズム〉を造りだした。草森はそこに「新しい呪術」を発見したわけだ。そこに掲載された大倉の写真から察するに、たしかにライト風ではあるが、私はやや新興宗教の建築の臭いを嗅いだ。

さらにライト建築の未来性、予言性に言及してこういう。ライトの死後、建築世界ではライトを〈敬して遠ざけ〉〈偉人化する〉が、〈行きづまるたびに、ライトの呪術空間は見直される〉と。

それにしてもやはり〈呪術空間〉というネーミングが、いかにも難しいのだ。呪術は、〈魔術〉〈秘教〉〈オカルト〉〈グロテスク〉〈霊的〉〈有機〉〈生命性〉など多義性を含んでいる。ここでいう〈呪術空間〉とは、ひとまず不可視な存在たる〈霊性〉が宿った空間という意味として理解していいだろう。いうまでもなく定義や説明が一番難しいのが魂、呪術、神霊、心霊などの不可視の存在だ。

私はこんな体験をしたことがある。イタリアで作品づくりをする彫刻家安《やす》田《だ》侃《かん》は、ミケランジェロも素材としたカッラーラ産の純白の大理石を使って制作している。安田は、大理石を彫りながら大地の霊を身体で感じとり、さらに見えない霊的なものや禅的思考を込めながら、完成した作品に名をつけている。一例をあげる。天聖、天秘、天翔、妙夢、帰門、無何有などだ。

たとえば天秘という言葉。これを英語で「the secret of the sky」と記してあった。この英訳では、日本語が持ち得る特有の語感も失い、さらにそこに漂っていた神秘性が見事に霧散していた。英語圏の人達は、「the secret of the sky」から、どんなことをイメージするのであろうか。予想するに、天は青い空となり、色彩を喚起しながら、文学的なニュアンスで理解するのではないか。このように翻訳は難しい。それほどまでに東西の文化的宗教的な差異はかなり深いのだ。

だからこそこの〈呪術空間〉について、それをしっかりと説明しないと、大きな読み間違いが生じてくるのは必然だ。

そんな厄介な「呪術」や「有機」、さらに円などという東洋的な記号をもちこんでライト思想を解剖する。かなり大胆不敵な試行だといわねばならない。あえてこういいたい。いや斬新だが、無謀でもある。

この不敵さ、無謀さは、ハーマン・メルヴィルの小説『白鯨』の船長エイハブの如しだ。どうしてそういえるか。エイハブは、モビィ・ディックという巨大な鯨に自分の身の一部が引き裂かれた。その復讐のため、何かに取り憑かれたように巨鯨に立ち向かったからだ。

では草森はどうだったか。草森は、ひとえに東洋思想、その根源的な文化記号の一つである円に拘《こだわ》った。つまり円が〈白鯨〉となったのだ。

押さえておくべきことがある。この円は、禅の悟りの境地を示す、つまりあの円相と限定できないことを。あくまで中国の思想家「老子」から流露してくる根源的記号であった。

なによりも円は、草森の「知」の在り処、その基層に潜むものだった。様々な書物や文化事象を漁りながら、一生賭けて〈聖杯たる円〉の探求を行ったのだった。

話を、ライト建築の「呪術性」に戻したい。草森はその「呪術性」の由来を探した。幾つかあるが、その一つは一八世紀のロマンチシズムにあるとみた。そのロマンチシズムは、アメリカの詩人・思想家たるヘンリー・ディヴィッド・ソローやラルフ・ウォルドー・エマーソンらの自然観と通底した。草森は本書ではソーローと表記しているが、ソローで統一する。さらに詩人達の内部に作動した開拓精神とアメリカ西部に展開する荒野と、キリスト教が啓示する楽園思想と結んでいた。それら全てが合致し血脈化したとみた。

草森は、ライト建築を「大霊的建築」とも捉えた。エマーソンは自然こそ「大霊」であり、魂《ソウル》の深奥にあるものが「大霊」であるといった。「大霊的建築」という名辞にエマーソンの影をみたようだ。

さらに草森はこういう。ライトが設計する時、そこに〈霊的な動き〉が生起するという。設計器具のパスを駆使する腕や指の中に、〈文学的というか〉〈割り切れぬもののうごめきがつまって〉いるというのだ。これが設計図や建築物の上で、きわめて〈霊的な動き〉をするという。

この〈霊的な動き〉の中に〈割り切れぬもののうごめきがつまって〉いて、それが論理や秩序〈規則〉を外れて大きなことをすると。この見方（視点）は、いかにも草森的であり、独特だ。

この見方、はじめあまり気にしていなかったが、そこにひょっとして文学者草森の普段みせない〈素顔〉が隠れてはいないか、と想えてきた。つまり草森自身が、ややミステリアスな言い方になるが、つねに腕や指に〈霊的な動き〉が作動するようにして原稿用紙に向かっていたのではないかと。

いうまでもなく、この場合原稿用紙が設計図や建築物に相当する。不可視なものの〈霊的な動き〉、それが身に降りてきたら、〈割り切れぬもののうごめき〉につき動かされながら、漆黒の闇を潜りつつ、なんともぼんやりした光源体に向かって歩んでいく。そんな執筆のスタイルがここに立ち現れているのではないか。とすれば書くことは、予定調和とは対極にあることになる。

この書き方は、単なる手法ではない。執筆のスタイルから生み出たものだ。映画、漫画、建築、絵画、写真、食、衣装、思想のゾーンから、〈不確実なもの〉〈霊的なもの〉が降下して、腕と指にマジカルに〈書け〉と囁き、それに忠実に従った〈使徒〉でもあったのではないか。

まさにこの本書では、ライトを素材にして、はたしてそこからどんな〈霊的なもの〉が降下してくるか、それをじっと待ちながら探った。そのためであろうか、処々で〈得体のしれないもの〉が蠢《うごめ》きながら地声を発しているのだ。

3　自然こそ魔術

では草森は、この本の中で、円をどう規定しているのであろうか。円には、二つあるという。可視化できる円と見えない円があるという。そういわれても、戸惑うばかりだ。これ自体が禅問答そのものではないか。察するに、その見えない円をライト建築の中に探そうとしたようだ。

そうはいっても、見えない円とライト建築がどう繋がっているのか、私のような愚者には分かりづらいのだ。

たとえば草森は、ローマへ行き、古代建築の雄たる「パンテオン神殿」を考察し、円という宇宙的思考がいかに現実化しているかを論じるというのなら分かる。「パンテオン神殿」は、三五・五〇メートルの球体がすっぽりと収まる構造となっている。ミケランジェロが「天使の設計」と賞讃したローマ建築神殿だ。

「パンテオン神殿」は紀元前二五年、初代ローマ皇帝アウグストゥスの側近アグリッパによって建造された。二代目の「パンテオン神殿」は、二世紀になりローマ皇帝ハドリアヌスによって再建。平面が四三・三〇メートルの円形で、ドームの高さも同じ。つまりドームは完全な球体だ。〈ローマを旅し、パンテオンを訪れぬ者は愚者で現れ、愚者と去る〉とまでいわれるほどのもの。さらに天井部には〈オクルス〈目の意味〉〉、つまり〈パンテオンの目〉とも称される採光窓、「穴」が開けられている。こうして二つの円が、組み込まれているのだ。

どうも草森は、西洋美の根源たるギリシア古典文化やルネサンス文化は、〈知の視野〉の外にあったようだ。いやこうもいえる。「パンテオン神殿」の円は、可視できる円として分類し、見えない円よりも下位なものとして論じなかったのかもしれない。

もう一つ指摘したい。草森にとっての建築とは何か、知っておかねばならない。はっきりと「建築は、すべて穴の発展したものにちがいあるまい」という。さらに中国では、建築技術者は、「百工」にいれられるが、〈工〉の字は、そもそも穴をあける意味という。

このように草森は〈東洋知の海〉で泳いでいたし、その〈東洋知〉の本丸に老子が、どっしりと坐し、見えない円が高次の価値を持った。

やや大胆に極言すれば、草森は、老子という〈大師〉から受けた〈神霊〉〈神性〉〈霊感〉で、ライト建築を解読せんとしたともいえる。なにより草森は、ライトが老子の思想、〈自然こそ魔法〉という視座に立っていると考えたのだ。

ところでライトは、どこで老子の言葉と遭遇したのであろうか。

岡倉天心の名著『茶の本』で出会ったようだ。

『茶の本』は英語で書かれている。天心は空間論を展開するところで、東洋的な視座に立ちながら、老子の思想を組み込んだ。その箇所を日本語に直せば「建物のリアリティは、屋根や壁で成り立っているわけでなく、生活すべき内部空間から成り立っている」というものだった。

＊

ここで少し脇道にはいる。ライトの人生において最大の悲劇たる「タリアセンの惨劇」について触れておきたい。草森は、建築家アントニン・レーモンドが自らの自伝の中で、ライトの住宅兼アトリエとなった、ウィスコンシン州スプリング・グリーンにあるタリアセンを訪れた時に感じた部分を引きつつ、さらにそこでおこった惨劇についての記述を引用した。「発狂した召使が、ライトの妻と二人の子供を含めた七人を殺し、最初のタリアセンのアトリエを全焼させた」と。

このタリアセンという場。ライトにとりとても大事な「名辞」ともなった。草森は、その事に詳しく触れていないので補足する。原語はウェールズ語。ライトの祖父は、ユニテリアン派の牧師であり、ドルイドの血を受けついでいて、ウェールズ語にこだわったという。〈タリアセン〉は、〈光輝く額〉を意味する。またアーサー王伝説に登場する予言者の名でもある。

研究者によれば、名付けには、さらに幾つかのことが含まれているという。まず丘の中腹、つまり額部に建てられており、自然との調和を企図していると。また人間の身体でいえば、脳の前頭部を指し、〈目覚めた知識の場〉となると。さらに予言者の如く、第三の目となるともいう。そこからライト自身が、建築界の「予言者」たらんと意識したという見方もある。そんな多義な意味を含んでいた。

そんな聖なる場が、不幸にも一度ならず惨劇と悲劇に見舞われた。先のレーモンドの記述に補足と修正をする。補足すれば、他の本では、発狂が「精神異常者」、召使が使用人となっている。名はジュリアン・カーストンという。修正とは、〈ライトの妻〉とあるが、ライトの支援者の妻ママア・ボーズウィック・チェイニーであり、まだ正式には籍に入っていなかった。

血と火にまみえた場に、ライトは、再び「タリアセンⅡ」（一九一四年）を建設する。さらに悲劇は続いた。この「タリアセンⅡ」が再び一九二五年に大火で焼失した。同年に、なんと「タリアセンⅢ」を建てる。

このようにタリアセンは、〈光輝く額〉や〈知の額〉どころか、〈呪われた額〉となった。

本書の主題たる〈呪術性〉に拘るならば、「タリアセン」という〈トポス〉、まさに呪われていないか。何かマジカルな、言い知れぬものが潜んでいないか。

草森は、それを見事にこう洞察した。「有機そのものの人間は、いつも有機をつまらせて生きている。老子や荘子が穴（無）の遊びをいうのは、解放された有機の中で生きていないからである。逆に穴をつまらせるのが人間だともいえるだろう」。「ライトの有機建築は、人間の肉体構造、生理機構の立体的写し絵のごときところがあるが、そのためにかえって住む者を呪縛し、がんじがらめにしているところがある」と。

つまりそこに〈金縛りの妖術〉が入り込み、住む者を〈呪縛し〉〈がんじがらめ〉にしているという。この視座、草森がいちばんいいたかったところではないか。本書の胆《きも》だ。草森は、〈穴をつまらせるのが人間〉という見方から、最後にこう言い切った。「タリアセン・イースト」などは、〈呪われた家〉としてピカ一の傑作だと。スプリング・グリーンの〈タリアセン〉を〈タリアセン・イースト〉と呼び、厳しい寒さをさけるために、ライトはアリゾナの地にもう一つの〈タリアセン〉を築いた。それを〈タリアセン・ウエスト〉と呼んだ。ライトが聞いたら、まちがいなく〈なんということをいうのか〉と嘆くであろう。

惨劇と悲劇、それに加えてライトの派手な私生活も〈光輝く額〉に深い翳を落とした。結婚と離婚を繰り返した。女性名を列挙する。キャサリン・トビン、ミリアム・ノエル、オルギヴァンナと続く。ライトの実人生の方が、よっぽど〈呪術性〉を孕んでいないか。まさに破綻した円ではないか。そう感じられるのだが……。ただライトは一九五九年に九十一歳で亡くなるが、晩年は落ち着きをむかえたという。

4 老子とライト

再びライトと老子について論じてみたい。ライト建築の〈有機性〉に生気を与えるのが〈装飾の力〉や〈言葉の力〉である。

特に〈言葉の力〉とライトに流れ込んだ思想の存在に眼を向けたい。こういう言い方ができる。〈建築の臍〉として刻んだのが老子の言葉であると。

アリゾナ州のスコッツデイルにある「タリアセン・ウエスト」(「冬の家」ともいわれる)に、パラダイス・ヴァレーから石を集め、それを固めた場所に、老子の言葉を英語で記した。それは草森には、どこかエジプトの「神聖文字《ヒエログリフ》」のようにみえた。

草森はそれを論じるため、まず「老子」の中から建築（空間）に絡む言辞を探しだした。二、三あげてみる。「大方《たいほう》は隅《すみ》なし（大いなる方形に四隅なし）」。これはライトのコーナー嫌いにピッタリだという。「その兌《あな》を塞《ふさ》ぎ、その門を閉ずれば、終身、勤《つかれ》ず」。「金玉、堂に満つれば、これをよく守るなし」。

まさにこの辺は、草森の一人舞台だ。草森は、老子の受容がかなり〈変容〉〈変形〉されていることに気づいた。その有様を具体的に調べあげた。〈space〉（スペース）は空間なのか、場なのか、そのままでは分からないという。

また空間といっても、中国と日本によって家の構造が異なるので、当然にも示現するものが違ってくる。また中国であっても、老子の時代の家構造であれば、それを知っていなければ正しく訳すことができない。

それを日本の家に照応させ、ましてや欧米の洋風室内空間に合致させようとすれば、差異はさらに深まる。訳に〈歪み〉や致命的な〈事実誤認〉を生じることになりかねない。たとえば先の文にあった〈建物〉は、原文では〈部屋〉であり、〈歪み〉以上のものがすでに生まれていると指摘した。

まだある。「THE VACANT SPACE」の〈VACANT〉をどうするか。草森は、〈空虚〉と訳してはいけないという。老子は、〈空虚〉という言い方をしていない、これは荘子の概念であり、正しくは〈無〉とすべきと結論づける。とすれば、「THE VACANT SPACE」は、老子のコンセプトからは、外れてゆくことになる。

それにとどまらない。どういう訳かそれが不明だが、岡倉天心の英語訳にあった〈VACANT〉などが省かれていたという。草森は、〈悪文家のライトがよこしまに添削の鍬をいれたのだろうか〉、それとも〈写し違いか〉〈記憶違いか〉と戸惑っている。

〈言葉の心霊性〉がさらに強調される。自ら〈漢語圏の民族〉たる草森は、いつもの検索の癖を発動させた。それは至極当然のことだ。なぜなら漢語は、表意文字であり、それゆえに心霊的でもあるからだ。〈無〉〈虚〉〈空〉などは、同意語にみえるが、異なるものなのだという。

その通りであろう。第一章「有機建築の魔法」、その根幹をなす〈岡倉天心とライトと老子と〉〈もう一度、天心とライトと老子と〉では、このように、ライト建築の見聞からどんどん離れて、老子思想に〈強姦〉された草森が、全く異質なライト論へと疾走していった（この〈強姦〉という言い方は、やや誤解が生じるが草森がよく使う言葉なのであえて使った。ご理解を請う）。

旅から一〇年経ってしまった。当然にも磯崎がねがった建築家シリーズの一冊にはならなかった。が、この一〇年間で草森の思想も深まり、磯崎が期待した以上のものが、ここに生まれてきているではないか。

何度もいうが、たしかに異色なライト論である。彼の有機的建築には、老子に象徴される東洋思想や日本的な空間志向が色濃く、潜在的に息づいていることを論証してみせたのだから。

どうみても、まさに〈老子からみたライト論〉だった。そこが圧倒的にユニークだ。

本のキャッチコピーに、「ライトの有機建築に秘められた〈謎〉を解き明かす！稀代の〝天才雑文家〟草森紳一の〈見立て〉が冴え渡る、摩訶不思議な建築論！」とあるが、たしかに〈魔訶不思議な建築論！〉である。

ただし〈天才雑文家〉という肩書はいかがなものか。〈天才〉はいかにも、似つかわない。はるかに世にいう〈雑文家〉を超えている。れっきとした思想家の風貌をみせるからだ。

5　魂の相似形

最後に再び円と建築との絆について、語っておきたい。その前に、草森が造型と円の関係について、どういっているか紹介しておきたい。「造型として〈円〉を建築に用いると、その姿は、下品《げぼん》に落ちるという観念が、私の中にある」という。建築に円はタブーというのだ。さらに〈下品〉になることを、図らずも教えてくれたのがフランク・ロイド・ライトであるとまでいい切った。いうまでもなく中国では、人や物の性質を上品《じょうぼん》・中品《ちゅうぼん》・下品《げぼん》に三類した。それが官吏の職制にも使われた。つまり日本でいう〈品の無さ〉ではなく、位の低位のことをいう。

建築行脚を行う中、特に旅の後半部に入り、草森はライト建築に円の造型が頻発することに気づいた。グッゲンハイム美術館、ダラス・シアター・センターでは、そんなに強く感じなかったが、マリン郡庁舎、ギリシア正教会、アリゾナ州立大学記念ホールの外観は、いかにも悪しき例として映り、草森に〈強烈な下品の印象〉をもたらした。〈下品〉を、〈げひん〉ではなく、〈げぼん〉とルビを振っている。

さらに言を重ねる。眼で可視できるライトが造型した円型の建物は、〈下品〉となるという観念にまで高めたと。ただ円そのものをマイナスにみているのではない。なぜそうなってしまったか探った。草森は、はっきりという。ライトが〈内的に円を意識〉せず、〈無限の円〉を〈有限の円〉にしてしまったからだとのべるのだ。

晩年になると、いつしかライトの中で、これまでピーンと張りつめていた〈内部的必然性よって生じた外部〉という〈理《ことわり》〉が崩れていき、安手の宇宙観をみせつつ、かなり怪奇なものに堕していった、と手厳しい。
〈無限の円〉とは、それほど価値の高いものであるという。こんな言い方をした。円の造型、その噴出は、〈円寂〉の予兆ともみえるという。〈円寂〉とは、〈涅槃に向かう〉、つまり死の方に向かうことなので、晩年のライトの心境に照応したという。この見方は、他の研究者がいわなかったこと。

深い洞察が明示される。草森は、あくまで円とは〈見えないもの〉であり、その絶対の円に、勝手に自分の意志をあてはめてはいけないものだと。なかなか鋭い明察だ。私は、この円理論を完全に理解してはいないが、そういい切る草森には、すごみを感じる。

草森の内部には、完全かつ絶対的な円理論が黄金律として君臨しているようだ。

草森は、ライトは「心霊的建築家である」とかなり力をいれて断言した。また「ライトの建築は魂の建築」であり、その建築は、「目にみえぬ魂の相似形である」ともいう。その建築の中をめぐると〈内臓の中を巡っている〉と感じるともいう。

ライト建築を巡るこの書物、まだ私には未解明の所が多々ある。円そのものは不分明のまま、私の内部で蠢いている。私自身が「円寂」の方へ、つまり死の方へ向かっていったら、もう少し見えてくるものがあるかもしれない。いまはそれを待つしかないようだ。

最後にライトが老子の言葉を引いているので、それを記してみたい。「個が有機的《オルガニック》に統一された反映こそが個性にほかならない」と。どういうことか。〈個性〉とは、あらゆる知の有機的な融合により造りだされるものらしい。

人一倍、〈個性〉豊かな草森。私は、この本を何度も読み直しながら、草森の有機的な知の芳醇さに何度もため息をついた。ため息をつきながらも、草森の有機的な心情が一番表出しているところはどこか考えていた。私は発見した。こんな文があった。

草森は「ソローは、精神的現実に生きている」と。さらに「人が彼を見て気狂いといい、勇気があるといっても、本人にはピンとこなかっただろう。内面《フィクション》に生きてしまったものには、人があやぶむ生活をも現実に可能にしてしまう。それが、彼の森の生活である」とのべている。

これはまさにソローの生き方を言い表している。日本ではソローは、『森の生活』の作者として知られている。ソローが死んでから数年後にライトが生れているが、ライトがかなり影響をうけた人物だ。

ソローは、都市生活を捨て、自然のただ中で生きることを理想とした。家も粗末でいい。亀の甲羅のように自然にできるのがいいという。

先の言葉を反復してみる。〈内面《フィクション》に生きてしまった〉人間。まさに草森ではないか。人が〈気狂い〉といっても、〈精神的現実に生きている〉者。これぞ草森ではないか。先の言葉に続いて、ソローの内面をこう描写する。「蜘蛛の巣の霊妙なかたちや池の水のとらえがたい霊性にうたれる時こそ、かえって文明という観念によく生きていたのだともいえる」と。

小さな〈蜘蛛の巣の霊妙なかたち〉や〈池の水のとらえがたい霊性〉の蠢き。そんな森の小さな生命の息吹。それを感じた時にこそ、文明の観念に生きることだという。

この〈内面《フィクション》に生き〉〈精神的現実に生き〉ること。これこそ、草森の根源的心性のコア（核）となる〈個性〉にちがいない。実に草森の〈内面〉の実相、その一端をあざやかに垣間見せてくれるのだ。

草森の心情が迸《ほとばし》りでた文ではないか。これを発見できたことは、私の喜びである。

コラム7　草森紳一と土方歳三

司馬遼太郎は、長く「街道をゆく」を書き続けてきた。いつも〈人の道〉と〈歴史の道〉が交差する現場に足を運んだ。司馬は、この〈ゆく〉という言葉を好んでいた。だから坂本龍馬を主人公にして『竜馬がゆく』を書いた。どうも〈ゆく〉には、街道を歴史の回廊に見立てながら、そこをさまざまな方々が往来する姿をこめたようだ。

それに比していえば、草森は、街道の歩き方、つまりその〈ゆく〉姿はかなり違っていた。どちらかといえば、街道を〈裏〉から辿りつつ、さらに〈ゆく〉姿を後方からみつめることが多かった。

たしかに草森という評論家は、これまで論じてきたようにあらゆる事象を、意識して〈佯狂〉〈暴逆〉というレンズを通じて対象を覗いているようだ。どちらかといえば、文化事象の本流でなく、マンガ、映画、写真、推理小説、ポップアート、ジャズなどのサブカルチャーに関心を移動させていたのもそのためだ。意識して〈純なもの〉や〈正統な見方〉を排しつつ、〈裏〉や〈うしろ〉から、つまり異端や異形の側から眺めることで、そこからみえる

『歳三の写真』（新人物往来社、1978 年）

ことに拘った。ただ決してそれだけではなかった。時として〈歪みのないレンズ〉を通じて歴史や人物をリアルに、つまり正攻法で人物をとらえることもあった。

その正攻法で人物をとらえたのが、幕末の志士の一人、新選組副組長土方歳三だった。もともと写真家の友人も多く、また写真に関しては、なかなかな論者でもあった草森なので、土方歳三の写真と出会うことで、なにか特別なものを感じたにちがいない。

私見をいえば、メジャーな榎本武揚や坂本龍馬ではないのも、草森らしいともいえる。函館で銃弾にあたって無念の死を迎えた土方歳三。彼の無念さ、つまり「恨」の感情に少しでも寄り添うことを願ったのかもしれない。

実は、草森はこの本『歳三の写真』(新人物往来社、一九七八年)を書くなかで、幕末写真についてのテーマが次から次と湧き上がってきたという。どんなテーマであろうか。江藤新平の梟首《きょうしゅ》の写真、ドイツで白馬に跨っている写真をのこした福地桜痴。さらに洋行中に、少女と共に写真に写った福沢諭吉などのことが気になってきた。

まずここでは、あのカッコいい土方の肖像写真を覗いてみたい。それは函館で、本格的な写真館を開いた隻脚《せっきゃく》の写真家田本研造が撮ったもの。田本は、熊野で生まれた。長崎で医学と化学などの西洋学を学んだ。その後に函館に来た。しかし右足に凍傷を負い、それが原因で脱疽となった。ロシア医師ゼレンスキーの手術により一命を取りとめた。が、片足が不自由となった。それでも不屈の意志で、カメラを手にして激しく揺れる世を生き抜いた。

田本は、函館戦争のさなか、旧幕府軍の榎本武揚や土方歳三を撮影したことで名を残したが、それだけではない。その後、北海道開拓使の要請をうけ、開拓事業を写真で記録した。

まさに田本は北海道における写真の先駆者となった。

さて当時の写真は、露出時間が長かった。動くとブレるので、首かさなどをはめて固定した。そのためかなり酷な時間を強いられた。

その肖像写真から、土方の服装などを確認してみる。どうにも倒幕の志士には似つかわない。ハイカラな恰好だ。羅紗地のジャケットを着て、首にはマフラを巻き付け押しこんだ。ズボンは膨らんでいる。首からは時計の金の鎖がみえる。そして脇には日本刀を差している。髪は、オールバック。なによりも、まなざしはとても涼しい。

草森は、この土方歳三の、一枚の写真から小説を構想した。それを『小説歴史』に載せた。もちろん土方歳三を題材にして、これまでも小説にしている作家はいた。その一人が、司馬遼太郎である。司馬の『燃えよ剣』は、土方が主人公だ。当然草森も、読んでいた。

司馬は、土方を「喧嘩師」と評した。そしてこう評した。芸術家が芸術そのものを目標にして制作するように、〈喧嘩そのものが目標で喧嘩をしている〉と評した。つまりこれまでの幕末の悲劇的な志士ではなく、確固たる政治理念も持たずに、やや〈芸術的興奮〉に振り回される〈喧嘩師〉とみたわけだ。草森は、この『燃えよ剣』を評して、〈極め付け〉といえる〈新しい土方歳三〉を作り上げているという。

たしかに、司馬の筆により、今までにない像が生まれていた。草森は、司馬が造形した像の側に立たなかった。あくまで一枚の写真から受けたものに拠って書こうとした。

イメージを膨らませるため、いくつかの土方に由縁の場に足をいれた。函館には二回、さらに宮古湾、二股峠、開陽丸が座礁した江差、さらに歳三ゆかりの地たる日野まで足をのばした。こうして現場を歩き、正攻法で攻めた。そこに草森の、この小説に挑む意気込みを感じる。小説は、〈雪風〉から〈双眼鏡〉まで二〇の小章を設けた。

草森の文才を示し、評論家の余技として済ますわけにはいかない作品であることはまちがいではない。

ただ評論家は小説家ではないので、書くのはかなりしんどい作業だったようだ。評論とはちがう文体を駆使しなければならない。腕を磨いて、土方の内面世界にも踏み込んでいかねばならない。そうした難題を抱えながら、よくまとめたようだ。ただ客観的にみて、土方の内心をあますところなく掴みだすまでにはいま一歩だった。

ただ状景や風景の描写と歳三の心の揺れを絡めて、こんな文をしたためている。二、三あげてみる。冒頭の「一　雪風」では、〈江差の空は、まだ荒れていた〉、「六　氷柱」では、〈風はまた強くなり、大粒の雪が斜めに点粒をつくり、視界を閉ざしはじめた〉、「十一　松葉杖」では、〈木津の写場をでると、外は明るかった。雪の白さと太陽の明るさで、歳三は思わず、手で目をふさいで、少し後ずさった〉。余分なものがない、なかなかいい文ではないか。

明治二年五月十一日。箱館戦争のさなか、五稜郭を出た土方は、新政府軍の動向を探るため、一本木の茅屋の屋根に登った。その時、飛来した銃弾が胸を貫通した。そのシーンを草森はこう描いた。「手から離れたシーボルトの双眼鏡は、青空に高く舞い上り、歳三は声もなく真逆様に屋根から転がり落ち、絶息した」と。享年三十四歳の死だった。このように土方の最後のシーンは、タンタンとしているが、感情を抑えながら、何か予感にみちたものを潜ませた。

第9章　李賀の方へ

1　青い詩霊

『李賀　垂翅の客』（芸術新聞社、二〇一三年）は大冊である。破格、異様な書でもある。元々は、慶応での卒論がベースにある。つまり青春の書の性格もあるが、それを遥かに越えている。最初は『現代詩手帖』（思潮社）に二期にわたって長期連載した。

　中国の詩人李賀の伝記であるが、草森の全営為が流れこんだ大河だ。一冊の本が、その表現者と一体化することが稀にある。そんな稀有なことが、この本で起こった。草森は、李賀の詩霊を全身で浴びながら、この詩人の「恨」の血をたっぷりと呑みこんだ。

『李賀　垂翅の客』（芸術新聞社、2013 年）

　この『李賀　垂翅の客』のタイトルが、象徴的だ。垂翅《すいし》とは、客たる旅人が羽根を降ろすこと。失意の旅人、つまり李賀を指した。

　この〈垂翅〉という言葉は、李賀が詩句に託したもの。そこには李賀自身が辿った苛烈な境遇が迸《ほとばし》りでている。草森は、この詩句を選ぶことで、魂魄《こんぱく》をこめて李賀の詩霊を慰めようとした。

　二部構成にした。第一部は「挫折以前」。第二部は「公無渡河」。さらに、後半の李賀の生に光を照射した小説「悲しみは満つ千里の心——唐の鬼才李賀の疾書」を置いた。この小説では、従者巴童《はどう》を登場させ、主人李賀が味った虚しさや苦悩をさらりと描いている。八一四年頃に二十四歳の李賀は、潞州《ろしゅう》へ行き、三年程そこに滞在した。そして八一七年に帰郷したが、その辺のことを小説にしたわけだ。

ここまでで二段組で六一四ページ。「跋」は、李賀の研究者で、三巻の『李賀歌詩編』（平凡社・東洋文庫）を翻訳した原田憲雄が記した。原田は、「李賀の詩のあるものは極めて難解であり、それを解釈する草森の評伝『李賀——垂翅の客』も、わかりやすい本ではない」といいつつも、これまでの様々な解釈を踏まえつつ、精緻に論考するその姿勢に敬意を払っている。解釈や研究の険路を乗り越えたところに展開する「絶景」は、筆舌に尽くしがたいという。ただ私達がその険路を一歩ずつ辿り、最後に「絶景」を目撃することは至難の業となる。

小説までで六四一ページ。さらに引用詩・主要人名索引が付く。気絶するような長大さだ。まさに〈書のエベレスト〉登攀だ。はたして何人がパーフェクトな登攀を成し遂げるであろうか。

この本が草森の他の書群と違うのは、原田が指摘しているように、詩編の解釈という難題があるからだ。それも国も時代も異なる、千年以上前の詩編を現代的に咀嚼《そしゃく》し、今の人に読んでもらう必要がある。そんな空前絶後の研究と伝記を両輪にした書なのだ。だからはっきりいえば読むのはかなりしんどい。そのしんどい険路を辿る草森の健脚をみることができる。だがこの書は未完である。死が暴力的に未完にさせた。草森の生が続いていたら、どう展開していったか。長大さは、さらに増していったにちがいない。それを想像するだけで、身が震えてくる。

少し〈疾書〉という言葉に拘ってみたい。〈疾〉には、多種の意がある。〈やまい〉や〈くるしみなやむ〉こと、さらには疾風は、早く鋭い風であるから、〈すばやい〉の意も含んでいる。どうもこの三つを包含しているようだ。つまりありあまる才能がありながら悲運な人生を歩み、さらに病に苦しみながら、それでも稀有な詩才を発揮したそんな〈すばやく〉〈するどい〉作家であると……。実際に、李賀は「能く苦吟し疾《はや》く書す」といわれた。

こんなことを想像した。李賀がその細い手で、この『李賀』を手にしたら、どんな反応をするのであろうか。間違いなく、深く頭を下げ、熱い息を吐き草森の心を抱擁するであろう。その時、李賀の心に溜まっていた悲憤の情は鎮まるにちがいない。

さて十代にどんな詩霊と出会うかによって、表現者の人生のかなりの部分が決まってくるものだ。私的なことをいえば、若い日にフランスの詩人アルチュール・ランボーの詩霊が降り立った。『地獄の季節』『イリュミナシオン』などを貪った。パリでは、ランボーの足跡を探り、本屋で詩集やポートレート写真を探したこともある。

ランボーは、若き日に古い詩と決別し、アフリカの貿易商人となった。きっぱりと惜しげもなく、自分の分身たる〈聖なる詩〉を捨てた。その決別（廃棄）の仕方が、閃光となり激しく私を襲った。

その閃光を浴び、詩才の貧相さを一顧だにせず、かなり真剣に自分もまた十代において、誰もが到達しなかった高みに登り詰めなければならないと考えた。傲慢《ごうまん》にもそれができるかもしれないと錯覚した。実験的詩を創りながら十代から二十代を過ごした。当然にも、〈詩の聖山〉を登攀する前に腰折れした。

なぜランボーだったのか。いま振りかえってみて、詩の中に、鮮烈に永遠性を詠ったことではないかと考えている。いまもランボーは傍らで囁《ささや》くのだ。「また見付かった。何がだ？　永遠。去《い》ってしまった海のことさあ　太陽もろとも去《い》ってしまった」（中原中也訳）と。〈太陽もろとも去《い》ってしまった〉を、小林秀雄は、〈海と溶け合う太陽が〉と訳した。海育ちの私には、小林訳がすんなり入ってきた。

この詩は、不思議な力で私の心の襞に棲み始めた。そして私の血に混じった。今も、ここに啓示された詩霊に導かれていると感じてもいる。

草森にとってのランボーは、唐代中期の詩人李賀（七九一～八一七年）だった。李賀の詩霊は、「長安に男児有り　二十にして心已《すで》に朽つ」（『陳商に贈る』）と吐いた。これが蒼い炎となり、二十歳の若い魂をすっぽりと包みこんだ。いつしか絶対的な壁となってそそり立ち、他のものを排除した。李賀の詩と魂は新しい胎《マトリクス》となった。どうして二十歳にして、心は已《すで》に朽ち、死んでいるというのか。これが凄い「呪力」を帯びはじめ草森を囲いこんだ。

では李賀という人は、どんな人か。字《あざな》は、長吉《ちょうきつ》。父の名は、晋粛という。生まれた場は、河南府福昌県昌谷。現在の地名は、河南省洛陽市宜陽県三郷鎮となる。ここには昔、隋の宮廷があった。出身地から李昌谷とも呼ばれる。また官職名から李奉礼ともいった。

祖は、なかなか高貴だ、唐の高祖李淵の叔父の大鄭孝王李亮であるという。

さて李賀の時代は、中興の世と呼ばれた。生まれた時は、徳宗が帝位についていた。ようやく安禄山の大乱がおさまったが、しだいに唐王朝は衰退に向かっていた。地方では節度使が実権を握っていた。

長く中国では、〈俗界の極み〉たる官僚制度が存在した。李もまた俗界のトップをめざした。しかし何者かが影で暗闘し路を塞いだ。その無念さはいかばかりであろうか。死を迎えたのが、憲宗帝の元和十二（八一七）年。まさに大輪の蕾が半開きのまま、二十七歳の夭折《ようせつ》の死だった。伝説によれば、臨終に際して、緋色の服を着た男を乗せて、赤い虬《みずち》が立ちあらわれたという。

2　漲る詩才

天から詩霊が、李賀の身体に降臨した。その詩霊は李賀の感性の原版を形成し、筆の先から迸りでるポエジーは、瀧の如く天と地に鳴動した。

忘れてはならない。中国では「詩を以て士を取る」という言葉があることを。雑文、つまり「詩賦」の才は、官僚への道を開くといわれた。詩が身を立てたのだ。草森は、好んで〈雑文家〉と名乗ったが、そこに自分は常に「詩賦」を書くものであるという意をこめていたにちがいない。

李賀は、若い日に鮮烈な香気を放つ楽府《がふ》を著し、名声を得た。楽府とは、古体の漢詩の一形式のこと。また十七歳になるころには、中央文壇の雄たる韓愈を訪ね、詩を披露した。韓愈は、その詩才を高く讃美した。こうして中央との繋がりを得た。さらに若者らしく上昇志向を燃やし、ひらすら栄達の道を目指した。

地元、河南省の地方試験を突破したが、その後悲劇が待っていた。都長安での礼部主催の全国試験、進士科を受ける資格を喪失させられた。これが李賀の運命を狂わした。

ここで知っておくべきことがある。中国には、特有の名に対するタブー（禁忌）が存することを。「諱《いみな》」というものがある。それは死者の生前の名のこと。先祖や皇帝を崇敬するため、必ず「避諱」をしなければならなかった。進士科の場合は、特に「家諱」が重んじられた。

時としてこのタブーは、政敵を倒す凶器と化したという。李賀にとり、父の名が躓《つまず》きの石となった。

どういうことか。父の名の晋粛、その〈晋〉が、進士科の〈進〉と同じ音とみられ、タブーに触れたということで門前払いされた。草森は、この一大事を、「諱」という刺客の手によって放棄させられたと書いた。

目の前で栄達のレールは、あっという間に消尽した。合格者だけが味わうことができた「曲江の宴」も幻となった。草森は、このレールを「王者の虹」と評した。その「虹」は瞬時に幻と化した。李賀が味わった無念さは、いかばかりであろうか。

草森は、先に触れた『悲しみは満つ　千里の心』において、〈おそらく〉と前書きしつつ、〈古文運動(行政改革でもある)の旗頭であった韓愈らの政敵によって放たれた毒矢〉にちがいないという。

この挫折の事件後、翌年には奉礼郎の官職を得て再び上京する。が、そこでも悲憤はおさまることはなかった。

そうした悲憤の状況を草森は、「皮膚をはぎ、臓器と血脈をむき出しにし、風にはじかれた一粒の砂をも死の傷とする無防備の生(死)なのだ」と表現した。

この『李賀』では、草森は、自らの内心世界を覗くように、悲憤を必死に耐える姿に終始寄り添った。そして草森は李賀の「恨」を自分に降りかかってきたものとして受け止めながら、自らの皮膚を剥ぎ取りながらそれを全霊をこめて包みこんだ。

この『李賀』を繙《ひもと》くと、いたるところから悲憤の血が吹き出てくるのだ。その悲憤の血を自分の血として飲み込み、ひたすら李賀との同一化を願った。草森は、その瀧の如く流れ出る血を受け止めつつ、李賀の魂の聲を書き記したのだ。

いつしか李賀自身の淵から溢れでた悲憤は、行き場を失った。こうして李賀は、目の前で「王者の虹」が崩れていく状景を見つめながら、異常な幻想に身を投げた。いやこれは幻想とは質がちがうかもしれない。なぜなら幻想の情、つまりロマンの欠片が見当たらないからだ。むしろこれは幻視というべきものだ。それゆえ以後、私は幻想とはいわず幻視という言葉を用いる。

失意を味わった長安では、先に紹介したように、「二十にして心已に朽つ」と吐いた。行き場を失った心を抱え、古戦場に立ち死者の聲に身を重ねた。草森は、李賀が甲冑に身を包んだ武者に「変身」させたと表現したが、それはやや気がふれ、幻視に逃避したのだろう。実にそこは、秦の将軍白起《はくき》が趙の大軍を破り、さらに降伏した兵二〇万を生き埋めにした場だった。李賀は、足元の下に広がるもの、その見えない死霊の聲に震えたにちがいない。

李賀はしだいに現実感覚を失い、一気に時間が逆巻き、悲惨な状景が目に飛び込んできた。何かに促されるかのようにして、石工に作ってもらった小ぶりな「青花紫石硯」を取りだし、筆を走らせた。

では李賀の悲憤の極みは、どんな詩に表出しているのであろうか。私が眼を止めたのが「恨血千年土中碧」という詩だ。〈恨血千年〉は〈恨みを飲んで死んだ者の血は、千年続く〉ということ。〈土中の碧〉は、大地に眠る碧（緑の宝石―エメラルド）のこと。つまり「恨」の心は不死となり、碧となり永遠に生き続けるという。なんという慙愧《ざんき》の念が籠った詩であろうか。なんという悲劇か。二十歳で自らの挽歌を詠わねばならなかったとは！

その詩人を自らの胎に迎え入れた草森。詩霊は降り立ったが、その詩霊は、「恨」の血に満ちていた。それゆえ草森は一生賭けて、魔術的な幻惑を孕んだ「碧」を磨いていくことを使命とした。それにしてもなんと鮮烈な詩霊と遭遇したことか。なんと「恨」の血を飲んでしまったことか。かくして草森の生はこの恨血に、ある時は後押しされ、またある時はきつく呪縛されることになるのだった。

私は、二〇一九年春に、ある文学講座（『文学への旅』・「朝日カルチャーセンター・札幌」）で、中島敦の『山月記』をテキストにして、主人公李徴が虎となることを深く読み取るためには、この時代の政治行政システムを押さえることが肝要と示唆した。李徴は、科挙に受かり、進士まで出世した。科挙に受かるためには、「四書五経」などの古典文芸に精通する必要があった。明経科と進士科の二つの路があった。こんな風だった。進士科に合格するのは、超難関。ようやく五十歳で合格する者もいた。

李徴は進士になったが、一人よがりの自尊心が禍いし、孤立した。ついには虎と化し、人の肉まで喰らうところにまで墜ちた。友と再会しても、最後に虚しく月に吼《ほ》えるのだった。李賀は、李徴のように虎と化すことはなかった。いや、ちがう。李賀は、虎にもなれなかったのだ。自分の才を生かす前に、自尊心を燃やす前にガシャリと全ての門が閉じられたのだから……。大挫折をした。その無念さを抱えて悶々と生きていかねばならなかった。

もろん科挙に失敗しても、立身ができないこともない。宰相に才を見出され官職を得たものもいるにはいる。それはごく僅かだ。李賀には、もう一つの苦の輪がのしかかってきた。病苦であった。二重苦がさらに深く暗い絶望の淵に追いやった。その苦の淵で、素晴らしい詩句を詠った。風景を詠むというよりも、幻視の城から大地の底に眠る死人の聲に心を溶かした。その詩句は翼となり、李賀を詩界の頂きへ押し上げた。そしてのちの世に、〈中国に鬼才あり〉とまでいわれた。

草森は、この鬼才という名辞を、こう説明する。中国では、〈善き記号〉とはならない。死者や亡霊を指した。そのままでいえば、そんな亡霊を感知できる異常感覚者となるというわけだ。

ではいつのころから、李賀が〈善き記号〉となったか。亡くなってから二〇〇年を要した。ようやく宋の世になり、三人の優れた詩人と並び称された。

李白を天才絶、白居易を人才絶、李賀を鬼才絶と称した。そして千古の鬼才となり、不滅の名声を得た。それは中国に鬼才といわれるのは、李賀のみと。李賀の一人のために、この言葉があるという。

草森は、この若い李賀の言葉を聴いて、〈クワッと赤い火の玉が飛び込んで、からだ中を駆けめぐった〉という。〈赤い火の玉〉とは、李賀の詩魂であり、血の噴出であった。その芯には、まちがいなく恨が螺旋形に輪舞していた。草森は恨と激しい詩魂がせめぎあう渦に身を置いた。いやそれ以上だった。それらにきつくだきしめられ、愛撫されたのだった。こうして李賀と草森は、〈赤い玉〉と化して、わかちがたく合体した。

草森は、詩霊に愛撫されるなかで、李賀に倣った。姿をまねた。つまり李賀に〈仮装〉したのだ。それはまず〈老人ぶる〉ことだった。草森は、そうなるように練習した。もう一つ企図がある。いざ老人になったら、この李賀のように〈老いの嘆き〉をする、その準備をしたわけだ。そんな倣いに徹した。いまから予防線を張った。また天邪鬼の草森はこうもいう。中国の詩には、老いを嘆くものが多くあり、うんざりする。それを反面教師としたというのだ。

3 「苦」と「詩霊」

ここでは、隅々まで論を広げることはしない。それを止めて、幾つかの事と絡めて眺めてみたい。まず李賀の心身を鉄の輪で縛りあげた「苦」についてのべておきたい。先にも触れたが、李賀の「苦」の基因には、「病」があった。草森の師たる奥野信太郎は、夭折を相照しつつ、李賀を「生来腺病質」であり、それが李賀の形成因となり、作品を解き明かすひとつの「鍵」となると……。

さらにこうもいう。「多病体弱」が螢火のように〈青白く〉、苔の花のように〈妖しげ〉であったという。それだけではないようだ。精神の在り方も基因した。草森が「時代のバックシーン」の章でのべているように、どうもこの詩人に潜んだ「倨傲《きょごう》」の精神もかなり禍いしたようだ。

中国では、酒と詩は分かちがたく結びついた。蔡毅は『君当に酔人を恕すべし——中国の酒文化』（『図説 中国文化百華』農文協）において、中国は「詩酒の王国」であり、〈酒は天の美禄〉となり、ある時は霊感の触媒となり、文人の想像力を豊かにしたという。

例えば、「酔聖」といわれた李白。李白は「月下独酌」で〈酒傾ければ、愁い来らず〉と詠った。月下では、酒は愁いを払うという。李白は、「一飲三百杯」というから、かなりの量を飲んだ。李白のように多くの高級官僚を体験した詩人は、不遇の身になると、月を愛でつつ、その冷めた澄んだ光を浴びて、酒を身に注ぎ恨や愁いを追い払った。


『酒を売る家　漢詩賞遊』（竹書房、1996年）

それが李賀にはできなかった。草森の『酒を売る家』（竹書房、一九九六年）を読んでも、酒と詩人や書家達が深い関係があることがわかる。この本は、「漢詩賞遊」とあるが、漢詩の中では、詩と酒が不可分であるということを何度も語っている。
ただ李賀は、「病」のため、酒が詩霊を作動させることは少なかった。それがなんとも哀れなのだ。
私はあることに気が付いた。この『酒を売る家』に登場する詩人には、進士がとても多いことを。盛唐の詩人李頎《りき》。同じく盛唐の胡国に嫁いだ美女西施のことを詠った盛唐の楼穎《ろうえい》、南宋の詩人趙師秀《ちょうししゅう》などがいる。

しかしである。漢の武帝に仕えた李陵の悲劇と比すれば、まだ救われる部分もある。李陵は、中島敦の小説でもなじみの人だ。匈奴を倒すため奮戦したが、囚われの身になる。李陵は、匈奴の王の女婿となる。しかし武帝は、多数の兵士を死なせた責任をとらせた。李の母・妻を処刑した。それを弁護した『史記』の作者司馬遷は去勢させられたのだから。

後半におかれた「昌谷の風景」を読んでいて、もう一つのことに気が付いた。ここでは主として李賀の詩作品の一つ「蘭香神女廟」を巡って話は進んでいく。故郷の地、昌谷の山中に女几山《じょき》があり、そこに女窟があった。神話では神女がここから天に昇ったという。李賀は、幼児の頃より、ここで遊んだという。その像に対して〈奇異〉なことを感得した。この状景はなんと終末感が溢れていることか。はたしてみずからの心身の崩壊を予知したのであろうか。「蘭香神女廟」には、その終末的状景がこんな風に描かれた。春は春とならず、鯨は海を吸い上げ、大亀が海に躍り、牛や蛇神もでてくると。まさに幻視のきわみだ。

もう一つある。李賀の女性像が不明なことだ。草森は、かなり精緻な「婦人の哭声」の章を、力をいれて書いている。また「独騎の旅」の章では、李賀が真珠なる美女を詠っていると指摘する。その女性は青い空を舞い降り、洛陽の城中にある苑に香しい風を吹かした。

しかし草森は、実在の美女としなかった。こんな言い方をしてまとめていった。この真珠という美女は、李賀に「宿借り」し、女でも男でもない肉体を息づかせたという。

草森は、これまでの文献を精査しながら、李賀には〈蕩児〉として〈なんらかの事件〉があったのではないかと推察するが、それは定かではないという。でも詩群の中には〈妖冶《ようや》な「もの」〉があるという。そうしたものが〈蠢きの量〉を形成すると。河陽の地では、官妓との出会いを詩にした。酒盃に当てられた唇は真紅であるとみた。そしてその場には千枝のローソクが燃えていたと。官女を幻想的に描いた。でも女性はあくまで生身でありつつも、恋人とはみていない。

むしろこの女性は〈自然〉と等しいものになっている、と草森は読み取った。女性を〈自然〉として客観化してみる。その見方は、草森が李賀文学をどうみるかという根幹に触れてくる。というのも現実と幻視との間に閾《しきい》を置くことをせず、ある種の〈肉体もしくは感性の癖〉がそこに立ちあらわれているとみるのだった。

この様に草森は、女性像をめぐっても醒めた眼で、李賀の魂魄《こんぱく》を腑分けした。まさに草森の文学の一つの特質は、こうした現実と幻想との閾《しきい》に身を置きながら、自らが火球と化す前にブレーキをかけ、醒めた眼で事象を見詰ることに徹したことにある。その点でも、非情の眼をもった異彩を放つ作家であった。そのことを如実に、この本は示しているのだ。

李賀は、あまりに短かった人生という名の回廊を潜りながら、二四一篇の詩を生みだした。

4　その後の李賀

最後に、李賀がその後どのように受容されていったのかという点に触れておきたい。李賀は、これまで「論詭譎怪《ろんききっかい》」や「怪険《かいけん》」とか、つまり難解さと奇怪さがあるといわれてきたが、後世までよく詠まれた作家だ。現代中国の毛沢東も愛読者の一人だった。

毛沢東は、大変な読書家であった。読書の場の一つが巨大なベッドだった。ベッドの周りは本で埋まっていたという。草森は、『本の読み方　墓場の書斎に閉じこもる』（河出書房新社、二〇〇九年）で一文を毛沢東に割いた。そこに「毛沢東の寝室は、彼の政治の秘密そのものであり、思想の爆薬庫だといってよい」と書いた。

では李賀を愛読し、大変な読書家でありながら、なぜ毛沢東は文化大革命では知識人たちを弾圧したのであろうか。

草森は、そのことに疑問を抱きながら、こんな答えを導きだした。そこに「書物人間へのいらだち」が存し、さらに〈中国の伝統的な書物人間（文人官僚や学者）を退治しなければ、〈新しい中国〉が樹立できないと考えた。大変な読書人であるがゆえに、本が反権力の温床となることを本能的に見抜いていたのであろうか。となると、はたして毛沢東が李賀の悲憤を正しく理解できていたかどうか、かなり怪しくなる。

日本では、新宮市出身の詩人佐藤春夫が、李賀を「中国のキーツ」と褒めた。私は、どうして佐藤は、李賀を「中国のキーツ」とみたのか、そのことが気になった。少し調べてみた。新潮日本文学アルバム『佐藤春夫』（新潮社）を繙いてみた。そこに井村君江「評伝佐藤春夫」と芳賀徹「春夫邸の客間の一隅で」があった。

草森紳一
本の読み方
墓場の書斎に閉じこもる
本は崩れず。
『本の読み方　墓場の書斎に閉じこもる』
（河出書房新社、2009年）

そこにこんなことが書かれていた。佐藤春夫は、生前最後の単行本となった句集を「能火野人《のぼのとびと》」と名付けた。この〈能火野人〉とは、熊野生まれの人の意という。神霊が立ちこめる熊野の地で生を享けた佐藤。だからであろうか。芳賀は、佐藤が発したある言葉に注目する。

こんなことをいっていたという。日本の天明期の文学と欧州十八世紀のプレロマンチスムとの間に明らかに平行現象が存在すると。つまり時空を超えて平行現象を引き起こすもの、その神秘なるものの存在を認知しているわけだ。それを「電波感染」と呼んだのだろう。

また一八〇九年に上田秋成が亡くなり、同年にアメリカのボストンでエドガー・アラン・ポーが生まれた事実を踏まえ、上田の霊がアラン・ポーの身を借りて再生したという。

芳賀は、佐藤が〈奇想天外の連想〉のうちに、そんなことをいったというが、はたしてそうだろうかと疑問を呈した。この〈電波感染〉や〈霊の再生〉、まさに佐藤の胎に内在した霊力がしぜんと感知したものではなかったか。とすれば佐藤は李賀とキーツが、時空をこえて同一の霊で結び合っていたと感じたのかもしれない。

もう一人いる。思想家の河上肇だ。草森は先の『本の読み方』で、河上が小菅刑務所に収監されていたとき、妻が『李長吉詩集』を差し入れしたことに言及した。さらに河上は、陶淵明などの漢詩集も愛読したともいう。

河上は、漢詩を嗜《たしな》んでいた。ではその詩作にはたして李賀の影がみられるのであろうか。草森は、五言絶句の数点「薄粥、飽くに足らず」「風寒く病骨　冷なり」などにその影の一端をみている。もう一人いる。車谷長吉は李長吉に倣って筆名とした。

この李賀論の中で、私の心の池に波紋を引き起こした草森の言葉がある。草森はこういう。李賀は、中唐の世を疾走した「黒い一点の蟻粒」だと。世界に冠たる地位を占めた唐の時代。その巨大な天の下で蠢くごく微小の存在。とすれば蟻粒が発した詩句は、その豪壮華麗な唐の空間が廃墟となっても、不滅の光を放っているわけだ。

まさに蟻粒は、病を得ながら、地を這いつくばりながら、しかと空無なるものの虚しさを味わった。だからこそ李賀の詩は、時空をこえていまも私達の心に滲みてくるのではないか。

草森は、そんないかにも小さい蟻粒に、全身全霊を捧げた。そのいのちの歩みを知れと諭してくれる。まさに頭が下がるばかりだ。この孤絶な営みを深く崇敬する。

これからは、ランボーやロートレアモンと比較しながら、グローバルな視野に立った新しい李賀論も書かれるかもしれない。いや、ぜひ書いてほしいものだ。現代語訳があってもいい。それがまちがいなく、草森の意志を継ぐことになるにちがいない。

コラム8

〈寅さん〉と草森紳一

いま国民的アイドルの〈寅さん〉が復活している。渥美清が演じた〈寅さん〉シリーズは、これまでに約八千万人の観客を集めたという。一九六九年の第一作から数えて五〇年目となるのを記念して、二〇一九年末にシリーズ五〇作目となる『男はつらいよ　お帰り寅さん』が上映された。渥美清は、残念ながら一九九六年に六八歳で亡くなっているので、過去の名場面を織り込みながらCGを駆使して〈寅さん〉をスクリーンに登場させた。

四方田犬彦との共著『アトムと寅さん　壮大な夢の正体』（河出書房新社、2005 年）

巷で再び〈寅さん〉ブームが巻き起こる中、私は草森紳一の〈寅さん〉論を読みたくなった。それは『アトムと寅さん』（河出書房新社）に載っていた。この本は草森が評論家四方田犬彦と対談した内容を纏めたもの。対談は二〇〇三年に行われていたが、本になったのは二〇〇五年のことだった。〈はじめに〉

〈おわりに〉の両方を四方田が書いている。

副題を〈壮大な夢の正体〉とした。表紙絵は、画家タイガー立石の「虚富士」を使ったが、それは草森の要望だったという。

タイトルは、二大国民的キャラクターの〈アトム〉と〈寅さん〉になっているが、当初は違ったようだ。明治から現在までを時間軸にしながら、〈日本的壮大〉を生きた人物を想定して対談する計画だったようだ。ただ手始めに西郷隆盛や出口王三郎などでやってみたが、どうにもレンジが広くなり、かえって散漫になりやめたようだ。

転じて、戦後日本のサブカルチャーを代表する超ヒーローたる〈アトム〉と〈寅さん〉に落ち着いた。〈アトム〉と〈寅さん〉は、たしかに誰もが認める日本的ヒーローであり、いまや様々な文化記号となっている。

草森と四方田は、〈アトム〉と〈寅さん〉については、一家言をもっているので対談は白熱した。四方田は、この双方が今日の日本が優れて携えている〈イデオロギー〉であり、〈世界観の容器〉であるという。

時には〈アトム〉と〈寅さん〉の枠を外れて、話は七〇年代映画と百恵神話にまで展開し、さらに〈《寅さん》が北朝鮮に行くはありえるか〉などと、かなりきわどい政治情勢論にまで広がった。実は、この政治情勢論はなかなかシリアスな問題を孕んでいた。朝鮮半島の映画状況に詳しい四方田ならではのある指摘をしている。北朝鮮では、〈寅さん〉が〈おしん〉と並んで、かなりの大人気で金日成や金正日なども愛好家の一人だという。

そんなことで山田洋次監督は、平壌映画祭に招待されている。その時、合作の話も出たという。事によれば、北朝鮮で寅さんの撮影が行われることがありえたかもしれないともいうのだ。実際に〈寅さんが北朝鮮に行く〉ことはなかったが、〈寅さん〉を巡る話題には、このように触れてはならないことも隠されているようだ。

本題に入る前に、四方田の〈前口上〉たる〈はじめに〉がとてもオモシロイので紹介したい。四方田は、草森というモノカキは、『荘子』の内篇に記されている〈冥霊〉や〈樗〉という神話的な大樹を連想させるという。〈冥霊〉とは五〇〇年で春、五〇〇年で秋を迎えるという。そんな超時間的な存在だ。一方の〈樗〉は、瘤や凹凸に富み、サイズは測りようがなく、そのため斧やマサカリで枝を切ろうにも、曲がっているためできないという。この世的な尺度、つまり規矩《さしがね》では測ることができない樹木。まさにそれこそが、モノカキたる草森だという。なかなかの卓見。なかなか素晴らしい讃美の聲ではないか。

さてここでは、コラムのスタイルで、手塚治虫には申し訳ないが〈アトム〉を論じることは休みにして、「寅さん」に絞って少々言を重ねておきたい。

二人の絶妙なやりとり。深い叡智を含んだ含蓄をさらりと晒しながら、こんな風に四方八方に展開した。話の大輪の一端をみてみることにする。「題」の一つに「てめぇ、さしずめインテリだな」がある。

『男はつらいよ』シリーズでは、なぜか大学の先生などインテリが沢山登場するが、〈寅さん〉から〈罵倒〉〈小ばか〉にされている。たしかにそうだ。思い出してみる。寅さんは、〈インテリゲンチャ〉を〈労働者諸君〉と同じくらい連発している。それはもちろん山田洋次監督のパーソナルな見方、つまり〈インテリゲンチャ〉を蔑視する意識が反映しているのだが……。

草森は、『男はつらいよ』は、どうみても「落語」の世界そのものであり、〈落語のエスプリを全部残した全集〉のようなものだという。さらにこうも続ける。その根底には禅の公案が横たわっているともいうのだ。暴逆と佯狂を文化記号とみる草森らしい見方もしている。一方の四方田は、脇役の蛾次郎が演じた源公は、中国の〈寒山拾得〉だとのべ、草森が〈面白い意見だね〉と返している。

さて私見によれば、〈寅さん〉シリーズは、現代の〈東海道中膝栗毛〉にみえる。〈東海道中膝栗毛〉では弥次さん喜多さんらは、これまでの不運を払うため、つまり厄落としにお伊勢参りの旅にでるわけだ。〈寅さん〉では、弥次さん喜多さんの代わりが、〈寅さん〉とマドンナとなっているわけだ。

いつも放浪できるのも、最後に迎えてくれる人がいるからだ。どんなに家族と喧嘩して別れても、帰るところがあるから、柴又を後にすることができるのだ。その意味では、兄妹愛や家族愛、さらに故郷愛をテーマにしているといってもまちがいではない。またこんなことも考えられないだろうか。それはどこか、『聖書』で〈喩話〉として語られている「放蕩息子」の物語、その現代版にもみえる部分がある。

なにより大事なことがある。それは〈寅さん〉映画は、最後には予定調和的に収斂することだ。マンネリといえばそうだ。ワンパターンといえば、その通りだ。ただみている人は、そうなることを知っているから、安心して劇場に足を運ぶのだ。そしていつしかみんな恋愛下手の〈寅さん〉の応援団になっていくのだ。

文字も満足に書けず、教養はないが、人情にはあついダメな男。その姿は、私なりの言い方をすれば、〈日本的道化〉にみえるのだが……。毎回スクリーン上で〈日本的道化〉が巻き起こす騒動。みんなが巻き込まれていく。そしてそれがようやく収まると、また何にもなかったかのように元の日常に戻っていく。これは、民俗学的にいえば〈祭り〉（祝祭）に相当するのではないか。〈寅さん〉の新作は、お盆と正月に上映された。まさにその映画をみることは、〈日本的祝祭〉に参加することであった。

さらにいえば、恋愛下手の道化だからこそ、蔑視の対象でもある〈インテリゲンチャ〉の恋愛成就を手助けできるわけだ。

では草森は、〈寅さん〉をどんな文化記号として読みとったのであろうか。こんな見方を提示した。〈寅さん〉は、「大いなる擬似神」になっているという。つまりある種の民俗神というわけだ。だからこそ、みんなに迷惑をかけても〈ありがとう〉と感謝されているのだという。

さらにこんな指摘をすることを忘れていない。登場人物たちは、みんなどこか〈やさしさ乞食〉のキャラを帯びていると。つまり〈寅さん〉という存在は、日本人が昔から抱いている〈素朴神信仰〉にぴったりと符合するともいうのだ。

ますます多極化し、価値が混迷する世では、私たちはこれからもこの〈素朴神信仰〉にすがることになりそうだ。なぜなら荒れた心を癒す〈素朴神〉はとてもすくないからだ。

この『アトムと寅さん』は、〈寅さん〉映画をみる人に、ぜひ読んでもらいたい本でもあるが、それ以上に斬新な日本人論として読んでも、とても価値のある本である。

第10章 荷風の永代橋

1 先輩荷風

草森紳一は、二十年あまり深川寄りの永代橋のたもとに住んだ。そしてよく、この界隈を散歩した。ある時は、執筆に疲れた頭を冷やすために。ある時は、馴染みの食堂に行き、お腹を満たすために。格好はラフだった。冬以外は、素足の下駄ばきだった。古書店から送られてきた書籍販売目録や分身となったカメラを手にしながら。この永代橋は、そんな気ままな漫歩の起点だった。

この辺は、かつて富吉町といわれた。現在は、永代一丁目になる。すぐ隣が佐賀町一丁目となる。私もかなり前に、この佐賀町にあった古い食糧ビルの三階を改装した画廊空間「佐賀町エキジビットスペース」を訪ねたことがある。小池一子がディレクターとなり企画・運営していた。天井が五メートルと高く、アーチ型窓が印象的だった。また近くには、東京都現代美術館もある。木場町も近く、現代美術と下町風情がうまく折り合う界隈となっていた。

永代橋周辺は、一時期永井荷風の放蕩空間だった。それが縁で、この本ができた。いや、それだけではない。荷風は、明治四三（一九一〇）年より森鷗外と上田敏の推挽を得て、慶応で教鞭をとっていたのだから、草森にとり大学の大先輩となる。また荷風は、今も発行している『三田文学』の創刊メンバーでもあった。

調べてみると、草森が、実際に荷風の姿をみたのは一回しかない。それも晩年の老いた荷風だ。草森は「有楽町の〈富士アイス〉で珈琲をひとり飲んでいるのを見かけたことがある」（『散歩で三歩』話の特集、一九九二年）と記している。別な所では〈不二アイス〉ともある。その姿は、〈輝きわたる〉ほどの〈みすぼらしさ〉であったという。

荷風の大学在職前後は、ひときわ女性の出入りが激しい。少したどってみる。明治四二（一九〇九）年、新橋板新道の新翁屋の富松（吉野コウ）と親しくなった。明治四五（一九一二）年に、本郷湯島の材木商齋藤政吉の二女ヨネと結婚する。一方で派手な放蕩生活が展開する。荷風は『三田文学』に戯曲「平維盛」を発表した。この作は、市川左団次により舞台化した。その総見の席で出会った新橋の伎女巴家八重次（金子ヤイ、のちの藤蔭静枝）と親しくなり、荷風は八重次と情を交わし、家を顧みることはなかった。

そんななか、ヨネと離婚する。市川左団次の媒酌で八重次と結婚するが、今度は八重次が家を出る始末。この様に在職中は、女性関係でのトラブルが多く、それもあってか元々病弱な体だが、この頃は胃や腸を患っている。

大正五（一九一六）年に築地や浅草旅籠町などでの生活をやめ、大学を辞した後、余丁町の家に戻った。この家の玄関につづく、僅か六畳を「断腸亭」と名付けた。

『随筆「散歩で三歩」　コンパクトカメラの新冒険』
（話の特集、1992年）

以後、荷風は、日々の出来事を日記風に記し、それをのちに『断腸亭日乗』とした。

『永井荷風集』（日本文学全集十四、新潮社）に織り込まれた付録「栞」に二つのエッセイが載っていた。佐藤春夫の「悲劇的人物荷風」と草森の師たる奥野信太郎の「永井教授の俸給」。

佐藤春夫は、なぜ〈悲劇的〉か、を寸評する。それは死に方ではないという。では何か。一言でいえば生の状景が〈悲劇的〉だという。愛憎一如の言葉に象徴されるように、〈愛の終點が憎悪であったかのようにみえる〉と。荷風は親交のあった友人を憎んでいたという。さらになぜ〈悲劇的〉と見たかをこう説明する。〈利用しようと巧言令色を以て身邊に集る人間と心からの愛情で近づく人間との区別もつかずきびしく生きた〉のが荷風だと。そこに荷風文学の核心が潜み、さらに荷風の内心世界に巣食う異常心理があるまいかと、問いを投げかけた。

他方の「永井教授の俸給」は、そのものずばり、この大学での荷風の俸給についてのもの。大学の百年記念事業の一つとして塾史を編んでいたが、その作業過程で古い資料が見つかった。荷風が大学に新任した当時の月給が判明した。明治四三年に一五〇円を受けていた。さらに『三田文学』の編集費として、ほとんど自由に使える月額三〇円を頂戴していた。その厚遇ぶりに、奥野は自分の所遇と比較しながら、その特別待遇に驚いた。どうも特別待遇で得た給料のかなりの部分は、荷風の放蕩三昧に使われたようだ。

また奥野は、あれほど細かく生活の断片を日記に記録した荷風には、この給料のことの記述が抜け落ちているので、これは貴重な資料となるという。ただ奥野は、それだけを記したのではない。ある疑問を呈した。荷風は、中国文学において、なぜ特に明末清初の詩人に傾倒したのかともいう。荷風の漢詩文への関心。それは草森が荷風を身近に感じた訳の一つにはなるようだ。

もう一つある。フランス文学者の、ゾラ、モーパッサン、ジイド、レニエなどが荷風の内部でどういう風に〈一列の結集〉を形成しているのか、これからの研究課題であるともいう。

この「栞」に載せられた二つのエッセイ。とにもかくにも、それだけ、荷風という文学者の素顔もまだ鮮明ではなく、また文学史的な考察も道半ばということを示している。

2 「橋」という記号

いまこの『荷風の永代橋』（青土社、二〇〇四年）を語ろうとしているのであるが、先に本音を吐く。先がみえず、自分の筆をどう動かしていけばいいか皆目見当もつかないからだ。

『荷風の永代橋』（青土社、2004年）カバー絵は井上洋介

草森は、厖大な日常記録である『断腸亭日乗』の中から、ひたすら永代橋の記述を探した。永代橋が出てきたら、それを荷風の私的日常に照応しながらコメントを加えた。それを限りなく繰り返した。この作業は、まさに暗闇に黒いカラスをさがすようなもの。のめりこみが激しくあまりに細部まで入り込むので、こっちの方がギブアップ状態となる。そのため読みつづけることは苦役の業となる。

もう少し永代橋に拘らずに、大局的に荷風像をはさみながら、また焦点を絞りながら〈コンパクトに展開してくれるといいのだが〉、と愚痴もいいたくなる。ただタイトルが示しているように、主題が『荷風の永代橋』に特化しているのだから、それは無理と諦めてまた読み続ける。

この日常への偏執。そこから荷風の隠れた姿を見出そうとする。これは、フランスのアナール派の歴史学の方法に近いとみた。アナール派は、これまでの英雄主義や大事件主義を排して、民衆の日常の出来事を考察することから歴史事象を再考した。アナール派の歴史学を打ち立てたのが、ルシアン・ルフェーブルやマルク・ブロックたち。

私は、一九六〇年代後半に大学で西洋史学を専攻し、このアナール派の存在を知った。むろん荷風は、そんなアナール派のことなど知らないはずだ。でもアプローチ方法がとてもにているのだ。草森は、これまでの荷風像を一度廃棄（あるいは無視）し、まず先見性なしに「日記」というものを〈テクスト〉にして、その日常性の空間から新しい像を構築せんとしたにちがいない。それはまちがいなく文学研究、評伝においても異なる一灯を献じたことになる。

序奏が長すぎた。ではこの章では、何をするのか。何を論じてゆくのか。『荷風の永代橋』の全体像を解読することはしない。できないといったほうがいい。あくまで私的な関心事に絞って、つまり斜めに読みとりたい。つまり偏差化した読みに徹することにする。

手順を示す。まず荷風家のことに触れる。父・久一郎と荷風が、いかなる父子関係を結んでいたか。明治の精神や漢詩文学のたしなみ、それがこの父子の絆となっていることを示す。次に先にも少し言及した荷風の放蕩主義（ドン・ファン主義）と女性観について一瞥したい。その放蕩主義が、江戸情緒が残る永代橋周辺で展開しているが、それを草森がどう読みとりしているか探ってみたい。

最後に、紙幅の関係で、荷風の代表作の一つである『断腸亭日乗』をどう草森が料理しているか、その一端を覗いてみる。つまり『荷風の永代橋』という〈書の橋〉を渡らずに、迂回路を歩んでいきたい。
まず荷風家のことを紹介する。荷風の父・久一郎は、旧幕臣（尾張藩）の遺臣だった。母は、恆《つね》という。荷風は、明治一二（一八七九）年に、一家の長男壮吉として小石川区金富町に生まれた。荷風は、さらに何度か名をかえた。断腸亭主人、石南居士、金阜《きんぷ》山人と。
父は、はじめ幕末維新の頃の漢詩人、儒者でもある鷲津毅堂《わしづきどう》に師事した。鷲津毅堂の次女が恆だった。
父は、当時としては極めて先進的な米国留学をなし、帰国後文部省に勤め、帝国大学書記官となった。

草森は、はっきりと永井家は、漢学の一族であると言い切っている。たしかに父は、漢詩文を嗜み、禾原《かげん》と雅号した。ただ漢詩の力を、やや文学性から離してみていた。いわば中国流の、天下国家の「経世」の具と考えた。

禾原は、官界を辞して、民間（日本郵船）に退き中国に赴任していたが、そこから来青花《オガタマ》をもってきて植えた。この花の名をとってアトリエを「来青閣」とした。また禾原は、先に奥野が指摘していた明の退廃詩人たる王次回の作品を好んだ。先に奥野がやや疑問を呈していた、荷風がなぜ明末清初の詩を好んでいたかに対する、これが答えかもしれない。父親譲りの部分があったようだ。

大正一二（一九二三）年の関東大震災後には、先の鷲津毅堂や大沼枕山の生涯に関心を抱いた。たしかに荷風の『濹東綺譚』（昭和一二年）を読むと、中国の『紅楼夢』に載せられた「秋窓風雨夕」という古詩が挿入されている。この詩を何とかして翻訳したいと願っている。

さてこの朝日新聞に連載した『濹東奇譚』（画家木村荘八の挿絵）について、少し触れておきたい。書かれた昭和一一（一九三六）年には、二・二六事件、阿部定事件、ナチスのベルリン・オリンピック開催などがあった。世界が激しく揺れ動く中、〈濹東〉の地から世間を覗き見たわけだ。〈濹東〉の名にどんな気持ちをこめたか。荷風の「作後贅言《ぜいげん》」から探ってみる。「濹」の字は、林述斎が墨田川をいい表すためにつくった。さらに幕府が瓦解後、成島柳北が向島の須（州）崎村の別荘に住み、その詩文に「濹」の字を用いた。荷風は、そんなことを踏まえながら、向島にある遊里を見聞し、『濹東綺譚』をかいたわけだ。

話を戻す。禾原は、王次回の詩文を真似て「美人梳頭歌用李長吉韻」と書いた。この王次回には、李賀の影響が散見するという。そして明治の漢詩人達の間には、李賀がかなり流行していたという。とすれば禾原もまた李賀の詩の讃美者であった。つまり荷風父子は、李賀を〈橋〉としながら、度合いは別としても有縁の関係を結んでいたわけだ。

さらに草森が、李賀という〈橋〉を渡り、大著を書くことになるのだ。

荷風についてもう少しその相貌を短く寸評したい。幾度か変節し、その姿をかえた。そのため、時期毎に印象がかなり違ってくる。十七歳の時には、柳橋代地の荒木竹翁に尺八を習い、また岩渓裳川について漢詩作法を学んだ。十九歳には、処女作「簾の月」を書き、広津柳浪の門を叩いた。二十代前半の数年は、入学した東京外国語学校支那語科に足をむけず、もっぱら清元、踊り、尺八などの稽古事に励み、落語家に弟子入りし、夢之助をなのった。さらに歌舞伎を初歩から習った。まさに芸の習いの日々を過ごした。その後、日出国《やまと》新聞社に入社し、雑報係となるが、のちに社員淘汰のため解雇される。一時は、暁星学校（夜学）に通いフランス語の習得に励んだ。この時期は、エミール・ゾラの作品を愛着した。

一転し明治三六（一九〇三）年、二十四歳で禾原の勧めもあり外遊にでる。それは五年間続いた。文芸評論家中村光夫は、荷風が訪れたフランスは、ちょうど〈一九世紀の爛熟した文化〉が、〈二〇世紀の激しい傾斜〉にさしかかった時期に当たるという。さらに「アメリカから個人主義、フランスから伝統主義を身につけて帰った」とみる。この相反する二つが合体し、これが荷風が〈独特の奇人〉として長い生をおくる倫理的な支えになったという。明治において、「伝統」を「文明」の反対語と考えていた風潮下において、荷風は明治の偽善的文明をひどく嫌悪した。それが荷風の情緒主義の背骨となったようだ。

荷風は、欧米の体験を『あめりか物語』（明治四一年）『ふらんす物語』（短篇小説・紀行文・漫談で構成、明治四二年）にし、文壇復帰を果した。草森はいかにも偏奇の人だが、今話題にしている『荷風の永代橋』では、「橋」に偏奇した。この二作の中に入りこみ「橋」の記述を全て調べあげた。なんと鉄橋を三度渡ったことまで突き止めた。どんなに些細なことであっても、そこからいままで視えなかった何かが浮上してくると考えたわけだ。

この『ふらんす物語』には、若き荷風の内から溢れでる感性の放流があり、至福に満ちながらフランス文化の襞にどっぷりと浸っている姿を発見する。パリとの離別に当たり、「フランス、ああフランス」と呼びかけ、「何故仏蘭西に生まれてこなかった」と悔やみ、さらに「わが神よ、自分はどうしたら可《い》いのでしょうか」とまで煩悶《はんもん》する。風景にも情を絡ました。「ああ。マロニエーよ。わが悲しみ、わが悩み、わが喜び、わが秘密を知るものはマロニエーよ、汝のみ」と。

ここでは情緒がオーバー気味に溢れ出ている。だからであろうか。この『ふらんす物語』は、すぐに発売禁止処分をうけた。半年後には、『歓楽』も発禁となる。過剰なまでの無垢な情緒の表出、さらに退廃的な耽美主義は、反良俗とみられ危険だったようだ。この頃、富松（吉野コウ）を知る。

これまでは、荷風の欧米体験の評価については、欧米文化（文明）の実体を、身をもって味わいつつ、それが反転し、日本文化の底流にある「情緒」に復帰し、失われていく下町情緒や伝統美を讃美したというのが定番だった。たしかに、そこには反時代的意識も発芽している。それが典型的に顕現しているのが『すみだ川』（明治四四年）や『新橋夜話《しんきょう》』（大正元年）などであろうか。

視点を変換したい。ではほんとうに日本文化の底に流れる「情緒」に復帰したといえるのか。私見をのべておきたい。それはちがうのではないか。むしろ帰国後、日本の鬱積した世相や混乱した社会状況、その暗い地層に包まれることで、それらは否応なく窒息させられ、また大きく歪められたのではないか。ここで押さえておくべきことがある。はたしてこの「情緒」の迸りや耽美への耽溺は、荷風の青春における一時的現象に過ぎないのだろうか。

そうではあるまい。この情緒主義や耽美主義は、荷風にとって生命力の根源となる、そんな心性の血ではないか。晩年は、〈肉の形〉が衰え、さらに加えて老いの意識と反時代性が相乗され慚愧《ざんき》の念に駆られていったのではないか。強く、そう感じる。

だから彼の放蕩は、心性の血に等しい情緒主義が〈歪んだ〉姿に〈変形〉させられたからではないのか。〈歪〉ませたのは、日本の〈悪しき時代〉ではないのか。晩年の荷風が、〈肉の形〉の衰えを実感しながら、なおも放蕩の情を燃え上がらせようとした姿は、たしかにかなり滑稽にも映るが、それも荷風なりの〈悪しき時代〉への反抗にもみえなくもない。

戦時下において他の文学者とちがい、荷風は軍部に非協力の姿勢を貫いた。世間的には放蕩に耽溺したかにみせつつも、つまり道化のように仮装しながら、自我はしっかりしていたことになる。これが〈悪しき時代〉を生き抜くための、文学者荷風の身の処し方であったにちがいない。

話を飛ばす。慶応大を辞してから、荷風は自己の空間を築いた。どんなものであろうか。大正九年には、麻布に純西洋風の「偏奇館《へんきかん》」をつくり、一段と孤絶を深めた。偏奇、そこに〈自ら嘲笑する〉の意を加えた。まさに世を捨て、ひねくれた心根を託した。私は一つの結論を見出だした。この「偏奇」は、荷風の境涯の基柱、なによりも精神の在り方を示したにちがいないと。なぜなら一方で〈放蕩〉を、他方でこの「偏奇」をエネルギーにして、〈悪しき時代〉をしかと生き抜いたともいえるのだから。

この「偏奇館」は、関東大震災では無事だったが、昭和二〇（一九四五）年には戦災で焼失した。全てが灰と化した。その無惨となった焼跡をあるく荷風の写真数枚が残されている。草森は、蝙蝠傘を手にしながら歩く写真の荷風に気を留めた。十数年かけて集めた蔵書の消失。沈痛な荷風の姿に、草森は自分の想いを重ねたにちがいない。

これまで何度か発禁処分をうけていたが、ようやく日本が荷風を評価した。昭和二七（一九五二）年に文化勲章を受章した。天皇が玉座に着き、当時の吉田茂首相から「勲章と辞令」をいただいた。その後の食事会では、荷風の左隣に天皇が座した。終身年金五〇万円をうけることになった。

その際、国にそんな金があるのなら、〈もっと墨田川をきれいにするのに使え〉といった。その臆さない姿。さすが荷風だ。骨のある文学者だ。昭和二九（一九五四）年には、芸術院会員となった。だが、受賞式にみせたモーニング姿とはちがう荷風がいた。連日のように浅草通いに急ぐ荷風がいた。『日記』には「正午浅草」の文字が躍った。〈荷風散人〉となり、踊子の裸と向かいあった。

話の流れで、死のことに触れておきたい。それは昭和三四（一九五九）年のこと。腰をいためため、浅草通いもやめた。四月三十日朝、床の上で背広姿のまま、口から血を吐き亡くなった。見つけたのは、通いの手伝いだった。七十九歳の死だった。

この死の状景、どうしても草森の死の姿と二重映しにみえてくるのだが……。当然、草森はこの荷風の死の状景を知っていたはずだ。そうだ、荷風の死の状景は、草森の死の有様を「予告」しているのだ。そう思うと、胸がきつく締め付けられる。

3　お歌と永代橋

ここで、二人の妓女について特化してみたい。三番町の妓寿々龍たる関根歌（小星ともいった）と園香。荷風は「五十二歳の老年に及びて、情癡猶青年の如し。笑ふ可く悲しむ可く、また天に賀すべきなり」とのべた。お歌とは、三十歳の歳差があった。荷風は、昭和二（一九二七）年に彼女を身受けし、富士見町に待合「幾代」の店を出させていた。

ちょうど市ヶ谷と神楽坂との間。そこは花柳界に近かった。そんな場で、荷風はお歌の眼を盗んで園香と逢引する。草森は、これは〈危険な恋のプレー〉という。このように荷風の女性との奔放な遊びがおさまることはなかった。

はたして彼女らは、荷風の中に潜んだ「幻影の女」であったか。それとも、消えゆく下町の情緒の化身だったか。はたまた自己像を彼女らに映していたか。いずれにせよ単なる快楽の対象だけではなかったはずだ。いわば鏡像としての自己像、それも逆立した姿であったにちがいない。

園香とお歌。この二人の関係を草森は、「橋」に例えた。下手をすればこの二つの橋は、〈断橋〉になること。草森は、荷風の心内に入り、こう分析する。お歌がいながら、あえて園香と恋の鞘当てをすることは、かなり危険なことではあるが、〈ふりまわされる事そのものが創作欲の刺激になった〉とみた。

ここでは、お歌を軸にしてもう少し展開してみたい。というのも、セクション〈「祭日。陰」〉では、草森は、〈お歌は心に残る〉とのべているからだ。こうもいう。この『断腸亭日乗』（以下、『日乗』と記す）の中に、お歌を〈用心深く仕込まれ育てられた、つつましいが、強い蹴り足をもって咲く華《はな》である〉と記している。〈つつましいが、強い蹴り足をもって咲く華《はな》〉とは、なかなかいいえて妙である。お歌については、セクション〈さみたれや人の通らぬ夜の橋〉にくわしい。なによりお歌との交情、強い蹴り足がどういうものか、その一端を示している。

草森は、荷風の放蕩の実像を追う。その追い方が、かなりリアルである。やや週刊誌の記者の眼も感じるほどだ。たしかにゴシップさがしの側面もあるが、相手がドン・ファン荷風のことだからしようがない。

一方のお歌の「橋」が壊れた。車中で発病し、〈苦悶のあまり昏眩絶倒〉する。あわてて荷風の主治医たる大石貞夫が院長を務める中洲病院へ入院させた。あとでこの〈昏眩絶倒〉は、仮病だったことが判明する。草森は、これをお歌の〈佯狂〉とみた。交情のもつれはさらに続く。この一件のあとも、それでもお歌は、新しい蒲団を、「偏奇館」に運んだという。

草森は、お歌の手記「日蔭の女の五年間」（『婦人公論』昭和三四年）に注目する。草森は、めずらしく感情を露わにして、このタイトルは「嫌だ」という。編集者がつけたのではないかと、勘ぐった。

こんなこともあった。荷風は、お歌、園香、この二人とのトリプルプレーを仕組んだが、お歌はそれを拒絶したという。これはのちに〈牛込事件〉といわれた。

この「橋」でこんなこともあった。あるときお歌は、ここから荷風の草稿を川に投げ捨てた。いのちを削ってかいた原稿。それを荷風も同意していたという。なにかドラマのワンシーンにみえる。愛憎が絡みあった出来事だった。

こうして荷風にとって、「永代橋」は人生のドラマをつくりだした現場の一つであり、俗（放蕩）と聖（文学）、その二つの境目《ボーダー》となった。草森は、「かつて深川や玉の井が荷風の別天地だった」という。その通りである。俗なる別天地だった。荷風という文学者は、放蕩から反転して、情緒豊かな失われた下町文化に生きる人物を、今度は愛情をこめて一つの現実《フィクション》の空間に描きだしたのだった。

その後荷風は、その別天地を捨てた。昭和一二年より、浅草通いに明け暮れた。今度はオペラ館の楽屋が「別天地」となった。荷風は、化粧の臭いに噎せながら踊子の裸やその着替えのさまを眺めた。

荷風は、女たちが出入りを許した「爺ちゃん」となった。それは、そこが閉鎖されるまで七年続いた。荷風の『日記』では、楽屋人を「無用の徒輩」「淫蕩無頼」とやや下位とみているが、草森はそこも「橋」であったとみた。

4　『断腸亭日乗』

はじめこの長大な本を前にして私は、どういう風によめばいいいか、その料理法がわからずに途方にくれた。これまでの荷風像は、ある定型として描かれていた。それはこんな風だ。都市化が進行する中、江戸の下町文化が次第に消尽していく状景をみながら、生活する姿として捉えられていた。そして荷風は、その凋落する下町とそこに生きている人々を眺めつつ放蕩したと。

実は、これまで草森にとって荷風は、長く関心の外にいた。熱心な荷風讃美者では毛頭なかった。かろうじて『日乗』は、近代日本の叙事詩として高く評価していた程度だった。すでに触れたように、たまたま、永代橋のたもとに住むことが全ての始まりだった。とすれば、永代橋界隈、その場の霊が、ゆっくりと草森の胎に潜んでいったともいえる。次第に豹変した。はっきりと〈うねりくねる大河小説〉だと宣言する。とすればこの『荷風の永代橋』は、その大河小説を読んだ草森の前代未聞の「読書ノート」でもあるのだ。

草森は、どんなに無縁者であっても、一度自分の胎内に入ってきた作家とはとことん付き合った。拘ると、徹底的に調べあげた。一転して、「彼が死んでもっていってしまった脳の宇宙に、もう一つ深く刻まれていて、生前にあっては、記録と記憶が互いに協和し大合唱していたともいえる」というのだ。つまり荷風の〈脳の宇宙〉を覗くことに愉悦さえ感じているのだ。

結果として、こうして八七八ページの荷風論が完成した。長大な書をかいても草森の中では、まだいいたりないことがあった。もう一つの作品が生まれた。それが次章であつかう『その先は永代橋』だ。後者は、遺書的書なので、草森は、この姉妹編二作を枕にして死の床に着いたことになる。

荷風という作家には、ややデカダンスの匂いが立ち込めている。それは海外において新しい感性を浴びてきたことが基因しているのかもしれない。荷風の、文学の〈母胎〉に、滅びの美学が入りこみ、それが持ち前の放蕩主義とブレンドされたようだ。

私が、この『荷風の永代橋』に期待したことはいくつかあるが、その一つはこのブレンド味を草森がどう味わっているかみてみたかったのだが、それが充分にみたされることはなかった。

もちろん、荷風の特異な日記である『日乗』を草森がどう読みこなすかも愉しみではあった。この作品について、こんな他の評がある。

遠藤周作は、「「荷風ぶし」について」（『永井荷風集』日本文学全集十四、新潮社）において、この『日乗』は、不思議だという。なぜなら〈主人公は三〇年にわたって、いつも同じポーズで人生に向き合っている〉と。このポーズが崩壊する時がくる。それは「偏奇館」が炎上した時だと。そしてその炎上するシーンの描写は圧巻という。

遠藤は、最後にこういう。晩年は歯が欠け、ズボンのバンドの代わりに紐を使っている、その姿から〈彼の文学を裏切った一人の老人のイメージがあるのだ〉と寂しげに言を吐いた。

5　本の横顔

話が逆になったが、最後にこの本の横顔をみてみたい。二四のセクションで構成されている。〈木に浮びて流れゆく〉から〈「祭日。陰」〉まで。最後に椎根和の「跋」文が置かれている。

装画と装幀は、草森組の一人たる画志井上洋介。井上は、この本の主人公たる「永代橋」を独自な感覚でドローイングした。そこには橋の上を走る電車や船、さらに荷車を引っ張る人などが描かれている。つまり過去の時間に遡及しながら、この橋をデッサン風に表現した。

また本書には、草森自身が撮影した永代橋界隈の写真が数多く挿入されている。数枚以外は、草森が漫歩しながら撮影したもの。ちがう数枚は、文中に何度も登場する荷風が世話になった中州病院（外観、内部、屋上庭園）の写真。この病院の写真を添えたのは、察すれば『日乗』の読者を意識したサービスではないか。読者にたびたび登場する病院空間を、写真で紹介してあげたいというわけだ。

この中洲病院、みるからかなりモダンな産婦人科病院だ。どんな風だったか。設計は宮川守蔭。院長は荷風の弟貞二郎の同級生だった。産科、婦人科、女子泌尿器科を専門とした。荷風は、頭にソフト帽を被り、蝙蝠傘を手にして、〈下半身の検査〉や胃腸病の治療や性ホルモンの注射のため通った。

草森は、この病院の資料を集めた。玄関に医術の神エクスクレピアス、健康の神ヒジアの像があった。草森は、この病院についてセクション「つまづく橋の柳かげ」において、大石院長が婦人科病院として古いシステムを捨て、〈理想の新病院〉の創造をめざしていた、と紹介した。ただ草森は、外観全体の印象としてやや「牢獄」のようだともらしている。草森は、「日光浴室」などの写真を挿入することで、斬新さを紹介したようだ。

ただそこにも、〈探偵草森〉の探りの眼があった。院長以外すべてが女性の空間に荷風が立ち入る姿を想定して、「荷風は目立ちすぎる」し、さらに「精神錯乱」したお歌がどの病室に入ったか探った。

いずれにしても装画・装幀、写真を動員しての「永代橋づくし」の本となった。

中国では季節と色彩を符合させた。いわゆる五行の思想だ。それが青春、朱夏、白秋、玄冬。これに模すれば、次に紹介する『その先は永代橋』は玄冬となり、『荷風の永代橋』は白秋となる。

この本を書く中で、草森に荷風の霊が憑依した。そして草森は、永代橋の化身となった。そしてなにがあっても永代橋にピッタリとより添った。

だからこそ、この二作は、私には草森の『濹東綺譚』『日乗』にみえてしようがないのだ。まさに草森が、荷風霊と語りあった日々、その克明な記録でもあるのだ。

「跋」をかいた椎根は、とても面白い読み方をした。江戸の情緒がたちこめる墨田川や堀割などには生き物の臭いが漂うという。そして永代橋の両岸のカタチを「地図」に見立てた。それはこんな風だ。婦人の下腹部からお尻にかけての医学的な断面図を見るが如き心地がすると。どういうことか。小名木川は、食道、墨田川は子宮へ通じる道、中洲で大川が別れ、箱崎川は〈菊門〉の如しと。となると永代橋は〈処女膜〉になるようだ……。

草森は文学探偵らしく、この何万枚という証文たる『日乗』には、意識的〈操作〉、つまり〈脚色〉が存し、それもまた真実であると読み取った。草森の洞察は、かくして深く荷風の内奥つまり脳内にまで分け入ったのだった。

ではいったい、この書の真の価値はどこにあるのか。そしてなぜ荷風を書かねばならなくなったのか。草森は、この書を介して、荷風がその時代に背をむけながら生きたその〈有り様〉を掬いとろうとしたにちがいない。それはいうまでもなく、時代に背を向けていきる草森自身の〈有り様〉の証文でもあったのだが……。それだけではないようだ。荷風がいつも横にいて草森に何かを語りかけていたにちがいない。そんなかけがえのない〈一人の友〉となっていたにちがいない。

それにしても、この本に注いだ熱量は凄い。私の精神の微量な熱量では、到底太刀打ちできなかった。私にとっては、永代橋にたち欄干によりかかり、流れる川を眺めていたほうがいいようだ。機会と時間があれば、草森のように裸足になり、このズシリと重い本を抱えて、少し永代橋界隈を歩いてみたいのだが……。

コラム9

『北狐の足跡』の世界

『北狐の足跡』という書物がある。タイトルに北の動物たる「北狐」をつけているので、これまでとは違うものを感じた。なによりタイトルが、なんともワクワクさせるではないか。ひょっとしたら、北狐とは、十勝の音更生まれの草森が自分を戯画化したのかもしれない、と勝手に想いを膨らませていた。

この本の帯には、〈長年にわたるライフワーク、ここに完成〉とある。〈多くの《書》を通して、世界と人間の在り方を探る〉ともある。ここで論じている〈書人〉をあげてみる。土方歳三、副島種臣、一休、白隠、澤庵、樋口一葉、円谷幸吉、池大雅、徐文長、蘇東坡、李賀など。幕末の志士、禅僧、画人、文学者、中国の漢詩人や書人、マラソン選手など、古今東西、ジャンルを横断しレンジは広い。

まずいっておきたいことがある。はじめこの『北狐の足跡』を批評することは避けていた。理由はいくつかある。手元になかったこと。いざ書の世界に入るとなると、さらに厖大な知識が必要になることは目にみえていた。となると、この『雑文の巨人』をさらにエンドレスに書きつらねていかねばならないという危惧もあった。

一方で、ただ気になるということもあった。その一つは、タイトルの〈北狐の足跡〉は一体なんのことか、心に引っかかっていた。それではっきりさせたかった。もう一つある。草森にとって、『北狐の足跡』でも論じている副島種臣とはいかなる存在だったのか、またその副島の「書」とはいかなるものだったか、それに触れないままでこの『雑文の巨人』を閉じていいのか逡巡していたこともある。

本書の初校も終わり、そこに載せる写真と図版の整理に入る用意をしていた。普段着の草森の写真も一枚、載せたいと考えていた。嵩文彦に、そのことを相談していた。それに応じてくれて、『北狐の足跡』に収録された〈トルコでみたアラビア装飾文字〉にそれに該当する写真があることを教えてくれた。すぐに手元になかった『北狐の足跡』を送ってくれた。

装丁や目次を眺め、本文に目を落としていったら、この本に触れないことは〈礼を欠く〉と思えてきた。ならばと想い直して、コラムの形で短くなるが触れることにした。

まず装丁が抜群に良かった。全体の装幀は、草森、石川九楊、久米泰弘（波乗社）の三人による。出版所は、ゲイン。一九九四年の発行。企画として波乗社の名があった。

本の函の背に、毛筆による神経のように震える線で草森紳一と書かれていた。目次にも、同様な描線でサブタイトルの言葉〈宇、宙、活、劇〉がセパレートに配されていた。この書字は、「跋文」を書き、装幀も担当した石川九楊によるものであろう。

全部で一七の論考を収めた。初出は、『歴史読本』『墨』『大法輪』『日本の名筆』『週刊読書人』『新美術新聞』『書苑案内』『書道研究』など多数。それぞれの論考は、タイトルと副題が一体化している。たとえば「北狐の足跡」では、副題は〈一休宗純の心臓音としての書〉とある。「跋文」を書いた書人石川九楊は、清河八郎の五言の詩を書きつけた一幅の書を巡って精緻に解析した「ダイヤモンドの気合い」を、〈生半可な書の知識ではとうてい不可能〉と絶讃した。

まずこの〈北狐の足跡〉にアプローチしてみたい。先の私の想いに反して、北狐は草森自身のことではなかった。実際に写真家と共に蝶の卵を故郷の音更を探す中で見たのが、この北狐の足跡だった。

副題の〈一休宗純の心臓音としての書〉に拘ってみたい。では草森にとって、どうして〈一休宗純の書〉が心臓音となるのであろうか。ここで草森は、独自な書に関する美学を披露している。つまるところ書は「墨跡」であり、それはいうまでもなく〈手の運動の証跡〉、つまり〈心の足跡〉でもあるとのべている。

草森は、北狐の足跡から目を転じて、墨跡を〈スミノアト〉と読み直しながら、話を一気に書の世界へと飛躍させる。そして書になぜ魅力を感じるのかと反問しながら、それは〈手の跡〉があるからだという。またこんなこともいう。書家の書が面白くないのは、手の技に堕してしまい、一番大事な〈手の跡〉、自らの〈心のリズム〉を失っているからではないかという。つまり〈手の跡〉〈墨の跡〉がなくなっているからだ、と卓見を披瀝する。

さらに草森は、〈一休宗純の書〉と〈心臓音〉の繋がりを説明するために、一休という人間を独自な視点で分析した。短い言葉で〈一休は、観念の人〉であると定義した。なぜそういえるのか、その裏付けをこういう。

要約してみる。観念は、人間のうちなる自然の働きの一つである。しかし人は自然そのものにはならない。この自然でない観念を自然にまで超克しようと闇雲に闘って生きたのが一休だというのだ。そして一休が庶民の中に入っていったのはなぜかと問いながら、ここでも独自な解釈をする。それはむしろ、その観念を太らせるためであり、観念を研磨するには、観念を拒否する庶民の空間こそ「ふさわしい道場」となったからだという。

このように、草森は、一休の人間分析に観念と自然という対立項を持ち込みながら、一休の心性を読みこんだ。そんな中、努力してでも自然を求めて、悪戦苦闘した足跡が、詩となり書となったという。やや周りくどい論理展開ではある。が、一番言いたかったことは、だからこそ一休の書には、苦闘の足音、いうなれば心臓音が響いているというわけだ。

さて足早になるが、副島種臣の書論たる〈秋霜に傲《おご》る〉を覗いてみたい。副題に〈副島種臣の生地佐賀に旅をして〉と添えた。

草森は、一九八二年十二月二十日に副島の生誕の地、佐賀を訪ねた。福岡空港で降り、柳川で少し遊び、西鉄に乗り佐賀へ向かった。

そもそも草森は副島とどんな出会いをしたのであろうか。

日本史上で心に引っかかる人物が三人いた。法然、隠元、そして副島だった。〈引っかかった〉わけは、いくつかあった。元を辿ると李賀を調べている中で、日本における〈李賀受容史〉にも関心が動いた。明治期に、文人、政治家の間で李賀がある種のブームとなり、彼らは李賀の詩文に自らの心境を重ねていった。この群れの一人が副島や、夭折の詩人中野逍遥だった。

草森はこの本では一貫して、副島を号から蒼海と呼び、その生涯に目をやって〈悲憤の人〉として捉えている。〈政界の雄〉たる副島はなぜ〈悲憤の人〉だったのか。明治政府では参与となり、『政体書』を起草し参議、外務卿になったが、「征韓論」に敗れて下野した。その後、「民撰議院設立建白書」に名を連ねたが、結果として「自由民権運動」には参加しなかった。侍講、宮中顧問官や枢密顧問官などにもなった。

草森は、『蒼海全集』を調べ上げ、李賀の痕跡を見出した。そこで李賀の継承の仕方が、中国とはかなり質的に異なっていることに気付いた。つまり中国では李賀受容は、〈反逆者の系譜〉をみせるが、副島のケースも含めて、〈李賀〉をそれ自体として必要としていなかった。その証左となるものを調べた。そしてこういう。〈朽ちたる木鬼に愕《おどろ》いて立つ〉と、李賀に倣う言を吐いていると。

また「神弦、鈴生に和して、李長吉体に倣《なら》う」三首では、たしかに李賀の手法に倣っているが、李賀とは、雲泥の差があるとみた。ただ、李賀の持つ〈瑰奇《かいき》〉が、副島の書には宿っているという。

つまり草森は、李賀の受容史を調べるレベルから脱して、副島の肉と血に漂う〈瑰奇〉という闇の部分とは何かを、どうしても掴みとりたかったようだ。そのために生地佐賀を訪れ、その風土に身を置きつつ、彼の書と直に出会うことで〈瑰奇〉の実体を摘み取ろうとした。ではどんなものを眼にしたのであろうか。与賀神社で「神降百福」の書をみた。江藤新平の墓碑もみた。それは副島の書によるものだった。佐賀県立博物館・美術館で能書家たる副島の書をみた。

さらに副島の墓がある高伝禅寺を訪れた。この寺では、首を食いちぎられたカササギの死体が目に飛び込んできた。巨木の根っこのところに放置されていた。それで心が騒いだ。この〈首のないカササギ〉のイメージと重なるように、ここで副島の、紙が崩れ欠落した副島の書字「燈外燈」の額をみて心がさらに騒いだ。「西園公子名無忌」の書体は変位をみせていた。石川九楊は蒼海の豪放な筆致を「超書」的な書法と呼んだ。そんな力動性と変位性をみせていた。

ただ草森は、それよりも別なことを読んだ。〈悲憤〉の心を鎮めていると感じ、〈愁うな〉という声を聴いた。また「衆人皆酔　我独醒」の書にガーンとやられた。種臣は、酒がだめで酔狂にはならなかった。そこに暗い輝きが脈打っていた。この時、草森は、不思議な体験をする。〈ガーンと玄翁《げんのう》でとつぜん殴りつけられたような気持ちになった〉という。なぜなら、そこには書の生命が屹立していたからだ。

佐賀の旅では、草森は〈重層した暗さ〉を感じた。これについて考えてみたい。続いて河上神社で、副島の「火國鎮守」をみた。たしかに見たのであるが、それ以上に心に入ってきたものがある。雷で裂け、焼けただれた大木の胴体だった。おもわず〈不気味さ〉をこえて、〈神怪〉という言葉が口からでた。

そしてこの「火國鎮守」を、草森は副島の化身として「見立て」ながら、深く拝み、〈種臣よ、我に心をひらけ〉と呟いた。

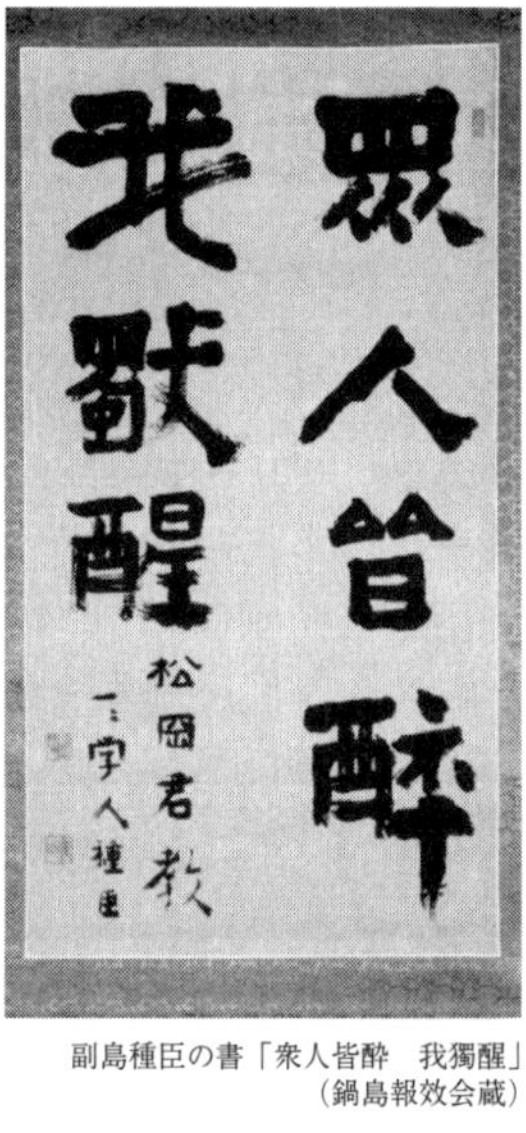

副島種臣の書「衆人皆酔　我獨醒」
（鍋島報效会蔵）

このようにこの佐賀の旅では、いたるところで鬱積した心情の糸が張り巡らされていた。不吉な死のイメージも垣間見た。草森は、内側で蠢く心情の鬱積をはっきりとつかみきれないまま、たじろいでいた。そこには、草森の心身の変化が影を落としているのかもしれない。

この『北狐の足跡』における副島論の最後は、いかにも不思議な終わり方をしている。中途のまま、ざっくりと切断されているのだ。どこか心の糸が切れたようだった。

〈我に心をひらけ〉という言葉、あまり草森が発しない言葉だ。この言葉の裏には、暗雲が立ち込め、その種臣の心の実相が見えにくいためたじろいでいる、そんな草森の姿が見え隠れしているのだ。私には、『荷風の永代橋』よりも、むしろこの本が草森の遺書に近いと感じられてならないのだが……。

上：『北狐の足跡―「書」という宇宙の大活劇―』（ゲイン、1994年）
下：『北狐の足跡』の函の背（石川九楊の書）

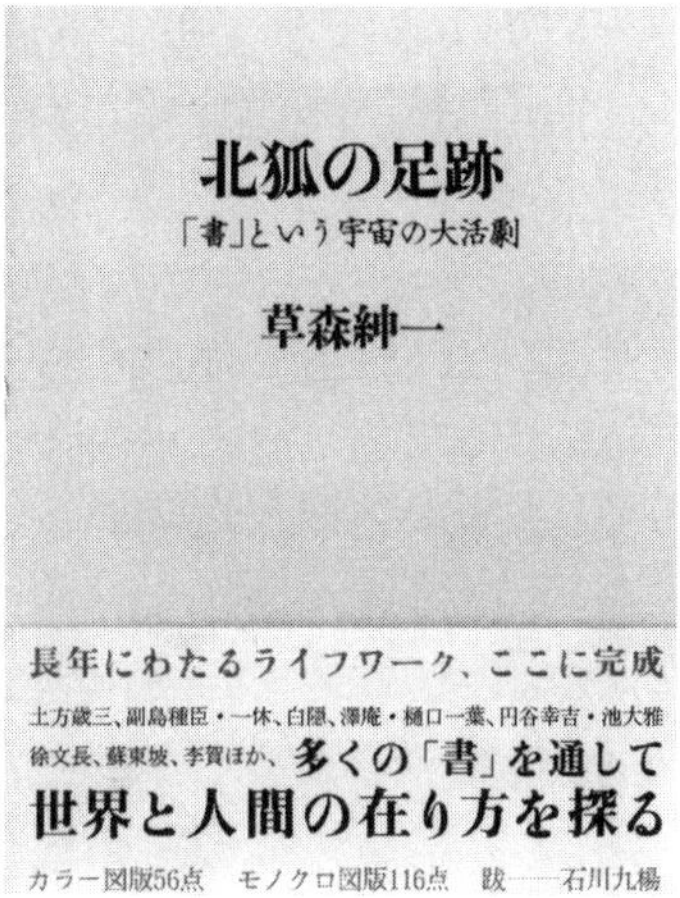

第11章　永代橋幻想

1　不穏な絶筆

この文を、別な取材が舞い込み帯広行きの特急列車の中で書いている。ベッドの脇にあった一冊をバックの中に押し入れた。それが『その先は永代橋』（幻戯書房）だった。帯には、〈崩れる書物の山から眺めた、永代橋三百年の歳月〉とある。

さらに〈長年そのたもとに居を構え、本に生き本に没した文筆家が、「橋を渡る」という行為をめぐり壮大な人脈図を紡ぐ。死去直前まで書き継がれた長篇雑文〉とある。さらに出版社側は〈猥雑、過剰、不穏な絶筆〉と添えることを忘れなかった。

大きな母的存在としての隅田川。平安の世から現代まで長い時間を生きてきた。時代の推移を見詰めてきた川。この川を「アジール」（asile）としてみたらどうなるか。「アジール」は、本来歴史的、社会的な概念で、「聖なる場」を意味するが、現在は「避難所」を指すようになった。

私が関心を抱くのは、文学者の「アジール」としての隅田川界隈だ。この川は、久保田淳が『隅田川の文学』（岩波新書）でのべるように、〈武蔵国〉を潤し、〈大都会江戸〉や〈東京の市民生活〉を支えて

『その先は永代橋』（幻戯書房、2014年）

きた文字通りの大動脈だ。

さらにこうもいう。様々な形の〈文学芸術〉がこの川の周辺で開花したと……。〈文学芸術〉の一つの極みを、ここで開花させたのが永井荷風といって間違いではない。さらにいえば、大きな括りでいえば、永代橋界隈で亡くなるまでここで多作を残した草森もまた、その豊潤なる隅田川の文学空間に連なっているわけだ。

まず隅田川界隈の〈悪場〉を偏愛した永井荷風の世界を視点をかえて一瞥したい。荷風は、いくつかの作品で隅田川を登場させた。『すみだ川』（一九一一年）には、少し探ってみても、三囲稲荷、待乳山《まっちゃま》、今戸橋、慶養寺、山谷橋、長谷寺などがある。そしてそこには、渡船の姿や三味線の音も潜んでいる。

この川は、よく出水騒ぎを起こし、泥水が街を襲った。「冷笑」（明治四二～四三年、東京朝日新聞）には、少々点景として立ちあらわれる。両国橋が鉄と煉瓦の石台でできていると記す。また吾妻橋から川蒸気船に乗ってみた光景を描いている。そこから〈日をうけたサッポロビールの煉瓦造〉が青い空に赤く聳えていた。

たしかに「橋を渡る」という何気ない行為に拘る性《さが》から、この本は産み落とされた。ただかなりの難産だった。処々に草森の呻《うめ》き声と血の匂いが埋まっている。帯文の〈壮大な人脈図を紡ぐ〉は、やや本の実体と齟齬《そご》を生む。なぜなら〈永代橋物語〉で括るなら荷風、小津安二郎、阿部定《あべさだ》あたりまでで終わりとなるからだ。

ここで阿部定については脇において、映画監督小津と永代橋との関係を探ってみたい。草森は小津の全日記を調べあげた。昭和八年から一二年にかけてこの橋が出てくる。草森が目を止めたのは、小津がバスに乗りここを通ったときのところだ。なぜ小津がこの橋を渡る時、〈侘しく〉なったのか、気になった。そのわけを見つけた。この橋から見えた〈浅野セメント〉の煙突は、〈赤硝子の入った大きな路普しんのカンテル〉に思えたからだ。文中の〈路普しん〉とは〈路普請〉のことで、〈カンテル〉は〈カンテラ〉のことだ。この〈浅野セメント〉の煙突から吐き出される煙が、小津の身体にも影響を与え、さらに周りの環境を破壊し、町の人にも害をもたらしたのだった。

実は枕の傍に置き、少し前から少しパラパラと、この本を覗き見していた。覗き見しながら、はじめは幕末の志士から始まったので、どう現在まで通底していくのかワクワクしていた。が、期待はあっさりと裏切られた。

なぜなら後半部では、〈橋を渡る〉とは全く疎遠な存在である画家フランシス・ベーコン、映画監督エイゼンシュタインへと〈滑って〉いったからだ。

読んでいく方としては、その〈ずれ方〉〈滑り方〉に付き合うことは、かなり苦しい。いやそれだけではない。耳をすませば草森の喘ぎの聲さえ聞こえてくるのだ。ただこうした〈ずれ方〉は、草森の常習行為なのだから、ため息をついてはいけないのかもしれない。

この後半部から響いてくるのは、ベーコン絵画の虜になった草森のやや苦しい地声だった。そうだ、ベーコンが死の天使として降臨したのだ。ならば覚悟をきめてその降臨の実相をしかと見届けなければならないと思った。こうもいえるかも知れない。次第にベーコンが〈穴〉となり、草森はそれにすっぽりと飲み込まれたのだ。

とすれば見方をかえれば、ベーコンが草森の死を、見届けていたことになる。いや、それ以上だ。こうもいえる。このベーコン論の中に、草森の死が溶けこんでいると。〈溶けこんでいる〉とすれば、鎮魂の意を込めつつ、この本としかと向かいあわねばならないと改めて心を引き締めた。

2　現代具象絵画の鬼才

フランシス・ベーコン、美術史的には、現代具象絵画の鬼才といわれる。遠祖には、哲学者フランシス・ベーコンがいる。いわゆる経験論の祖。あの「イドラ論」を提示したベーコンだ。何事においても、認識においては、「イドラ」（先入見・偶像）を捨てることが肝要というのだ。知の曇りの基因をつくるのが、この「イドラ」という厄介なもの。画家ベーコンは、別に「知の人」ではない。「イドラ」を捨てろと説教をしてはいない。ベーコンはファン・ゴッホにも強い共感をよせていることからも、どんな画家であるか、ある程度予想できるはずだ。キャンバスの中に、人間という醜悪で猿のような存在を描こうとしたのだから、実に恐ろしい画家だ。

では草森にとって、ベーコンはどんな存在だったのか。そしてなぜ他の画家ではなく、この画家だったのか。幾つかのわけがあるようだ。一時期草森は、写真や現代絵画ももうだめかと絶望し、久しぶりに漫画の方に関心が移動していた。が、彼の絵と出会い、そうでもないと少し希望を抱いたという。

では当時関心を抱いた漫画とは何だったのか。井上雄彦の、高校バスケットボールを題材にした漫画『ＳＬＡＭ　ＤＵＮＫ』だった。一九九〇年から六年かけて『週刊少年ジャンプ』に連載された。熱烈なファンが多い。現在はコミック版として全二七六話を読むことができる。

草森は、ベーコン作品とはかなり前に出会っている。一九六四年頃に、海外で出版されたベーコンの画集を買った。それからかなり時間は流れた。草森は一九八三年に、日本で最初のベーコン展（東京国

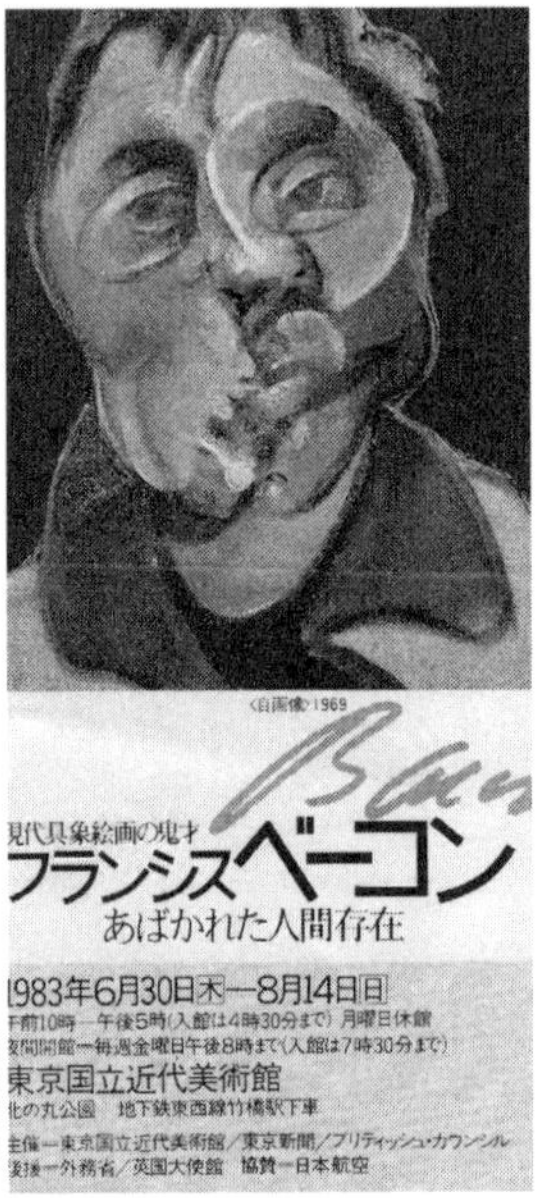

現代具象絵画の鬼才　フランシス・ベーコン展（東京国立近代美術館、1983 年）

「フランシス・ベーコン展」図録
（東京国立近代美術館、1983 年）

立近代美術館）に足を運んだ。この展覧を契機に、ベーコン絵画は抽象思考が主流だった日本のアートシーンにも影響を与えた。雑誌もさかんに特集を組んだ。

実は私も札幌から足をのばして展覧会をみて深い感慨を得た。この前後に、映画監督ベルトルッチの問題作『ラストタンゴ・イン・パリ』を見た。すると表題を示す冒頭、スクリーンにベーコン絵画が映しだされた。それは不思議な感覚だった。ベーコンが描いた絵画世界が、これから始まる映画そのものを予兆（象徴）しているようにさえおもえた。そのあまりに見事な嵌《はま》り方に驚き、ベーコンが、この映画のために特別に描いたのではないかとさえ思った程だ。

私は展覧会を見た後、短いベーコン論をかいた。スペースがあれば未発表なので、この際、この「永代橋幻想」の末尾に掲載してみたいのだが、紙幅の関係でどうも無理のようだ。

草森は、いくつかの他のベーコン論を考証した。現代フランスの「知者」たるジャック・デリダやフィリップ・ソレルスらのベーコン論を読んだ。草森は、いかにも癖のある読み方をする人のようだ。哲学者や評論家がみずからが拵えた「知の城」の外にでることなく論ずる姿勢をひどく嫌った。また初めに帰結ありきで、それに向かって論を組み立てる方法をとらなかった。それとは異なる道を歩んだ。関心を横へ横へとずらしながら論を〈展性〉させ、そこから何か違うものを見出せるとした。

さてジャック・デリダのタイトルは、「感情の論理」といった。草森は、このタイトルを嫌悪した。ベーコン絵画を論じるには、〈論理〉という概念は相応しくないとみた。

ベーコンは、パブロ・ピカソよりも凄いという草森。どういうことか。絵画を破壊したというピカソ。たしかにピカソは、空間造形の中に、三次元思考を導入した。それが世にいう、多視点により人間・事物を捉えたキュビスムというもの。ただそこには限界があった。それは、あくまでも空間思考という限定した規範の内のことであった。

ただベーコンはちがった。人間の全てを、性も、叫びも、恐怖も、醜悪性も、赤裸々にみつめた。

少し考えてみたい。では、ベーコンが描いた〈叫び〉や〈歪んだ顔や人体〉とはそもそも何かと。たしかにベーコンは、身体反応としての〈叫び〉や部位の〈口〉に拘った。

草森は、ジャック・デリダのようなアプローチをとらなかった。別な回路からぐいぐい攻めた。さらに安易に流れないように、美術評論家の常套手段たる図像学を援用することを少なくした。

私からみれば、〈叫び〉は、全存在の歪みの表出である。それだけ根源的なこと。さらにいえば、〈叫び〉には、精神の闇が内包されている。

では草森は、ベーコン絵画をどうみたか。先にひとことだけいえば、〈叫び〉や〈歪んだ顔や人体〉を通じて、宗教画が〈聖なるもの〉であった絵画史を逸脱したとみた。かわって生々しい現代の性と生を正面から描いた、それがベーコンの破壊性であり現代性であったという。

さらにいえば、そのベーコンの絵画は哲学者の難解な言説以上にわかりやすく衝撃的であり、人間存在の本質を抉《えぐ》りだしていたのだ。

つまり長い絵画史に君臨していた〈絵画は聖なるもの〉という先入見《イドラ》から脱したわけだ。草森が、べ

フランシス・ベーコン「頭部 VI」(1949 年)
(「フランシス・ベーコン展」図録より)

ーコンを偏愛した訳は、もう一つある。ベーコンが、かなり意識して写真や映画の黎明期で登場したエドワード・マイブリッジらの仕事を素材にして、絵を描いていたことも大きい。写真大好き人間の草森にとり、ベーコンは、親しい類縁者にみえたにちがいない。

ベーコン絵画の特質の一つである「肉体の叫び」、その大きく開かれた「口」の穴から飛び出てくる異常音にこだわってみたい。これは絵画史における大事件にちがいない。調べてみると絵画史に、その前例がある。たしかにニコラ・プサン「幼児虐殺」には、〈叫び〉をあげる人物がいる。

ベーコンは、その〈叫び〉という記号を映画監督エイゼンシュタインの作品『戦艦ポチョムキン』のあるシーンから見出した。この映画は、プロパガンダ映画の性格を帯びているが、映像処理（モンタージュ）などの手法において映画界に与えた影響はとても深かった。

一九〇五年に実際に起きた戦艦ポチョムキンの反乱を描いたもの。軍港オデッサで起こった階段における虐殺シーンが有名だ。そのシーンを二〇〇のコマ数で構成した。その中に、割れた眼鏡をかけた一人の女性がいる。その女性の口は、あんぐりと空いていた。空いた口が、見るものに強いインパクトを与えた。ベーコンは、そのあんぐりと空いた口に、ひきつけられた。草森流にいえば、ベーコンはこの口の〈穴〉にすっぽりとのみこまれたにちがいない。

3　いくつかの本

いくつかのベーコンに関する本が出ている。キティ・ハウザー（文）、クリスティナ・クリストフォロウ（絵）による『僕はベーコン』（「芸術家たちの素顔」四、バイインターナショナル）。この本は、監修・岩崎亜矢、翻訳・金成希による。原題は「THIS IS BACON」。ハウザーは、ベーコンの言葉である〈すべては無意味だ、だったら異常でいるほうがましだ〉を踏まえつつ、〈あわれな、裸の二本足の動物〉として生きるとは何かという問いかけが、彼の作品から〈匂い〉立ってくるという。

ハウザーは、ベーコンの特異な人生のドラマの数々を掴み返していくことで、〈匂い〉立ってくるものに迫った。この本は、絵と文で構成されているが、どちらかといえば、イラストレーターたるクリストフォロウの「絵」が主となっている。

処々にベーコンの絵画を配置し、画集の性格も備えている。さらに素材となった写真や書籍などの資料を掲載することで、図像との照応関係にも目配りしている。たとえば「英国室内装飾の一九三〇年ルック」（『ストゥーディオ』誌、一九三〇年五月号）を資料提示し、ベーコンのインテリアデザイナー時代のことを考察した。ベーコンがデザインした〈一九三〇年ルック〉は、この雑誌の如く、〈合理的〉で、〈染みひとつない、衛生的なスタイル〉だったことを裏付けている。たしかに『僕はベーコン』は、とても分かりやすい。だから入門には最適ではあるが、ベーコン芸術の深部に到達してはいないのだ。

マーティン・ハマー著の『フランシス・ベーコン』（二〇一四年、青幻舎）がある。マーティン・ハマーは、いくつかの主題を選んでFOCUSする。ジルヴェスターによるベーコンへのインタビューからスタートし、ベーコンの「アトリエ」まで一〇の項目を収めている。この本もまた、写真資料を織り込みながら、主要なベーコン絵画を掲載する。なによりこの本は、ハンディで、図版の印刷が上質だ。

マーティン・ハマーは、二〇〇八年から翌年にかけて、ロンドンのテート・ブリテン、マドリードのプラド美術館、NYのメトロポリタン美術館を巡回したベーコンの大回顧展の人気を踏まえて、この画家がいかに美術界の現象を超える存在になっているかを指摘する。

こうした国際的評価、その高まる名声を受け止めることができない人がいた。ある悲劇が生まれる。一九七一年のグラン・パレ（パリ）での大回顧展が開かれる前夜、ベーコンの恋人ダイヤーは自殺する。展観会絡みではないが、一九六二年に恋人ピーター・レイヤーがアフリカのタンジールで死亡している。この様に彼の絵画世界の背後には、私生活における悲劇的な犠牲者が潜んでいる。

ここでは、マーティン・ハマーの本についての詳しい論評を避けたい。ただ最後におかれていたベーコンの「アトリエ」についてだけは、一言をおこしておきたい。眼がアトリエを映した数枚のカラー写真に釘づけになった。そこにはゴッタ煮状態の空間が広漠と横わっていた。足の置き場もない、まさにゴミ箱状態。ベーコンは、この雑然とした空間に身をおくことで自分に戻れたにちがいない。そして混沌たる場に真っ白いキャンバスを置き、その空白を怖れながら筆を動かした。

草森からみれば、この混沌とした空間こそ〈穴〉であり〈無〉であったにちがいない。なにせここに存在する白いものはキャンバスだけ。ベーコンは、やおら純白な空間を〈犯す〉ようにして筆を走らせていった。

描く状景を想い描いてみた。その時ベーコンは、〈性〉に飢えた一匹の獣と化すのだった。この画家にとって絵を描くことは、全てを賭けての、ある種の〈性的行為〉だった。

ベーコンは、こんなことをいう。〈手で投げるんだよ。手のなかにぎゅっと絵の具をしぼり出して、それを投げつけるんだよ〉と乱暴なことという。〈手のなか〉で〈ぎゅっと絞りだされた絵の具〉。作品表面に、生《なま》の絵具が置かれた。とっさの画家の衝動といえなくもないが、それとはちがう。この行為を、みんなが崇める〈聖なる絵画〉を唾棄していると解釈できるかもしれない。が、それだけではない気がする。

私の妄想は、大きな風船のように膨らむ。これはベーコンの〈精液〉の発射行為ではないのか。〈精液〉を、広く性的な行為そのものと考えれば、決して唐突ではないはずだ。よく知られたようにベーコンは、男色者だった。さきのジルヴェスターとは、一緒に生活していた。絵の中に登場する男性は、彼が愛する人が多かった。草森は、それをしかと見抜いたにちがいない。

マーティン・ハマーは、本を書くに際して、ジルヴェスターによるベーコンへのインタビューをやや重んじているようだ。もう一冊ある。アンドリュー・シンクレア著の『フランシス・ベイコン』（書肆半日閑、二〇〇五年）、訳者は五十嵐賢一（フランス文学）。副題がある。〈暴力の時代のただなかで、絵画の根源的革新へ〉とある。英語版は、一九九三年の発行。

シンクレアは、冒頭からこんなベーコンの言葉を掲げる〈誕生と死の間にあったのは、いつだって同じものだった。見てのとおりさ。人生という暴力だよ〉。

この本でのシンクレアの視座は、出自や生きた時代を重んじる伝記作家らしく、二〇世紀というフィールドの中で、ベーコンを論じている。五十嵐賢一は、フィリップ・ソレルスのは、どちらかといえば〈個人的、文学的〉であり、ソレルス自身が尊重したのが本書だったという。より客観的実像により添いながら、書いたのが、この本の価値のようだ。たしかにシンクレアは、巨視的に構えすぐに絵画論に走らずに、ベーコンの家系、出自、アイルランドから書き始めている。その意味でも、とても興味ふかい本だ。

なぜここで、これらの本を紹介したか。それは、草森が描いたベーコン論を理解する上で、単に手助けになるということだけではない。多様な読み方があり、草森はそれらとは全く異なる視座をみせていることを示すためだ。ベーコンは、さまざまな書籍に記載された図版、マイブリッジらの写真、他の画家の図像、映画のシーンなどを素材として活用した。だから原資料がどんなものであったかは、ベーコン絵画を理解する上で大切なことに違いない。

とはいえ問題は、原資料の消化の仕方だ。陶芸は、土と火の芸術といわれる。全ては窯変内で起ること。そこでは素材の土は、大きく変容する。こんな見方ができるのではないか。〈窯〉がベーコン自身であり、人知をこえた〈窯変〉という事象こそが、絵画をつくることであったと。それゆえこの〈窯〉たるベーコンと、なによりも〈窯変〉という事象をじっくりと考察することが大事となる。いうまでもなく、このベーコン論は未完で終っている。だから今後草森の手によりどんな〈窯変〉がおこっていったかみることはできなくなってしまった。それがなによりも残念だ。

4 橋幻想

どこの国や都市にも川と橋がある。パリは、〈橋の街〉ともいえる。セーヌ河に架かるポン・ヌフ（新橋）やアレクサンドル三世橋などたくさんある。それぞれに纏《まつ》わる物語がある。『ポン・ヌフの恋人』などは映画史に残る名画となっている。私は、この映画は〈ポン・ヌフこそが隠れた主役だ〉と論に書いたことがある。

江戸（東京）もまた〈橋の街〉だ。墨田川には、両国橋、佃橋、永代橋、勝鬨橋などが架かっている。最後に、ここですこしこの永代橋の横顔、その一端を記してみたい。

永代橋の創架はとても古い。一六九八年まで遡及する。徳川綱吉の五十歳の祝いに建造された。名の由来は、江戸の対岸にあった中洲の永代島（そこに永代寺あり）に拠る。

名所となり、歌川広重の版画にも描かれている。江戸期から続く深川祭（水かけ祭りともいう）には、この橋に大勢の人が押し寄せ、崩れるということもあった。江戸期に多彩な才能を開花させた大田南畝《なんぽ》は、崩落事件を材にして「夢の憂橋《うきはし》」を書いたほどだ。この大田南畝は、書人でもあり、米庵に書を学んでいる。

幾つかの歴史ドラマにも登場する。その際たるものは、赤穂浪士達が、吉良上野介の首を掲げてこの橋を渡り、泉岳寺へと向かったことだ。

さて現在の橋は、一九二三年から三年かけて架けられた。頑丈なスティールアーチ橋だ。界隈は、中央区、江東区に広がる。なんと国の指定重要文化財になっている。

装幀は真田幸治。カバー装画は、いつもの井上洋介ではなかった。趣が異なる高橋萬年「永代橋」（秋田市立千秋美術館蔵）だった。

さてこの『その先は永代橋』は、二つのセクションで構成されている。「Ⅰ　その先は永代橋」（一九九六年に『東京人』に連載した）と「Ⅱ　ベーコンの永代橋」（二〇〇五年から二〇〇七年まで『ｅｎ‐ｔａｘｉ』に連載）。〈Ⅰ〉では、晩年住んだマンションに近い永代橋に纏わる逸話を辿っている。

草森は、この橋が辿った物語を一つ一つあげている。最初は、幕末の武士・清河八郎。次に深川区万年町生まれの小津安二郎。ちなみに小津は、映画『一人息子』のスクリーンで永代橋を映し出している。

次に永代橋誕生話と元禄の世の黒い霧。さらに黙阿弥と木場の隠居といわれた七代目市川團十郎の話。急に現代に近づき、志賀直哉の「正義派」と市電となる。

このように〈Ⅰ〉では、永井荷風はあまり主役ではなかった。ただ〈Ⅱ〉で状況が一変する。草森は、江戸風情がまだ残る永代橋界隈を散歩していたはずが、一転してイギリスの鬼才画家ベーコンという〈別橋〉を渡ることになるわけだ。

〈Ⅱ〉の構成は、〈其ノ一〉から〈其ノ十二〉とある。出版時にあくまで便宜的に数字を並べたもののようだ。当然にも、草森が存命であればまちがいなく別な副題を付けたとおもわれる。

私は、読みながらメモを残した。その二、三をあげてみたい。

〈其ノ十〉に、〈永代橋から画家ベーコンへ橋渡し／しかしベーコンという画家ははっきりと橋を描いていない／そのためこれからの論の行方に赤信号か／それでも無理をおして草森は疾走する／だからこの先が不安だ〉と記した。

また〈其ノ十一〉には、〈草森は恢復へウォーミングアップする／漫画を読み、肉を食べている〉。〈其ノ十二〉に〈調べると他にもベーコン論イロイロあり／草森は、その中のインタビューを考察する／ただ全体は、未定のままだ〉と。

だからやや意地わるくいえば、後半部はベーコンに重心が移動し、永代橋がダシに使われているわけだ。この宙ぶらりんのままの感覚。なんとも虚しさだけがこみあげてくる。ベーコン論で終ってしまったことが悔やまれてしようがない。こうも考えられる。草森自身がこの「永代橋」を渡り切れなかったともいえるかも知れない。こうした事態になった背景には、いうまでもなく草森自身の病が陰を落としていた。

死とは、絶対的なパワーをもつ暴君だ。草森の脳裏プランでは、この永代橋を渡った三〇〇人の人生物語と漫歩する予定だった。だから死ということは、眼中になかったはずだ。橋だけではない。さらに別な計画もあった。その中でも最大なことは、幕末から明治に活躍した政治家・書家たる副島種臣についての論であり、それを本にするつもりだった。

＊

最後に評論家草森紳一の位置を考えてみたい。多様なジャンルを横断したことがいわれる。それを雑多という人もいる。がそうではない。徹底して反アカデミーを貫いた姿勢は、見事である。在野精神を燃やしつづけ、アカデミーが排斥した事象を丹念に拾い、それに光を注ぎつづけた。全ての資料を自己資金で集めた。誰にも借りをつくらなかった。そして資料の解読作業にひたすら拘った。世間的な賞は毎日出版文化賞のみ。それも一九七三年のことだ。その後は無冠である。

賞などという世間的な「下品」な事柄には、眼もくれなかった。ただひたすら調べ、集め、書いた。それが評論家たるもののあるべき姿だといわんばかりに。

死という暴虐の化身が、様々なことを無情にも奪い去った。死神の大きな〈穴〉（口）は、草森の強靭な〈暴逆力〉や〈佯狂の精神〉さえもガブリとのみこんでしまった。

ただ考え方をかえれば、「市隠」の仙人をめざした草森にとり、これは理想の死に方であったかもしれない。生き方と死に方が、こんなに一致する文学者もそうはいないのではないか。

草森は、永代橋の近くにあるマンションの一室で三万二千冊の本に囲まれて、永遠の床に着いた。発見したのは、雑誌の担当者だった。

二〇〇八年三月十九日のことだった。享年七十歳だった。

詩人高橋睦郎は、長詩「読む人　または書刑　草森紳一に」を詠んだ。草森を〈読む人〉と捉え、その実像を〈なおも読み　さらに読み　読むために読む〉とした。〈書物の塔〉は伸びつづけ、さらに〈膨張宇宙をはみ出し〉てゆく、と。そんな〈書物の塔〉に〈屈葬〉されるように横たわった。まさに〈読む人〉として〈膨張宇宙〉の彼方へ飛び出した。ただ〈書刑〉だとあまりに痛々しい。別なことを感じた。私はこういいたい。涅槃図という仏画がある。図の中心には、仏陀が横たわり、周りに弟子・羅漢達や草木・鳥獣があつまりその死を悼んだ。これに比してみる。多くの本たちは、羅漢となり、布団や様々な道具が草木・鳥獣となった。本や道具達が全身で慟哭した。その聲は草森の霊と和同して、遥かな宙《そら》を駆けた。

　死という冷厳なる事実。それが周りに伝えられた。それは、不滅なる自由な精神の死でもあった。いやそれだけではない。日本には稀有な、途方もない大きな、そしてしなやかな〈暴逆な精神〉の死でもあった。なにものからも解きはなたれた評論家だった。

　さらに視点をかえてみておきたい。一六世紀フランスにミシェル・ド・モンテーニュがいた。この哲学者は宗教争乱にあけくれる混迷する時代にあって、〈寛容〉と〈懐疑〉を武器にして人間を洞察した。こんな言説を残している。〈すばらしき結婚は、盲目の妻と耳の不自由な夫の間で生まれる〉。このやや〈暴逆〉で〈ナンセンス〉な見方。どこか草森的いい方ではないか。

　もう一つあげたい。〈シャツを着た以上はシャツを着た人間として振舞うが、シャツは皮膚とは異なるのだ〉。カトリックとプロテスタントの間の宗教対立をふまえての言だ。外皮となった〈着ているシャツ〉とみずからの内皮としての〈皮膚〉とはちがうというのだ。これこそ〈懐疑《コギト》〉の本質ではないか。

　さらにもう一つ。〈私自身が私の本の題材〉ともいう。この言説、そのままぴったり草森と合致する。あれ程の著作を書きながら草森ほど〈自分自身〉をみつめつづけた作家も少ない。自分を超えるためにテーマをみつけ書きつづける。それが終われればまた自分を超えるために新しい対象をみつけ挑んでゆく。そんな〈超越する自分〉をつくり出したいという〈病い〉をかかえた評論家だった。

こうしてモンテーニュの言説を辿ってみて、草森の言説との相似性があることに気づかされた。とすれば、どうも草森の精神の在り方は〈モラリスト〉のゾーンにあるようだ。〈ナンセンス〉と〈懐疑〉は同根のエネルギーを帯同しているようだ。

この本『その先は永代橋』は、草森の死後に出版された。死後出版された一三冊目となる。だから草森自身はこの本をみてはいない。つまり遺稿の一つである。

再びいいたい。この本の中で、草森の魂は、老と病を抱えつつ呻き声をあげていることを。その聲としかと向かいあうべきだと。

ただそこでは暴逆に溢れた聲がやや弱くなっていたのだが……。それでもその呻きに耳をそばたてるべきなのだ。その呻き聲に私の筆はいまも震えているのだ。その震えは、当分止むことはないようだ。

あとがき　内心を鍛えろの聲あり

私は、この『雑文の巨人《マエストロ》』で、草森紳一が筆を執ったいくつかの書物を読んできた。振り返ってみて、書物は人間にとっていかなる存在か、そして書くとはどんな行為であるのか、深く考えさせられた。

かつてフランソワ・トリュフォーの監督の『華氏451』という映画をみたことがある。この〈華氏451〉は、紙が自然発火する温度を指した。映画は、思想管理された近未来を描いた。恐ろしいことに、そこでは、禁止書物の捜索と焼却を任務とする〈ファイアマン〉が登場した。書物は、限りなく内心を豊かにし、〈真なるもの〉と〈虚なるもの〉を峻別する智慧を付与してくれる。だから思想管理する側は、書物を燃やすことで、個人の内心世界を統制したかったのだ。

私は、ここでなぜそのことに触れているのか。そのことをのべてみたい。というのも草森紳一という評論家は、なによりも〈内心の自由〉を大切にして、自分が見出した思想や視座を書に刻みこむため、ひらすら筆を動かしていたからだ。

ただ不思議なことに、そのことを論壇などの舞台で聲を大にして叫ぶことはなかった。日本ペンクラブなどの組織や文壇とも無縁だった。何かの賞の審査や公的な要職に就くこともなかった。対談はあったが単独で講演会を開いたという話もきかないのだが……。もちろんマスコミの寵児とはならなかったし、そのつもりも毛頭なかった。

よく〈表現の自由〉が大切だという。私は、これに関してこんな見方をしている。〈表現の自由〉には、まず表現者の〈内心の自由〉が保障されていなければならないと。〈内心の自由〉が確保されない社会こそ、不自由な管理化された社会であると。

草森という評論家は、単独者として生きぬいた。糖衣に包んだ言葉を嫌い、孤独を愛した。マンションの狭い部屋を〈竹林〉に見立て、外の雑音を遮断し、仙人のように超俗に徹した。ただただ頑迷な岩のように、内心の聲にのみしたがった。

こうした生き方は、そう簡単にできることではない。人は、ともすると世俗的な欲望に負けてしまうものだが、草森はちがった。

草森紳一という表現者は、この軽薄と虚性の記号に溢れた世相にそまることなく、内心に従って生きろと背中を押してくれている。ナンセンスや暴逆の毒を持ち、価値を転倒させ、そこから隠れたものを見出せと。資料を集め、ひたすら読めと。魂の骨にならない余分なものを路上に捨てろ、と檄を飛ばしてくれる。そして今書かねばならないことに、全ての時間を注ぎこめと、血脈の管にナンセンスや暴逆の毒をぐいぐいと押し込んでくれる。

またこんな聲が聞こえてくる。文学によって、書くことで、自らの内心を鍛え、あるべき自己を見いだせという、そんな厳しい聲が……。

なお、校正にあたり、高山雅信（草森紳一蔵書プロジェクト副代表）の協力をえた。またカバー絵に十勝出身の抽象画家高橋靖子の作品を特別に使用させていただいた。紙面を借りてお二人には心より感謝申し上げたい。

最後に、出版にあたり未知谷の飯島徹に多大な協力をえた。こころより感謝申し上げたい。

草森紳一　略年譜

一九三八年（0歳）

二月二三日、北海道河東郡音更《おとふけ》村に生まれる。父は草森義経、母はマスエ。六人姉妹弟の長男。先祖は、富山県砺波市から北海道に入植した。父は、地元の産業や教育界で活躍した名士だった。

一九四四年（6歳）

下音更国民学校初等科に入学する。少年雑誌や大人向け大衆誌も読み、またマンガや大衆小説にも関心をもった。さらに日本文学だけでなく世界文学も読み始めた。

一九五〇年（12歳）

下音更小学校卒業。下音更中学校に入学。野球部に入部し活躍した。中学時にみた画集でブリューゲルとルソーの絵に〈昏い衝動〉と〈異常感〉をうけた。

一九五三年（15歳）

帯広柏葉高等学校に入学する。映画館に頻繁に通い、また映画評を書きはじめる。短歌誌『辛夷《こぶし》』（野原水嶺主宰）に短歌を投稿する。のちに『辛夷』（一九六〇年九月号）に「李賀《りが》における青春のフォーム」を載せる。

一九五六年（18歳）

帯広柏葉高等学校を卒業する。早稲田大学文学部ロシア文学科を受験するも合格せず。浪人時代に神田の書店でヴィルヘルム・ウーデ著『アンリ・ルッソー』と出合う。

一九五七年（19歳）
慶応義塾大学文学部に入学する。推理小説同好会に入り機関誌『推理小説論叢』に論を載せた。第十三輯に「まいまい蛾の斷脳—心理派という幻影」を書いた。ダシール・ハメット、ジョルジュ・シムノンなどの作品を読んだ。また田中小実昌の翻訳に関心をもった。モダンジャズ、麻雀、映画（日活からフランスのヌーベル・ヴァーグまで）の遊興三昧の日を送る。

一九五八年（20歳）
四月中国文学科に進む。奥野信太郎と村松暎の薫陶を受ける。奥野の講義の中で唐の夭折詩人李賀のことを知り、深く心をゆり動かされる。

一九六一年（23歳）
慶応義塾大学を卒業する。卒論は「李賀」で、原稿用紙五〇〇枚を超えた。夢でもあった映画監督を志望し、東映を受験するが合格に至らず。「婦人画報社」（現・ハースト婦人画報社）に入社する。

一九六二年（24歳）
『婦人画報増刊　男の服飾』を『MEN'S CLUB』に変えることを発案した。秋に『MEN'S CLUB』編集部から『婦人画報』に移る。伊丹一三（のちに十三）の『ヨーロッパ退屈日記』などを担当する。

一九六四年（26歳）
「婦人画報社」を退社する。完全にフリーライターとなる。週刊誌や広告コピーの仕事をする。『美術手帖』（八月号）に初の署名記事「アンリ・ルッソー　子供の怪奇」が載る。

一九六五年（27歳）
慶応義塾大学・斯道文庫に勤務（一九六九年に退職）。『現代詩手帖』に「垂翅の客　李長吉伝」連載を開始する。一九六六年まで連載する。

一九六六年（28歳）

ザ・ビートルズ来日に際して、写真集『ビートルズ　東京』製作のため、コピーライターとして東京ヒルトンホテルで取材する。『話の特集』（矢崎泰久編集長）に「マンガひねくれ入門」連載を開始する。

一九六七年（29歳）

初の著作、新書版の『マンガ考』（コダマプレス）を刊行する。草森紳一的マンガ入門書の性格がある。

一九七一年（33歳）

『マンガ・エロチシズム考』（誠文堂新光社）を刊行する。

一九七二年（34歳）

『ナンセンスの練習』（晶文社）を刊行する。ブックデザインは平野甲賀。表紙絵は画家井上洋介の作品。ビートルズを論じた「通俗の攻撃」やアンリ・ルソーを論じた「幼童の怪奇」など一八篇をおさめる。

一九七三年（35歳）

『日本ナンセンス画志』（大和書房）を刊行する。装幀は画家井上洋介。副題に〈恣意の暴逆〉とつけた。〈草森的偏愛美術史〉〈奇異の画志人物伝〉の性格がある。

『江戸のデザイン』（駸々堂）を刊行する。斬新な装幀は横尾忠則が担当した。〈江戸時代は、ある意味で、デザインの狂時代である〉と洞察する。その〈狂時代〉の有り様を一つ一つ拾い集め、「小判」から「幕藩体制」までの二三のセクションで構成する。

一九七四年（36歳）

『江戸のデザイン』が第二七回毎日出版文化賞を受賞する。

一九七五年（37歳）

『鳩を喰う少女』（大和書房）を刊行する。〈夢の王国〉シリーズの一冊。カバー絵などをイラストレーターの大橋歩が担当する。夏、フランク・ロイド・ライトの建築を見るため写真家大倉舜二とアメリカへ。

12月末から新年にかけて、大倉舜二らとスリランカへ蝶の旅を行う。

一九七七年（39歳）
『ポール・デービス』（パルコ出版局）を刊行する。『イラストレーション　地球を刺青する』（すばる書房）を刊行する。ブラットベリのSF小説「刺青の男」にヒントを得て、イラストレーションを「刺青」に「見立て」た。本の構成を太田徹也が担当する。

一九七八年（40歳）
音吏の実家の敷地内に書庫「任梟盧《にんきょうろ》」竣工する。設計は建築家山下和正。『円の冒険』（晶文社）を刊行する。一九七二年から七五年にかけて雑誌『デザイン』『クリエティビティ』『公評』『インテリア』などに発表した論をおさめた。〈円〉を巡るエンドレスな旅の記録である。

一九七九年（41歳）
『争名の賦』（徳間書店）を刊行する。『歳三の写真』（新人物往来社）を刊行する。土方歳三の写真を素材にした小説「歳三の写真」などを収録した。装幀を平野甲賀が担当する。
ナチスを扇動・宣伝の視座から総覧した異色なナチス論を一九七九年にかけて四部作として刊行する。四部作ともデザインを和田誠が担当する。まず、『絶対の宣伝一　宣伝的人間の研究　ゲッベルス』（番町書房）を刊行する。
『絶対の宣伝二　宣伝的人間の研究　ヒットラー』『絶対の宣伝三　煽動の方法』、『絶対の宣伝四　文化の利用』（番町書房）を刊行する。素朴派の画家アンリ・ルッソーを論じた『素朴の大砲』（大和書房）を刊行する。装幀は横尾忠則が担当する。

一九八一年（43歳）
年末から年をまたいで、大倉舜二、嵩文彦とトルコ旅行を行う。

一九八二年（44歳）

一九八三年（45歳）
雑誌『墨』の取材のため佐賀を訪問し、副島種臣の書をみる。

東京都江東区門前仲町に引っ越しする。

一九八四年（46歳）

母・マスエ死去する。『あの猿を見よ』（新人物往来社）を刊行する。副題に〈江戸佯狂伝〉とある。『歴史読本』と『早稲田文学』に掲載した「『聖徳太子』─我を見しらざるか」から「周布政之助─酔狂人は病気隠居相い願い候」までをおさめる。ただし、大幅に加筆訂正を加えている。装幀は赤瀬川原平が担当した。

一九八七年（49歳）

『コンパクトカメラの大冒険』（朝日新聞社）を刊行する。

一九八九年（51歳）

父・義経死去する。

一九九二年（54歳）

『随筆「散歩で三歩」』（話の特集）を刊行する。副題が〈コンパクトカメラの新冒険〉。「散歩で三歩」「ああ渋谷・嗚呼寺山修司─覗き事件の跡を散歩する」「コンパクトカメラの新冒険」「伯爵夫人の墓─『明治』の宝庫、青山墓地を散歩する」の四部構成。「跋」を小沢昭一がかく。

一九九三年（55歳）

『写真のど真ん中』（河出書房新社）を刊行する。『カメラ毎日』『美術手帖』『フォートジン』『写真装置』や季刊『写真時代』などに掲載した論を収録する。造本は大類信が担当する。

一九九四年（56歳）

『北狐の足跡』（ゲイン）を刊行する。副題に「〈書〉という宇宙の大活劇」、帯には、〈長年にわたるライフワーク、ここに完成〉とある。〈多くの《書》を通して、世界と人間の在り方を探る〉ともある。土方歳三、副島種臣、一休、白隠、澤庵、樋口一葉、円谷幸吉、池大雅、徐文長、蘇東坡、李賀などを論じる。

一九九六年（58歳）

『漢詩賞遊　酒を売る家』（竹書房）を刊行する。漢詩人と酒との関係を論じる。

一九九七年（59歳）

『食客風雲録　中国篇』『食客風雲録　日本篇』（青土社）を刊行する。中国と日本における「食客道」の有り様を辿る。草森雑学の実景の一端をみせる。

『書の宇宙』（編集・石川九揚　全二四冊で構成）の三冊目「書くことの獲得　簡牘」（二玄社）に「心と手、心の手、手の心三　将軍は心を奪うべし　刀筆の吏と紅絲の欄」を書く。

一九九八年（60歳）

大倉舜二『作家のインデックス』（集英社）に草森紳一の永代橋の近くの仕事場が紹介される。

二〇〇三年（65歳）

佐賀に副島種臣の取材旅行を行う。

二〇〇四年（66歳）

『歳三の写真　増補版』（新人物往来社）を刊行する。

『荷風の永代橋』（青土社）を刊行する。永井荷風の「日記」などを読みながら〈木に浮びて流れゆく〉から〈「祭日。陰」〉まで二四のセクションで構成。椎根和は「跋」を書いている。装画と装幀は画志井上洋介による。

二〇〇五年（67歳）

新形式の雑誌『en-taxi』（〇九号）で特集「草森紳一　雑文宇宙の発見者」が組まれる。

『随筆　本が崩れる』（文藝春秋）を刊行する。増殖する本や資料といかに格闘したか、生々しい実録でもある。

四方田犬彦との対談『アトムと寅さん』（河出書房新社）を刊行する。副題に〈壮大な夢の正体〉とある。アトムと寅さんを巡って変幻自在に花が開いた。装幀は東幸央。カバー絵は、画家タイガー立石「虎富士」

だった。

二〇〇六年（68歳）

佐賀で「蒼海副島種臣　全心の書」展を見る。

二〇〇七年（69歳）

『表現 human contact』創刊号から「捕鼠　明治十一年の文人政治家副島種臣の行方」を連載開始する。この雑誌は京都精華大学表現研究機構（この中にあった文字文明研究所の所長は石川九楊だった）が発行する。

二〇〇八年（70歳）

三月十九日江東区のマンションにて心不全で死去する。江東区の端江葬儀所で荼毘に付された。門前仲町のマンションに遺された蔵書約三万冊を整理し、目録を作る「草森紳一蔵書整理プロジェクト」が有志よりスタートする。遺された蔵書約三万数千冊が帯広大谷短期大学に、副島種臣関連の資料が佐賀県立博物館・美術館に寄贈される。

『夢の展翅』（青土社）が刊行される。李賀の「夢の詩」を軸にしつつ、変幻自在に「夢の翅」を展示する。

『不許可写真』（文藝春秋）が刊行される。戦時中に検閲で「不許可」とされた報道写真について論じる。

二〇〇九年

『「穴」を探る』（河出書房新社）が刊行される。副題が〈老荘思想から世界を覗く〉。帯に「気学とは『穴』である」とある。独創的な「穴」を軸にした文化論。装幀は山元伸子。カバー絵は井上洋介による。

『中国文化大革命の大宣伝』（上下二巻、芸術新聞社）が刊行される。草森の終生のテーマの1つであるプロパガンダ論に連なる大著。『広告批評』に十一年間にわたり連載。一〇〇万字で世界史的大事件を余すことなく考察する。

『フランク・ロイド・ライトの呪術空間』（フィルムアート社）が刊行される。本の帯には〈ライトの有機建築に秘められた〈謎〉を解き明かす！　稀代の〝天才雑文家〟・草森紳一の〈見立て〉が冴え渡る、摩訶不思議な建築論！〉とある。老子思想からフランク・ロイド・ライト建築を読んだ。

『本の読み方』（河出書房新社）が刊行される。帯に〈すべての書痴に捧ぐ〉とある。草森自身が撮った読書する人たちの写真を掲載する。

二〇一〇年

『草森紳一が、いた。友人と仕事仲間たちによる回想集』（編集・発行人は東海晴美）が刊行される。装幀・デザインを太田徹也が担当。冒頭に、詩人高橋睦郎の「読む人　または書刑―草森紳一に」や大倉舜二の写真による「虎の休日」が置かれた。年代順に、交友した方々の寄稿文を構成した。

『古人に学ぶ 中国名言集』（河出書房新社）が刊行される。

『文字の大陸 汚穢の都』（大修館書店）が刊行される。副題に〈明治人　清国見聞録〉とある。明治十七年前後に中国の地を踏んだ尾崎行雄、原敬、岡千仞、榎本武揚、伊藤博文を論じる。

二〇一一年

『勝海舟の真実』（河出書房新社）が刊行される。『記憶のちぎれ雲』（本の雑誌社）が刊行される。この本は、一九六〇年代の軽妙な人物博物誌でもある。真鍋博、古山高麗雄、田中小実昌、中原淳一・葦原邦子夫妻、伊丹十三（一三）を論じる。生前のメモ（人物リスト）では約三〇人を論じる予定だった。

二〇一三年

『李賀　垂翅の客』（芸術新聞社）が刊行される。垂翅とは、客たる旅人が羽根を降ろすこと。失意の旅人、つまり李賀を指した。第一部は「挫折以前」。第二部は「公無渡河」。巻末に「小説・悲しみは満つ　千里の心―唐の鬼才李賀の疾書」を置いた。

二〇一四年

『その先は永代橋』（幻戯書房）が刊行される。装幀は真田幸治。カバー装画は高橋萬年「永代橋」（秋田市立千秋美術館蔵）。二部で構成する。現代具象絵画の鬼才ベーコンを論じた「ベーコンの永代橋」は遺作となる。

二〇一五年
『絶対の宣伝一　ナチス・プロパガンダ　宣伝的人間の研究　ゲッベルス』（文遊社）と『絶対の宣伝二　ナチス・プロパガンダ　宣伝的人間の研究　ヒットラー』（文遊社）が復刊される。

二〇一六年
『絶対の宣伝三　ナチス・プロパガンダ　煽動の方法』（文遊社）が復刊される。

二〇一七年
『絶対の宣伝四　ナチス・プロパガンダ　文化の利用』（文遊社）が復刊される。出版社は異なるが、全四巻が完結する。復刊に際して「ゲッベルス」には片山杜秀、「ヒットラー」には池内紀、「煽動の方法」に長谷正人、「文化の利用」には、松岡正剛の解説がついた。

二〇一八年
嵩文彦と共著『「明日の王」詩と評論』（未知谷）が刊行される。草森の「羽根の折れた水鳥」は、嵩文彦の詩に氾濫する「父」なるものを頭に（心ではなく）念じおきつつ、詩画集『明日の王』の評釈を試みたもの。『随筆　本が崩れる』（中央公論新社）が文庫本として刊行される。

この略年譜は、『草森紳一が、いた。友人と仕事仲間たちによる回想集』（編集・発行人は東海晴美）』の「略歴」やインターネットにある「白玉楼中の人　草森紳一記念館」の「年譜」を参考にしつつ、柴橋が本書を書くうえで主要文献とした草森紳一の書籍・雑誌や関連資料を軸にして作成した。

柴橋伴夫（しばはし ともお）

1947年北海道岩内町生まれ。札幌在住。詩人・美術評論家。個人詩誌「ＮＵ」主宰。北海道美術ペンクラブ同人、荒井記念美術館理事。美術批評誌「美術ペン」編集人。文化塾サッポロ・アートラボ代表。「北の聲アート賞」選考委員・事務局長。主たる著作として詩集『冬の透視図』（ＮＵ工房）／詩集『狼火　北海道新鋭詩人作品集』（共著　北海道編集センター）／美術論集『ピエールの沈黙』（白馬書房）／『北海道の現代芸術』（共著・札幌学院大学公開講座）／美術論集『風の彫刻』・評伝『風の王―砂澤ビッキの世界』・評伝『青のフーガ　難波田龍起』・美術論集『北のコンチェルトⅠ　Ⅱ』・シリーズ小画集『北のアーティストドキュメント』（以上　響文社）／旅行記『イタリア、プロヴァンスへの旅』（北海道出版企画センター）／評伝『聖なるルネサンス　安田侃』・評伝『夢みる少年　イサム・ノグチ』・評伝『海のアリア　中野北溟』・シリーズ小画集『北の聲』監修・『迷宮の人砂澤ビッキ』（以上　共同文化社）／評伝『太陽を掴んだ男　岡本太郎』（未知谷）／『生の岸辺　伊福部昭の風景』・『前衛のランナー　勅使河原蒼風と勅使河原宏』・詩の葉『荒野へ』（以上　藤田印刷エクセレントブックス）など多数。

雑文の巨人《マエストロ》　草森紳一

2020年3月19日初版印刷
2020年3月31日初版発行

著　者　柴橋伴夫
発行者　飯島徹
発行所　未知谷
東京都千代田区神田猿楽町2-5-9　〒101-0064
Tel. 03-5281-3751 / Fax. 03-5281-3752
［振替］　00130-4-653627

組版　柏木薫
印刷所　ディグ
製本所　難波製本

Publisher Michitani Co, Ltd., Tokyo
Printed in Japan
ISBN 978-4-89642-606-9　C0095

柴橋伴夫の仕事

太陽を掴んだ男　岡本太郎

なぜ、芸術は爆発しなければならないのか。人間として全的に生きるとは——。一平、かの子の強烈な血、パリで磨かれ、真正のアヴァンギャルドを日本に生んだ太陽の眷属太郎。芸術革命家の相貌！　参考図版約80点、本格的評伝。

352頁本体3200円